한반도 통일 빨리 온다!

통일경제
빅 뱅

저자 / 송경헌

- 서울고등학교 졸업
- 고려대학교 심리학과 졸업(부전공: 경제학)
- 증권감독원(현 금융감독원 전신) 조사부
- 동서경제연구소 수석연구원
- 영국소재 자산운용회사인 Atlantis Investment Management의 애널리스트 그리고 펀드매니저
- 수석연구원과 애널리스트로서 세계 및 한국경제 그리고 한반도 지정학적인 리스크 문제도 심도 있게
  연구: 한국의 IMF 경제위기 사전 예측

저서 / 『한국장기불황 온다』『저평가종목 선택의 비밀』『그래도 펀드가 재테크의 꽃이다』
　　　　『해외펀드 무작정 따라하기』『추락하는 미국달러 무너지는 한국경제』

역서 / 『거대한 침체』『그레이트 슈퍼사이클』

통일경제
빅 뱅

초판 1쇄　2015년 12월 21일

지은이　송경헌
발행인　김재홍
디자인　박상아, 이슬기
교정·교열　김현경
마케팅　이연실

발행처　도서출판 지식공감
등록번호　제396-2012-000018호
주소　경기도 고양시 일산동구 견달산로225번길 112
전화　02-3141-2700
팩스　02-322-3089
홈페이지　www.bookdaum.com

가격　15,000원
ISBN　979-11-5622-135-7　03300

CIP제어번호　CIP2015032886
　　　　　　　이 도서의 국립중앙도서관 출판도서목록(CIP)은 서지정보유통지원시스템 홈페이지(http://seoji.nl.go.kr)와
　　　　　　　국가자료공동목록시스템(http://www.nl.go.kr/kolisnet)에서 이용하실 수 있습니다.

Big Bang

한반도 통일 빨리 온다!

통일경제
빅뱅

지식공감 도서출판

머리말

●

●

●

에베레스트 등반가 대부분은 예상치 못한 일기 변화 때문에 정상을 눈앞에 두고 포기한다. 그런데 어떤 등반가는 베이스캠프에서 하산하라는 강력한 권유에도 불구하고 정상에 올라선다. 그러나 하산하면서 악천후로 눈 속에 파묻히고 만다.

3차 핵실험을 끝낸 김정은은 머지않은 장래에 4차 핵실험을 할 수밖에 없다. 왜냐하면, 4차 실험으로 명실상부한 핵보유 국가가 되기 때문이다. 할아버지와 아버지의 유훈을 자신이 실현하게 된다.

4차 실험의 성공은 마치 에베레스트 정상에 올라서는 경우와 같다. 그런데 베이스캠프에서 정상 정복을 만류하는 것처럼 중국은 김정은에게 절대 불가라고 여러 차례 경고한다. 그러나 김정은은 강행한다. 이후 눈사태를 만나는 산악인과 같은 비극을 맞는다.

이는 소설 속의 이야기가 아니라 가까운 장래에 일어날 중대한 사건이다.

중국의 대북한 정책은 대미정책의 한 부분이다. 중국은 떠오르는 강대국으로서 미국이 만든 기존 국제질서를 조심스럽게 흔들고 있다. 중국의 외교정책이 현상유지에서 현상변경으로 옮겨가고 있다. 미국은

'아시아 중시'(Pivot to Asia) 정책으로 중국을 봉쇄하려고 한다.

이에 대응해 중국은 '신형대국관계'(新型大國關係)를 내세우면서 강대국으로 인정할 것을 요구한다. 이런 배경에서 중국과 미국은 남중국해, 센카쿠 그리고 다른 지역에서 패권싸움을 하고 있다.

미국과 중국이 패권다툼을 벌이고 있지만 북한이 4차 핵실험을 하고 나면 상황이 달라진다. 북한 문제 해결을 위해 미·중은 타협을 할 수밖에 없다. 타협이 서로에게 이익이 되기 때문이다.

중국은 경제·군사적으로 부상하면서 한반도에 대하여도 자신감을 보이고 있다. 골치 아픈 북한을 버리고 장기적으로 한반도를 얻는 것이 중국의 이익을 극대화하는 길이다.

중국은 과거 북한을 자산으로 간주하다가 이제는 부채로 보는 인식이 강해지고 있고 북한의 4차 핵실험은 동북아에서 중국의 현상변경 정책의 시금석이 된다.

중국이 김정은 체제를 등지면 한반도 통일이 가시화된다. 김정은의 몰락이 통일과 직결되지는 않지만, 김정은 이후 북한 주민들의 통일요구가 수면 위로 떠오르면서 한반도는 결국 통일된다. 먼 훗날의 일이 아니다.

한편 한국경제는 성장 동력을 이미 상실했고 인구 고령화와 높은 가계부채로 일본의 잃어버린 20년을 따라가고 있다. 2020년대 초반의 한국경제를 생각해 보자. 2%대의 경제성장도 자신할 수 없을 정도로 한국경제는 쇠약해진다. 실업이 지금보다 심각해져 살기가 더욱 어려워진다.

쇠약해지는 한국경제에는 충격요법이 절대적으로 필요하다. 일본은 잃어버린 20년 동안 돈은 돈대로 쓰면서 경제 살리기에 실패했다. 집중적이고 충격적인 조치를 취하지 못했기 때문이다. 근년에 와서야 아베노믹스로 충격요법을 쓰고 있다.

한반도가 통일되어 북한지역에 천문학적인 돈을 집중적으로 투자하면 한국경제는 살아난다. 단 전제조건이 있다. 투자자금, 즉 통일비용을 세금이 아니라 빚을 내서 조달해야 한다. 세금을 올려 통일비용에 충당하면 일본과 독일의 전철을 밟아 경기는 다시 곤두박질한다.

한 국가의 빚이 늘어나도 경기가 살아나 경제규모가 커지면 부채비율이 오르지 않아 국가신용도가 떨어지지 않는다. 통일이 추락하는 한국경제의 반전 모멘텀 역할을 하게 된다. 경제적 측면에서 통일은 한반도에 축복을 가져다준다.

이 책은 1부와 2부로 나누어져 있다. 1부는 픽션이고 2부는 논픽션이다.

김정은이 몰락하고 이후 신정권이 들어서며 결국은 통일이 되고 통일경제가 선순환되는 미래 현상을 설명하려면 수많은 전제가 있어야 하고 시계열화되어야 한다. 장래에 일어나는 일련의 이러한 사건들을 논픽션으로 설명하기보다는 픽션으로 미래의 어느 시점을 현재화하여 역사 이야기처럼 과거를 이야기하는 편이 독자들에게 훨씬 더 생동감을 줄 수 있다고 생각했다.

1부에서 전개되는 픽션은 단순히 픽션이 아니라 장래에 필연적으로 일어나는 실제 이야기다. 2부에서는 논픽션 형식으로 픽션의 당위성을 설명했다.

필자는 오랜 기간 애널리스트로서 국내외 경제 및 지정학적 리스크에 대해 연구했다. 한국이 IMF 경제위기에 들어가기 1년여 전부터 한국경제가 파국을 맞을 것이라고 역설했다. 그리고 결국 그렇게 되었다.

통일 관련 저서나 자료 모두 일반 독자는 이해하기가 어렵다.

따라서 정치·경제에 문외한인 독자를 상정하고 가능한 쉽게 쓰려고 노력했다. 1부를 픽션으로 쓴 것도 이런 노력의 일환이다.

한반도 통일경제가 빨리 오고 있다. 이 책을 읽는 독자들이 남보다 먼저 그리고 멀리 세상을 봄으로써 다른 사람들보다 한발 앞서가기를 기대해 본다.

― 송경헌

그러므로 깨어 있으라.

집주인이 언제 올는지

혹 저물 때일는지

밤중일는지

닭 울 때일는지

새벽일는지

너희가 알지 못함이라.

"마가복음 13장 35절"

Contents

1부 **통일경제 빅뱅**

통일경제 빅뱅

열광하는 주식시장

2025년 6월 11일 오늘 코스피가 6,000 포인트를 돌파했다. 3년 전 통일이 선언되었을 때의 주가가 2,200 수준이었던 점을 생각하면 한반도 통일로 주가가 3배 정도 오른 셈이다.

작년 2월부터 지수가 본격적으로 오르기 시작해 석 달 전에 5,000을 돌파했고 이후 급등세가 이어지고 있다.

증권 TV에 출연한 일부 입 빠른 분석가들은 지수가 곧 1만 포인트에 도달하리라고 떠들고 있다.

과거에 그랬던 것처럼 주식시장 대세상승을 견인한 세력은 외국인투자자들이다. 그들은 지수가 3,000을 넘으면서 한국시장에 본격적으로 들어왔다. 미국, 유럽, 중국의 장기투자자들은 두말할 나위도 없고, 헤지펀드(주가가 하락할 때도 투자수익을 올리려는 투기적인 펀드로 하락장에서 주식을 먼저 팔고 나중에 싼값으로 사 수익을 내기도 한다)도 한국주식을 쓸어 담았다.

국내 기관투자자들이 시차를 두고 외국인을 따라 주식 매집에 나섰고 개인투자자들은 지수가 5,000을 넘으면서 본격적으로 시장에 들어왔다. 주식시장 대세상승기에 개인투자자들은 항시 가장 늦게 들어오는데 이번에도 예외는 아니다.

여의도 소재 증권회사 세 곳이 작년 말, 평양의 고급아파트 밀집지역인 창전거리에 평양지점을 개설했다. 이제 창전거리에는 일곱 곳의 증권회사 지점이 있다.

다른 증권회사들도 평양의 다른 지역에 지점을 오픈하여 평양에는 모두 열두 곳의 증권회사 지점에서 주식위탁매매와 펀드판매 업무를 한다.

그들 모두 평양지역을 선점한다는 의미에서 지점을 냈고 몇 년간은 손실을 예상해 직원 수도 최소 인원만 배치했다.

여의도 본사에서 직원들이 파견되었는데 일부는 인민경제대학 출신으로 본사에서 6개월간 연수를 받은 후 배치되었다.

통일 전의 생각과는 달리 통일 후 3년이 막 지난 지금 생각해 보면 북쪽(통일 후 과거 북한, 남한, 북조선, 남조선이라는 명칭을 북쪽과 남쪽으로 통칭하여 사용하고 있다)에 의외로 알부자들이 많다.

그들 대부분은 장마당의 돈주였거나 당, 군 또는 국가보위부 등 권력기관의 고위직 출신들이다. 이들은 통일 전에 달러화와 위안화를 많이 가지고 있었다. 그리고 이들이 사는 평양의 고급아파트 가격이 통일 후 급등해 보유자산 가치가 크게 늘었다. 이들의 생활은 남쪽의 중산층보다 훨씬 여유롭다.

과거 북쪽의 지배층 중에서 인권재판에 회부된 사람들은 예상외로 많지 않다. 일부 언론에서는 그들에 대한 과거청산이 지지부진하다고 비판하고 있다.

주식시장에서 손해 본 일이 없는 투자자들은 주식을 사는데 앞뒤를 가리지 않는다. 자본주의의 상징이 주식이라는 점에서 이들은 자본주의를 짜릿하게 경험하고 있다.

투자자들이 평양지점에 몰려 계좌를 개설하려고 야단법석이다. 부랴

부랴 여의노 본사에서 직원을 주가로 급파한다. 평양지점의 고객 대부분이 평양에 거주하지만 일부는 가까운 남포나 사리원에서도 온다.

이 투자자들은 온라인보다는 오프라인 방식으로 주식을 산다. 즉 자신이 홈트레이딩 시스템을 이용하지 않고 직원을 통해 주문을 낸다. 그들은 홈트레이딩 시스템에 낯설기 때문이다.

주식 매매에서 오프라인 수수료는 온라인보다 훨씬 비싸다. 이러다 보니 평양지점의 매매수수료가 크게 늘고 있다.

평양에 진출한 증권회사들은 애당초 영업 손실을 감수하려 했는데 예상 밖에 큰 수익을 내고 있다. 다른 증권회사들도 평양과 다른 북쪽 대도시에 지점을 서둘러 내려고 한다.

2022년 6월 8일 통일이 선포되었다.

통일 전에 통일 분위기가 퍼지면서 주식시장은 일단 호조세를 보였다. 당시 시장에는 호재와 악재가 동시에 작용했다. 통일이 되면 북쪽에 엄청난 통일비용을 퍼부어야 하는데 통일비용의 규모에 대해 투자자들은 불안해했다. 이것이 악재였다.

투자자들은 남쪽 경제가 감당하기 어려울 정도로 통일비용이 많이 들어간다면 통일경제가 큰 어려움을 겪을 것으로 생각했다.

애널리스트들은 통일정부가 통일비용을 조달하기 위해 세금을 대폭 올리고 국채를 대규모로 발행하리라고 예상했다. 세금을 올리면 소비자들의 쓸 돈이 적어져 소비가 감소하고 그러면 경기는 하락하기 마련이다. 또한, 국채 발행이 늘어나면 금리가 올라가는데 주식시장은 금리 인상을 싫어한다.

통일비용 규모와 조달방법에 대해서도 국내외 애널리스트들의 추정치가 크게 달랐다. 불확실성 또한 증권시장이 선호하지 않는 악재다. 증권시장에서는 불확실한 것보다는 악재가 노출되는 편이 낫다.

한편 남쪽 인구의 절반에 해당하는 새로운 시장이 북쪽에 열려 개별 기업에게는 역사적인 사업기회를 주는 셈이었다. 기업들의 실적이 대폭 개선되리라 판단되었는데 이것은 주식시장에 절대적인 호재였다.

결국 경제 전체를 보면 주식시장에 부정적인데 개별기업의 실적호조가 호재로 작용해 통일이 선언되기 전에 시장은 상승세를 보였다.

주식시장에서는 '루머에 사고 뉴스에 팔라'는 격언이 있다. 통일이라는 재료는 실제 통일이 실현되기 전에 주가에 미리 반영되었다.

특히 내수관련주가 지수 상승을 이끌었다. 음식료 종목의 주가가 올랐고 대표적인 내수주인 은행, 보험, 증권 등 금융주도 크게 상승했다. 통일로 소비자의 숫자가 50% 증가하고 금융회사의 잠재고객이 50% 늘어나는 셈이다.

업종별로는 건설 업종이 가장 많이 올랐다. 북한의 인프라투자를 위해 천문학적인 자금이 들어갈 것으로 예상돼 건설주가 각광을 받는 것이 당연했다.

그러나 통일 전의 코스피 지수 상승은 20% 선에 머물렀다. 이어 통일 후 시장은 비록 완만하나마 조정을 보이다가 횡보했다.

통일비용에 대한 불확실성과 예상되었던 금리 상승이 시장에 여전히 악재로 작용했기 때문이다. 그러다가 통일 후 1년 반이 좀 지난 시점에서 시장이 본격적인 상승세를 시작했다.

통일 후 1년이 조금 더 지난 후, 지난 1년간의 통일비용을 확인해 보니 예상과는 달리 통일경제가 감당할 만한 수준이라는 사실이 경험적으로 나타났다. 그동안 시장을 짓눌렀던 악재인 불확실성이 사라졌다.

또한, 통일정부가 통일비용을 조달하기 위해 대규모 국채를 발행하면서 크게 올랐던 금리가 이제 진정되는 조짐을 보이기 시작했다. 특히 통일이 되자마자 비교적 큰 폭으로 올랐던 물가도 잠잠해졌다.

이런 요인들이 주식시장에 긍정적으로 작용했다. 그러나 결정적인 호재는 엄청난 규모의 통일비용을 통일경제에 수혈한 후 남쪽과 북쪽 경제 모두 살아나기 시작했다는 점이다. 통일 이전 남쪽 경제의 가장 큰 문제는 저성장이었는데 통일이 저성장 경제를 바꾸는 모멘텀으로 작용하고 있다는 사실이 확인되었다.

2025년 올해도 성장률을 5%로 예상하고 있다.

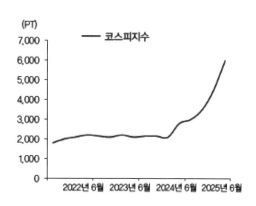

지수가 급등하면서 개별 종목에 따라 주가 상승폭은 크게 엇갈린다.

인프라 중심의 어떤 건설회사는 통일 후 주가가 8배 올랐고 아파트 전문 모 건설회사의 주가도 6배 올랐다. 건설업종 지수는 다섯 배나 급등했다. 정부 계획에 의거 북쪽에 대규모 아파트 단지가 조성되기 시작했고 아파트 건설회사의 주가는 이를 적극적으로 반영하고 있다.

통일 전부터 한국 주식시장에 투자하는 펀드에 적립식으로 장기 투자한 투자자들이 큰 수익을 내고 있다.

그리고 한국 주식시장에 투자하는 ETF(Exchange Traded Fund: 상장지수펀드인데 주식처럼 증권거래소에서 거래되며 일반 펀드에 비해 투자비용이 적게 든다)를 매월 조금씩 매수하여 쌓아둔 투자자들 역시 지금 목돈을 만질 수 있게 되었다.

반등하는 부동산시장

2년 전인 2023년 6월, 통일 후 1년이 지나 처음으로 예전 북한지역, 즉 북쪽에서 아파트를 분양했다. 통일정부는 통일 후 산업공단 건설과 함께 북쪽 지역에 아파트 100만 호 건설의 장기계획을 수립했다.

장기계획에는 평양, 개성 그리고 신의주의 외곽 지역에 신도시를 건설하고 각각 10만 호, 5만 호, 5만 호의 아파트를 건설하는 계획이 포함되어 있다.

그런데 세 도시를 합쳐 1차분 1만 호가 2년 전 분양시장에 나왔다. 분양우선권은 주민등록상 북쪽 거주자에게 있으며 미분양 시 남쪽 거주자에게도 청약기회가 주어졌다.

그런데 북쪽 거주자를 대상으로 하는 1차 청약에서 미분양이 절반이나 되었다. 이후 남쪽 거주자를 대상으로 한 2차 청약에서도 미분양이 상당해 건설회사에서는 완공 때까지 분양되지 않는 아파트를 임대주택으로 전환한다고 했다.

그런데 두 달 전인 2025년 4월, 즉 1차분을 분양한 지 1년 10개월 후 3차 분양물량 3만 호 공고가 나왔다.

이번에는 1~2차 분양과는 딴판이었다. 평균적인 1차 청약 경쟁률은 무려 3대 1이나 되었다. 개성신도시의 청약 경쟁률이 가장 높았고 다음

이 평양 그리고 신의주 순이있다. 청약 경쟁률이 높아 남쪽 주민들에게는 청약의 기회마저 주어지지 않았다.

그러나 발 빠른 남쪽 부동산 투자자들은 북쪽 주민들에게 명의를 빌려 청약했다. 물론 명의를 빌려준 북쪽 주민에게 일정한 보상 약속은 두말할 나위가 없다.

이때에는 1~2차의 미분양 물량도 이미 전부 팔리고 없었다.

통일된 지 3년이 막 지난 지금 보면 개성 지역의 발전이 눈부시다. 개성은 서울시청에서 60km 남짓한 거리이고 예전 판문점에서는 불과 8km에 불과하다. 또한, 인천공항과 인천항이 지척이다. 이런 지리적 이점으로 개성산업단지는 남쪽 기업들에 공장부지로 인기가 가장 높다. 따라서 북쪽 주민들이 개성으로 몰려들어 아파트 인기가 치솟았고 남쪽에서 파견되는 인력의 숫자도 평양보다 개성이 더 많다.

평양신도시의 인기 또한 대단하다. 평양은 행정 상업도시인데 특히 남쪽에서 파견 온 공무원들의 새로 지은 아파트에 대한 실수요가 컸다.

남쪽의 부동산 투자자들이 북쪽에 눈을 돌리는 것은 부동산시장이 크게 변하고 있기 때문이다. 남쪽 지역의 부동산시장은 장기침체에서 2024년 하반기부터 회복되기 시작했다.

남쪽 부동산시장이 본격적으로 얼어붙기 시작한 시점은 2017년이다.

2017년은 한국 인구구조의 변곡점이 있었던 해이다. 생산가능인구가 감소하기 시작했고, 노인 인구가 전체 인구의 14%가 넘는 고령사회로 진입했다. 경제성장은 지지부진했고 대부분의 경제전문가들은 향후 한국경제의 전망을 아주 어둡게 보았다. 이로 인해 부동산시장은 직격탄을 맞았다.

그러나 통일 후 2년이 지난 시점부터 부동산시장이 오랜 잠에서 깨어났다. 증권시장이 본격적으로 상승하기 시작한 시점보다 6개월 정도 늦었다. 통일경제가 고성장 기미를 보이면서 부동산시장이 긍정적인 반응을 보이기 시작했다.

통일정부가 천문학적인 통일자금을 통일경제에 수혈한 후 경제성장률이 눈에 띄게 상승했기 때문이다. 주식시장이 본격적으로 상승하게 된 배경과 같다.

남쪽의 아파트 거래가 늘어나더니 가격도 오르기 시작했다. 통일 전 한국에 부동산 붐이 한창일 때에는 경부축에서 시작했는데 통일 후에는 서울, 개성, 평양, 신의주를 잇는 경의축으로 전환되었다. 그도 그럴 것이 과거 대부분의 개발 사업이 경부축을 중심으로 일어났는데 이제는 경의축이기 때문이다.

서울에서는 강남보다는 강북의 용산과 구도심이 주목을 받고 있다. 과거에 보였던 분당과 일산신도시 아파트의 가격 차이도 크게 줄고 있다.

통일과 함께 시작된 본격적인 이동행렬이 남쪽 부동산시장에 영향을 주고 있다. 통일 후 3년이 되는 지금을 기준으로 250만 명 정도의 북한 주민들이 남쪽으로 내려왔다. 그런데 이들 중 상당수가 가족동반의 남쪽 이주가 아니라 가족은 고향에 두고 홀로 내려온 사람들이다. 남쪽에서 돈을 벌어 북쪽으로 송금하는데 이들 중 65% 정도가 여성이다. 이들은 남쪽에서 일하던 외국인 근로자의 노동력을 대체하고 있다. 이제 동남아에서 취업비자를 얻어 입국하는 외국인의 수가 크게 줄었다. 중국에 거주하는 조선족의 취업비자 발급 건수도 현저하게 줄고 있다.

물론 북쪽 주민 가운데도 우수한 대학을 나와 능력이 출중한 엘리트들도 있다. 대기업에서 이들을 적극적으로 채용하고 있다.

북쪽에서 사업을 해야 하는 기업은 현지출신 우수인력을 미리 확보하여 일정 기간 연수를 받게 한 후 현지에 배치한다.

북쪽 주민들의 주거문제를 해설하기 위하여 통일정부는 남쪽에 임대 아파트를 짓고 있으나 수요에 비해 공급은 턱없이 모자란다. 특히 짧은 기간에 엄청난 수의 북쪽 주민들이 남쪽으로 내려와 소형아파트 중심으로 가격을 부추겼다. 여기에 경기회복이 가시화되면서 중대형 아파트 시장에도 온기가 스며들었고 부동산시장이 본격적으로 회복세를 보이고 있다.

달러 대비 원화 환율:
통일 직후 크게 오른 후 떨어진다

주가가 신고가를 보였던 2025년 6월 11일 오늘, 원화의 대미 달러 환율이 1,200원을 기록했다. 1년 반 전 1,500원 수준이었던 점을 고려하면 20% 절상된 셈이다.

환율 절상과 주식시장 강세 기조는 같이 시작해 같은 방향으로 가고 있다.

외국인 투자자들이 연일 한국주식을 사들이는데, 그들은 달러를 팔고 원화를 사서 그 돈으로 한국 주식을 사기 때문에 원화 환율이 지속적으로 강세를 보이고 있다.

원화가 강세로 돌아서면서 한동안 주춤했던 통일한국 사람들의 해외 여행이 크게 늘어나고 있다. 최근 서울 용산~신의주 고속철도가 완공되면서 북경을 비롯해 러시아 그리고 유럽까지 가는 철도여행자 수가 크게 늘었다.

한편 대미 달러 환율이 절상되면서 중국 위안화에 대하여도 통일한국 원화가 강세로 가고 있다. 위안화 약세 그리고 원화 강세임에도 불구하고 중국 관광객들은 계속 몰려오고 있다. 중국 동북 3성의 주민들은 고속철도를 이용해 평양을 거쳐 서울로 온다.

비행기보다 요금도 저렴하고 비행기 수속시간을 생각하면 시간적으로도 이득이 있기 때문이다.

대부분 북쪽 주민들은 통일 전 화폐통합 때 그들이 보유하고 있던 미국 달러와 위안화를 통일한국 원화로 바꿨다. 원-달러 기준 1,400~1,500원 수준에서 원화로 바꿨는데 지금 환율이 오르면서 씀씀이가 후하다. 일부는 제주도를 비롯한 남쪽 지역으로 여행을 가고 여유 있는 북쪽 사람들은 유럽 여행을 간다.

최근 언론에서는 원화 환율이 폭락했다가 다시 강세로 가면서 돈을 번 사람들을 소개했다. IMF 위기와 금융위기 때 재미 봤던 일부 해외 교포들은 환율이 1,300~1,500원으로 하락할 때 달러로 원화를 사들였다. 지금 환율이 1,200원 수준이고 대부분의 경제 전문가들은 향후 1,000원까지 간다고 한다. 그 전망이 현실화되면 그들은 큰 이익을 챙기게 된다.

통일이 될 것이라는 공감대가 형성되기 전 꽤 많은 남쪽 사람들이 외화예금에 가입하고 있었다. 당시 환율이 1,000원 수준이었는데 환율 약세로 이들 또한 큰 수익을 냈다. 그들 중 일부는 금을 사 모았었다. 국제시장에서 금 시세는 달러로 표시되고 국내에서는 달러시세가 원화로 표시된다.

원화 환율이 크게 하락하면서 이들도 큰돈을 벌었다. 달러당 1,000원 수준에서 금을 사 모았는데 환율이 1,500원까지 내려갔기 때문이다.

통일 후 원화가 달러화 대비 크게 하락했고 일본 엔화에 대해서도 마찬가지였다. 자동차, 전기전자 수출이 늘어났다. 조선과 석유화학 제품도 마찬가지다. 지난 1년여 동안 원화 강세가 지속되면서 수출은 약간

주춤했지만 그래도 지난 3년간 수출증가율은 연평균 12%에 달했다. 수출증가가 국민총생산을 높이는 데 크게 기여하고 있다. 최근 몇 년 동안 GDP 증가율이 5% 수준에 이른 것은 통일정부가 통일경제에 막대한 자금을 수혈한 데에다 수출이 가세했기 때문이다.

통일경세 선순환 기미를 보이다

통일 후 1년 반이 지나면서 주가가 본격적으로 상승(좀 늦게 부동산시장도 반등)하기 시작한 이유는 통일경제가 긍정적인 신호를 보냈기 때문이다.

통일 후 한반도 경제가 어떻게 될 것인지에 대해 연구기관과 언론의 견해는 정말 다양했다. 그럴 수밖에 없었던 이유는 과연 북쪽에 어느 정도의 통일비용을 퍼부어야 하는가에 대해 해답이 없었기 때문이다.

연구기관에 따라 연간 통일비용을 국민총생산, 즉 GDP의 3%에서 12%까지 그 폭이 너무 컸다. 통일 직전 정부예산이 GDP의 25%였다는 점에서 만일 12%가 소요된다면 통일경제가 과연 감당할 수 있을지 의문이 갈 수밖에 없었다.

통일 직후에는 통일정부마저 통일비용이 얼마나 들어갈지 예측할 수 없는 상황이었다.

통일비용의 주요 항목으로는 북쪽 주민들에 대한 의료, 교육, 주거, 생계 등 기초생활보장, 연금, 실업보험 등 복지비용과 북쪽 지역에 대한 도로, 철도, 항만, 발전소, 통신망 등 인프라 건설비용이었다.

인프라 건설비용은 투자비용의 윤곽을 그릴 수 있었지만, 복지비용은 북쪽 주민들의 고용이 어느 정도 되느냐에 따라 비용의 차이가 컸다. 실업자가 많으면 통일정부의 기초생활보장 등 복지항목의 거의 모든 예산이 크게 늘어 날 수밖에 없기 때문이다.

특히 북쪽에 일자리가 없으면 북쪽의 수많은 주민이 남쪽으로 계속 내려와 남쪽 사회에 심각한 혼란을 초래하기 때문에 북쪽의 일자리 창출은 통일정부의 최우선 정책이었다.

그런데 통일이 된 지 1년이 좀 더 지난 후 통일비용을 확인해 보니 1년간 GDP의 6.6%가 들어갔다. 이를 바탕으로 추정해 보니 다음 1년은 6.9%이고, 그다음 1년은 전년 수준으로 예상되었다. 6.6%이면 통일 전 정부예산 GDP의 25%를 고려했을 때 1/4을 조금 넘는다.

우선 통일정부는 예산집행과 관련하여 '북쪽 우선'을 기본정책으로 삼고 있다. 따라서 남쪽에서의 불요불급한 비용지출은 가급적 억제하고 남쪽의 인프라투자도 거의 동결되었다.

이로 인한 비용절감 부분을 북쪽에 사용하면서 통일비용을 절감할 수 있다. 먼저 국방비가 삭감되었다. 통일 전 GDP의 2.6%였던 국방비가 통일 후 3년 차에는 절반 수준으로 떨어졌다.

통일정부가 당면한 가장 중요한 과제는 북쪽과 남쪽의 고용증대인데 이를 위해서는 경제성장률을 높여야 했다. 그런데 통일정부가 통일비용 조달을 위해 세금을 올리면 가계의 가처분소득이 줄어들어 성장률이 떨어진다. 따라서 통일정부는 원칙적으로 세금을(의료보험, 국민연금 등 기여금 포함) 인상하지 않기로 했다.

다만 통일이라는 상징적 의미에서 통일세를 신설했는데 이를 통한 세수를 GDP의 0.5% 수준으로 제한하고 있다.

통일정부 정책결정자들은 통일경제를 운영하면서 몇 가지 원칙을 세우고 이를 지금 실행에 옮기고 있다.

첫째, 정부재정을 산발적으로 집행하면서 경기부양에 실패한 일본의 '잃어버린 20년' 사례를 반면교사로 삼아 통일경제에서는 지속적이고 집중적으로 재정을 집행한다.

통일이 이루어진 지 3년이 된 지금 예상해 보면 일본과는 달리 적어도 10년(통일 기준)은 통일경제에 막대한 돈을 쏟아 부어야 할 것 같다. 즉 지속적이고 집중적으로 통일경제에 엄청난 자금을 수혈하게 될 예정이다. 이런 점에서 일본처럼 될 가능성은 작다.

둘째, 독일은 통일비용을 국민세금(연금, 의료보험 등 포함)으로 충당하면서 장기불황을 겪었다. 통일비용은 정부가 세금이 아니라 국채를 발행해서 조달한다. 국채발행으로 나라 빚이 늘어나게 되는데 핵심은 빚의 규모가 아니라 국민총생산, 즉 GDP 대비 비율(국가부채비율)이다. GDP가 늘어나면 빚이 늘더라도 그 비율은 그대로거나 조금 늘어난다.

예를 들어 연간 소득 2천만 원의 A와 1억 원의 B의 경우 각각 천만 원과 5천만 원의 빚이 있다면 둘 다 소득대비 빚은 50%다. 그러나 B의 빚은 A보다 5배 많다. 이 경우 B가 빚은 많으나 신용도는 A보다 낮지 않다.

셋째, 천문학적인 돈을 통일경제에 퍼부으면 경제가 살아나고 성장률이 올라간다. 통일정부는 경제성장률을 최우선 지표로 삼는다. 성장률이 올라가면 고용은 자동으로 늘어난다.

세금을 인상하지 않고 빚으로 통일비용을 충당한다는 것은 정말 과감한 발상이었다. 통일정부의 정책결정자들은 추락하는 남쪽 경제를 살리기 위해서는 통일이야말로 성장 발판을 만드는 중요한 계기가 될 것으로 믿고 실천에 옮기고 있다.

남쪽 경제는 2010년대 말부터 2020년대 초까지 2% 성장세를 간신히 유지했다. 경제활동인구가 줄어들고 인구의 노령화가 심화되면서 말 그대로 '일본의 잃어버린 20년' 짝퉁 경제였다.

미국의 '양적완화'는 경기를 살리기 위해 돈을 무제한 풀고 금리를 제로수준으로 낮췄다. 일본의 '아베노믹스'도 마찬가지였다. 중앙은행이 돈을 시중에 풀어 인플레를 유발해 경기를 살리려 했다.

2025년인 올해 미국은 2.0~2.5%의 견실한 성장을 예상하고 있고 일본도 1.5~2.0% 성장을 기대한다. 두 나라의 경제 살리기 정책이 옳았음이 이미 증명되었다.

한반도 통일경제의 세 가지 원칙이 '유니노믹스'(Uninomics)다 (Unification〈통일〉과 Economics〈경제〉의 합성어). 즉 정부 빚으로 경제에 천문학적인 돈을 쏟아 부어 경제를 살리는 것이다.

그런데 통일정부 정책결정자들이 예상한 대로 통일경제가 긍정적인 신호를 보내기 시작했다.

2022년 6월 통일된 후 2022년 연간 성장률이 3.5%로 올라서더니 2023년 5.0%를 기록했다. 2024년 성장률도 5.2% 그리고 2025년 1분기 성장률도 연간기준으로 5.0%를 나타냈다.

통일 후 초기에 물가가 비교적 크게 올랐으나 1년이 지나면서 인플레 압력이 완화되었다. 올해, 즉 2025년 1분기 소비자물가 상승률은 전분기 대비 0.6%(연간 환산하면 2.4%)로 크게 우려할 수준이 아니다.

금리 또한 초기에 크게 오르더니 곧 진정되었다. 통일경제가 인플레 없는 고성장을 보여 고용이 늘어나, 말 그대로 선순환 경제가 되고 있다.

외국인 투자자들이 본격적으로 통일한국 주식을 사기 시작한 시점이 2024년 초반부터인데 이들은 통일경제가 선순환 할 것을 내다보았기 때문이다. 통일한국 주식시장은 '한국경제 잃어버린 10년'의 저성장 구조에서 고성장으로 바뀌면서 과거 15년간 움츠렸던 주가가 분출했다.

월스트리트를 비롯한 외국 언론들도 통일한국 경제의 성공스토리를 다루고 있다. 특히 경제정책 결정자들의 사업을 통한 경제 살리기에 대하여 극찬하고 있다. 오래전 한국, 대만, 홍콩, 싱가포르가 고성장하면서 서구 언론에서 네 나라를 아시아의 네 마리 용이라고 부른 적이 있었다. 월스트리트는 최근 통일경제 성공담에서 헤드라인을 'Asia Dragon has been reborn', 즉 '아시아의 용이 새롭게 태어났다'로 썼다.

통일정부는 통일자금을 국채발행을 통해 조달하고 있는데 가능한 국민연금을 비롯한 국내투자자에게 러브콜을 하고 있다. 정부가 외국에서 빚을 내는 것보다는 국내에서 조달하면 빚이 늘어나도 보다 안정적이다.

통일 후 3년이 지난 이 시점에서 국채의 국내 소화 비중은 65%로 해외보다 훨씬 많다. 통일정부의 부채비율은 2024년 기준 65% 수준에 머물러 있어 여전히 양호한 편이다. 정부의 차입이 크게 늘었지만, 경제가 고성장하면서 정부의 부채비율이 올라가되 그 속도는 완만했다. 따라서 통일정부는 저금리로 빚을 계속 낼 수 있을 것으로 예상된다.

과거 남쪽 경제의 골칫거리였던 가계부채 문제의 경우 가계부채 비율, 즉 가계부채/GDP(%)도 GDP가 크게 늘면서 비율 자체가 낮아져 더 이상 경제의 암 덩어리가 아니다.

GDP가 늘어나면서 가계의 가처분소득이 늘어나 가처분소득 대비 가계부채 비율도 크게 떨어졌다.

북한은 결국 4차 핵실험을 했다

북한 김정은 체제는 2016년 12월 23일, 은하4호 로켓 발사에 성공했다. 사거리가 1만km를 넘어 미국 워싱턴까지 갈 수 있는 거리다.

2012년 12월 은하3호 로켓을 발사했을 때 북한당국은 이를 미사일이 아니고 위성이라고 주장했다. 은하3호는 광명성3호 위성을 지구궤도에 올리는 로켓이라고 했지만 사실상 미사일이었다.

은하4호도 로켓을 가장한 미사일이다. 은하4호의 사거리는 1만km를 넘어 대륙간탄도미사일(ICBM)인 셈이다.

미국을 비롯한 중국, 일본, 한국 모두 미사일 발사를 예의 주시하고 있었는데 북한은 미국의 호전적인 적대 행위를 비난하며 발사를 강행했다. 미국은 과거에 그랬던 것처럼 안보리를 소집하여 북한에 가해왔던 제재 수위를 강화했다. 중국과 러시아도 유엔안보리의 북한 제재를 찬성했다.

중국은 막후에서 은하4호 발사를 저지하려고 노력했으나 성공하지 못했다. 김정은 체제는 예상되는 중국의 제재에도 불구하고 4차 핵실험에 대한 확고한 의지를 가지고 있었다. 미사일 실험은 4차 핵실험을 하기 위한 전 단계였다.

2017년 2월 15일, 북한은 4차 핵실험을 감행했다. 장소는 3차 실험

때와 깊은 곳인 함경북도 실주군 풍계리였다. 미사일 실험을 한 지 두 달이 채 안 됐다. 미국이 파악한 이번 핵실험의 폭발력은 진도 5.1, 20 킬로톤으로 일본 히로시마와 나가사키에 투하된 폭탄의 폭발력 수준 이었다.

북한 당국이 언급한 것처럼 4차 핵실험은 핵탄두의 소형화 실험이었 는데 성공했다. 핵탄두 운반수단인 미사일에 장착하기 위해서는 핵탄 두가 작고 가벼워야 한다. 4차 핵실험 성공으로 북한은 핵탄두를 미사 일에 탑재할 수 있게 되었고 핵무기를 실전 배치하게 되었다.

김정은 체제가 중국의 거센 반발에도 불구하고 4차 핵실험을 강행한 이유는 여러 가지다. 우선 핵무기를 보유함으로써 남한보다 열세인 재 래식 전력을 일거에 뒤집을 수 있었다. 북한은 함정, 전투기 등 숫자는 남한보다 많았지만 대부분 구형이었다.

둘째, 북한이 미국 본토까지 사정거리를 둔 핵무기를 보유함으로써 미국이 북한의 핵무기를 인정하고 미국의 각종 제재를 풀 것이라 기대 했다. 나중에 확인되었지만 이에 대한 북한의 판단은 틀렸다.

셋째, 김정은은 아버지와 할아버지의 유훈을 실천함으로써 정권의 장악력을 강화할 수 있었다. 김정은 체제는 4차 실험 후, 핵과 경제의 병진정책으로 인민들의 살림이 어려운 점도 있었으나 이제는 경제에 치 중하여 인민들이 '고깃국에 이밥'을 먹을 수 있도록 하겠다고 선전했다.

마지막으로 북한은 핵무기를 보유함으로써 자주국방 능력이 크게 개 선되어 중국에의 의존을 크게 줄일 수 있게 되었다. 이제 중국에게 할 말은 할 수 있게 된 것이다.

북한의 4차 핵실험이 성공한 것으로 확인되자 한국과 미국은 사드 (THAAD) 배치를 합의하고 2017년 8월에 배치했다. 핵실험이 끝난 지 6개월 만이다.

사드는 40~150km의 고고도 미사일 방어체계다. 2015년 상반기 주한미군의 사드 배치 문제로 시끄러웠다. 중국이 적극적으로 반대하고 나섰다. 중국은 사드의 AN/TPY-2 레이더가 중국 베이징 및 내륙지역에서 발사되는 미사일을 탐지할 수 있어 중국의 미사일 전력을 크게 약화시킨다고 판단했다.

당시 사드 문제가 시끄러울 때 중국이 북한의 핵실험 저지를 위해 적극 노력할 것으로 판단해 한국과 미국 정부는 사드 배치를 유보했었다. 그러나 북한이 핵실험을 한 이상 사드 배치를 미룰 명분이 없어졌다. 한국은 북한 핵무기에 무방비 상태였기 때문에 가능한 신속하게 사드를 도입하기로 했고 이는 미국의 이해와 일치했다.

북한의 4차 핵실험으로 한국에도 미국의 전술핵무기를 도입해야 한다는 여론이 비등했다. 국내의 보수단체들은 연일 시위를 하며 전술핵무기 배치를 주장했다.

전술핵무기는 전략핵무기보다 폭발력이 약한 무기로서 주로 비행기에 실어 투하한다. 1958년 한국에 950기의 핵탄두가 배치되었는데 미국이 나토를 제외한 해외의 전술핵무기를 철수하면서 한국도 포함되었다. 당시 북한과 비핵화 협상을 진행하기 위해 1991년 12월, 33년간 한반도에 배치되었던 전술핵무기를 철수했다.

미국은 한국에 전술핵무기를 배치하는 문제에 대하여 겉으로는 신중한 자세를 보였으나 내심은 달랐다. 미국은 한국뿐 아니라 일본에도 전술핵무기를 배치를 고려하고 있었으나 문제는 중국이었다.

일본은 핵무기 관련 '비핵화 3원칙'이 있었다. '일본은 핵무기를 제조하지 않고, 보유하지도 않으며, 도입하지도 않는다.' 그러나 북한이 핵무기를 실전 배치하면서 일본 국민들의 핵무기에 대한 정서가 크게 변했다. 예측할 수 없는 북한 정권이 핵무기를 실전 배치한 마당에 일본도 이를 빙어힐 핵무기가 있어야 된다는 일본 자민당의 수장에 공감하는 국민들의 숫자가 늘어났다.

1950년대 후반 미국은 일본 자위대가 나토방식의 핵무장을 하기를 희망한 적이 있었다. 나토방식의 핵무장은 미국이 일본에 전술핵무기를 제공하고 유사시 공동 사용하는 방식이다. 당시 미국은 소련을 견제하기 위해 일본의 역할을 중시했다. 미국은 부상하는 중국을 견제하기 위해서는 일본의 역할이 중요하다고 판단했다. 일본과 한국이 핵무기를 보유하면 미국은 중국과 러시아로부터의 핵미사일 위협이 대폭 감소한다.

반면 중국은 코앞에 적의 핵무기가 배치되는 셈이다. 중국은 미국이 일본과 한국에 전술핵무기를 배치하면 어떤 전쟁도 불사한다고 으름장을 놓았다. 코앞의 적의 위협이 얼마나 심각한지는 1962년 케네디 대통령 당시 쿠바미사일 위기에서 잘 보여준다.

1962년 10월 미국의 정찰기가 쿠바의 소련 미사일 사이트를 발견하고 사진을 찍었다. 당시 케네디 대통령은 소련에게 쿠바에 있는 미사일 철수와 미사일 기지를 파괴할 것을 요구했다. 당시 소련 수상이던 흐루시초프가 케네디의 요구를 수용하지 않으면 핵전쟁이 일어날 판이었다.

세계의 이목이 집중되었다. 흐루시초프가 쿠바에서 미사일을 철수하는 대신 미국은 쿠바를 침략하지 않기로 마침내 합의했다. 후일 알려진 일이지만 당시 미국은 터키에 비밀 핵미사일 기지가 있었는데 곧 이 핵미사일 기지를 철수했다.

중국이 초강경 자세를 보임으로써 한국은 곤혹스러운 입장에 처하게 되었다. 북한의 핵위협에 대처하기 위해서는 전술핵무기가 필요했으나 중국이 반발이 너무 거세 이러지도 저러지도 못했다. 만일 한국이 미국의 전술핵무기를 도입한 후 중국이 한국에 경제적 제재라도 가하면 가뜩이나 어려운 경제에 치명타가 될 수 있었다.

일본 정부는 국민들의 태도가 점차 변하면서 '비핵화 3원칙'을 변경하려고 했다. 그런데 김정은이 2018년 10월 11일 유고되면서 일본과 한국의 전술핵무기 배치문제는 일단 수면 아래로 내려갔다.

미국과 중국의 패권싸움

지난달 7일, 즉 2025년 5월 7일 미국 워싱턴에서 미·중 정상회담이 열렸다. 정상회담 기간 중 두 정상은 시종 화기애애했다. 만찬사에서 미국은 '대국으로 부상하는 중국을 절대적으로 환영하고 지금과 같이 두 나라의 친밀한 관계를 계속 이어나가자'고 했다. 한편 중국은 '태평양 국가로서 미국이 세계 평화에 크게 이바지하고 있다'고 치켜세웠다.

미국과 중국의 관계는 수년 전부터 크게 개선되었다. 양국은 각종 군사훈련에서 상대방을 초청하여 참관하게 했고, 미국은 더 이상 중국의 국내문제인 인권문제와 민주화에 대하여 거론하지 않았다. 미국과 중국이 가까워진 결정적 역할은 한 사건은 북한의 4차 핵실험이었다. 두 나라가 북한 핵문제 해결을 위해 진솔한 대화를 시작하면서 다른 지역에서의 긴장관계도 크게 완화되었다.

그러나 북한이 4차 핵실험을 하기 전만 하더라도 상황은 달랐다. 미국과 중국은 세계 곳곳, 특히 아시아 지역에서의 패권을 놓고 경쟁이 극심했다. 김정일과 김정은 시대에 핵무기를 개발할 수 있었던 배경에는 미국과 중국의 패권싸움이 한 몫을 담당했다.

미국은 오바마 행정부가 들어서면서 아시아를 재평가하기 시작했다. 아시아가 경제적으로 주목받고 있었기 때문이다. 이런 배경으로 새로운 아시아 정책을 내놓았는데 이를 '아시아-태평양 중심축 전환'

(Rebalancing to Asia-Pacific) 또는 '아시아 중시'(Pivot to Asia) 전략이었다.

한편 중국이 정치 경제적으로 부상하면서 새로운 미·중 관계를 제시했는데 이것이 '신형대국관계'(新型大國關係: New type of Relationship between Major Powers)였다.

2013년 6월 하순, 캘리포니아에서 열린 '란초 미라지' 정상회담에서 중국의 시진핑 주석은 "이제 중국도 대국이 되었으니 미국이 중국의 국내 문제인 인권을 거론하지 말고 아시아−태평양 지역에서 중국의 이해관계가 걸린 사안에 대해서는 미국의 불간섭을 요구"하는 메시지를 언급했다. 그러나 '란초 미라지' 정상회담 이후에도 두 나라는 첨예하게 대립했다.

중국과 일본의 센카쿠(중국 명칭: 댜오위다이) 열도를 둘러싸고 긴장을 조성할 때 미국은 일본 방위를 약속했다. 중국은 미국이 중국의 앞마당에서 긴장을 조성하고 있다고 비난했다.

중국은 센카쿠 상공을 '방공식별구역'(ADIZ: Air Defense Identification Zone)으로 선포했는데 일본의 '방공식별구역'이 대거 포함되었다. 방공식별구역은 하늘의 방어선이라고 할 수 있는데 외국 항공기가 들어오려면 통제를 받아야 한다.

미국은 중국의 일방적인 선포 이후 B−52 전폭기를 그곳에 보냈고 인근 해역에서 조지 워싱턴 항공모함을 동원, 일본 전함과 합동 훈련을 실시했다. 이후 일본 항공자위대 F−15 전투기가 그 구역을 비행하여 중국 공군기에 접근하기도 했다.

남중국해 분쟁에서도 미국과 중국은 패권싸움을 했다. 남중국해 분쟁은 시사군도(西沙群島, Paracel Islands)와 난사군도(南沙群島, Spratly Islands)에 대한 영유권 분쟁이었다.

시사군도는 베트남 동쪽과 중국 하이난 섬 남쪽에 위치하는데 이 지

익은 중국과 베트남이, 난사군도의 경우 중국과 필리핀이 첨예하게 다
퉜다.

중국이 경제적·군사적으로 부상하면서 시사군도와 난사군도의 영유
권을 강하게 주장했고 일부 암초에 인공섬을 만들었다.

미국이 난사군도 해역에서의 자유로운 통행을 위해 군함을 파견하면
서 중국과의 긴장이 고조되기도 했다.

중국이 시사군도 인근 해역에 석유시추선을 보내 석유를 시추하려다
베트남의 완강한 반대에 부딪혀 두 달 만에 철수한 일이 있었다. 시사
군도 분쟁으로 베트남과 미국은 가까워졌다. 미국과 필리핀이 군사적
으로 긴밀해진 것은 두말할 나위도 없다.

중국은 미국을 향해 이 지역에서의 분쟁에 관여하지 말라고 수차례
경고했다. 하지만 미국은 중국과 직접적인 충돌을 피하면서 동맹국들
에 대한 안보보장은 필요하다는 입장을 견지했었다. 당시 미국이 남중
국해 분쟁과 관련 베트남과 필리핀에서 손을 떼면 동북아 국가, 즉 일
본, 한국 그리고 대만에 대한 안보 공약의 신뢰도에도 치명적인 상처를
줄 가능성이 컸다.

미국과 중국은 미얀마를 두고도 경쟁이 치열했다. 중국은 아시아 남
쪽의 맹방인 미얀마가 이제 중국에서 벗어나 미국을 비롯한 서방 쪽으
로 기우는 것이 외교적으로 큰 손실이라고 생각했다. 그때나 지금이나
미국 입장에서 미얀마는 아주 중요하다. 우선 지정학적으로 미얀마는
중국 아래에 있고 떠오르는 대국인 인도와 중국 사이에 위치하기 때문
이다.

미얀마와 중국이 밀월관계에 있을 때는 지역 균형의 중심축이 중국
에 있었다. 그러나 미얀마가 중국과 일정 거리를 두면서 균형을 찾아갔
고, 미얀마가 미국과 관계개선을 한 후 미국과 중국의 지정학적 경쟁이

심해졌다.

당시 미국과 중국이 패권싸움을 하면서 아세안의 한 외교관은 '미국과 중국 중 어느 나라를 선택하지 말게 해 달라'고 국제회의에서 언급한 적이 있었다. 아시아 국가들은 경제적으로는 중국 쪽이고 정치 및 군사적으로는 미국과 함께하고 싶어 했다. 중국의 군사력이 강해지면서 아시아 국가들이 중국의 팽창에 경계심을 가졌기 때문이다. 지금은 미·중 관계가 개선되면서 아시아 국가들의 불안감도 크게 해소되었다.

한반도 비핵화의 유일한 길은 통일

　중국 정부에 가장 충격을 준 일은 북한의 4차 핵실험 전에 외교통로를 통해 절대 불가를 전달했음에도 불구하고 북한이 말을 듣지 않았다는 사실이었다. 3차 실험의 경우도 마찬가지였다.

　이런 이유로 중국 정부는 북한이 4차 핵실험을 한 후 바로 김정은 체제를 어떻게 해야 할지에 대하여 심도 있게 검토하기 시작했다.

　우선 북한은 중국의 혈맹으로, 김정은 체제를 지지하고 그 정권이 그대로 유지되도록 하는 방안이 검토되었다. 즉 당시 기준으로 현상유지 방안이었다. 이를 위해서는 미국과 유엔이 4차 핵실험으로 북한에 가해진 제재에 형식적으로 참여해야 했고, 또한 북한에 저가로 수출되는 석유와 무상원조 형식으로 공급되는 석유의 송유관 밸브를 그대로 두어야 했다. 그리고 당시 북한 생필품의 80%가 중국에서 공급되었는데 이것도 차질이 없도록 유지해야 했다. 북한 핵무기의 확산 방지에 초점을 맞추면서 미국을 달래는 방안이었다.

　그런데 현상유지 방안은 중국에게 이득보다는 손실이 크다고 판단했다. 북한이 한·미·일 세력의 완충지역 역할을 한다는 전통적인 사고가 과연 맞는지 따져 보았다.

　한국과 중국의 교역규모가 한국과 미국 교역규모의 두 배가 넘은 지 오래되었다. 즉 경제적으로 한국과 중국은 아주 밀접했다.

한국을 미·일과 한 축으로 간주하는 수동적인 자세를 가질 것이 아니라 경제적 측면을 발판으로 능동적으로 한국을 중국 쪽으로 기울게 할 수도 있다고 판단했다. 한국이 미국과 밀착하고 있는 배경은 역시 북한 변수였다. 만일 북한 변수가 없다면 한국이 미국에 전적으로 의존할 이유가 없었다.

중국이 김정은 체제를 심층 검토하고 있을 때 한국과 일본에서는 미국의 전술핵무기를 가져와야 한다는 여론이 비등했었다. 특히 한국의 경우는 더 심했다.

미국도 겉으로는 조심스러운 입장을 표명했지만, 미국이 중국을 봉쇄하고자 하는 측면에서 한국과 일본이 전술핵무기 문제를 적극적으로 들고나오면 이를 수용할 가능성이 크다고 중국은 판단했다. 만일 이것이 현실화되면 중국의 핵미사일 전력이 크게 훼손될 뿐 아니라 코앞에 적의 핵무기가 배치되는 것으로 용납할 수 없었다.

한편 중국은 북한이 핵무기를 실전 배치하면서 중국의 말을 더욱더 듣지 않을 것으로 생각했다. 이는 미국과 한국에 대한 레버리지 역할이 크게 축소된다는 의미였다. 끝으로 북한이 장래에 미국과 가까워질 가능성도 배제할 수 없었고, 핵을 가진 북한이 미국 쪽으로 돌아선다면 중국에게는 재앙이라고 판단했다.

중국 정부의 검토결과 현상유지 방안, 즉 김정은 체제는 불가하다는 결론에 도달했다.

중국은 미국과 일정한 조건을 충족한다면 현상변경 방안이 현상유지 방안보다 국가이익에 더 부합된다고 판단했다. 앞에서 언급한 대로 현상변경은 김정은 체제의 붕괴와 이에 따른 한반도 통일이었다.

중국 정부 내부에서의 대미 강경파들은 북핵 문제와 한반도 통일 그리고 미·중이 대립하고 있는 남중국해 분쟁을 합쳐 해결하자는 방안을 제시했다. 즉 패키지 딜이었다.

남중국해 문제와 관련해서는 향후 미국이 베트남과 필리핀에 군사적 지원을 금지하는 내용이었다. 또한 미국이 난사군도의 인공섬들에 대한 중국의 영유권을 인정해야 한다는 점이었다.

센카쿠는 중국과 미국이 협상으로 도출할 수 있는 결과가 별로 없다고 그들은 판단했다. 중국과 미국이 협상으로 미국이 센카쿠에서 손을 떼라고 할 수는 없는 사안이었기 때문이었다. 이미 미국은 센카쿠로 분쟁이 생기면 일본을 방위하겠다고 여러 번 공언했었다.

당시 중국 정부는 한반도가 통일된다면 주한미군 철수와 한미방위조약의 철회를 전제 조건으로 생각하고 있었다. 따라서 미군이 없는 한반도, 미국과 방위조약이 없는 한반도 그리고 남중국해에서 미국을 배제할 수 있는 조건이라면 한국이 통일되더라도 중국의 국가이익에 유리하다고 생각했다. 특히 중국과 한국은 역사적 과거가 있고 경제적인 측면에서 보면 궁극적으로 한국이 미국보다는 중국에 가까워질 것으로 계산했었다.

특히 동북 3성이 폐쇄적인 북한에 막혀 경제개발의 속도가 더뎠는데 통일한국과 일본의 경제력을 고려하면 한반도 통일은 동북 3성 경제발전의 활력소가 될 것으로 판단했다.

미국도 북한이 4차 핵실험을 한 후 한반도 장래와 미국의 태평양 정책, 특히 대중국 정책에 대해 재검토 작업에 들어갔다. 미국으로서는 북한의 핵무기를 그대로 방치할 수 없었다.

북한은 미국 워싱턴까지 위협하는 핵무기를 보유했다. 여기에 북한은 핵무기 확산으로 미국을 더 위협할 것으로 판단했다. 미국 대외정책의 톱 어젠다로 북한 핵문제가 올라섰다.

미국은 중국의 도움 없이는 북한 핵문제 해결이 불가능하다는 점을 오래전부터 알고 있었다. 따라서 북한 핵문제 해결은 미국의 대 중국 정책과 연결되어 있었다.

북한이 4차 실험을 한 후 미국 정부 내에서는 강경파와 온건파로 나뉘었다. 강경파들은 중국을 더욱 봉쇄하고 경제적으로도 더 크지 못하도록 미국 정부가 모든 역량을 발휘해야 한다고 밀어붙였다.

한편 온건파들은 중국의 경제 발전 추세로 볼 때 향후 10년이면 미국을 충분히 능가할 수 있으므로 지금부터라도 중국과의 관계를 개선해야 한다고 주장했다. 당시 미국과 중국은 외교 채널을 통한 형식적인 교류만 있었지 진솔한 대화가 없는 상황이었다. 결국 온건파가 힘을 더 받게 되었다.

북한의 4차 핵실험 후 미국은 중국과 진솔한 대화 채널을 여는 것이 급선무라고 생각했다. 그리고 두 나라 사이에 신뢰를 쌓는 일이 중요하다고 판단했다. 미국은 중국을 투 트랙으로 접촉했다. 하나는 기존 외교 채널이고 다른 하나는 대통령 특사로 비밀리에 중국과의 접촉을 시도했다. 두 나라의 특사끼리 김정은 체제에 대한 대화가 깊어지면서 한반도 통일이라는 대전제는 어느 정도 합의됐다. 북한 김정은 정권은 어떤 환경에서도 핵무기를 포기하지 않을 것이기에 한반도 비핵화를 하기 위한 유일한 길은 통일이라고 판단했다.

통일한국은 핵무기를 갖겠다고 하지 않을 것이었다. 그랬다가 경제재재를 받으면 수출경제가 절단 나기 때문이다. 그런데 몇 가지 조건에서 두 나라 사이에 커다란 시각차가 있었다. 특히 중국이 주장하는 대로 남중국해 문제와 관련 미국이 베트남 및 필리핀과 일정 거리를 둔다면 그 두 나라는 물론이고 미국의 다른 우방들도 미국을 신뢰하지 못할 것이라는 점을 중국 측에 설명했다.

또한 난사군도의 인공섬에 대한 중국 영유권을 인정한다면 한국은 물론이고 일본의 반발이 눈에 선했다. 즉 그 조건은 받아들일 수 없다는 것이었다.

미국은 중국에게 미국이 이제까지 구축한 국제 질서를 어느 정도 인정해야 한다고 설득했다. 한편 미국 입장에서 북한이 존재하지 않는다면 주한미군이 한반도에 주둔해야 할 이유가 없었다. 그런데 중국에 대한 미국의 강경파들은 주한미군 중에서 지상군은 철수하더라도 군사고문단 성격의 일부 병력은 잔류해야 한다고 주장했다. 결국, 미국 정부는 주한미군 전원철수 카드와 한반도 비핵화, 즉 한반도 통일을 맞바꿀 수 있다는 결론을 내렸다.

또한, 한국과 미국의 상호방위조약 문제는 한국 입장에서는 대단히 중대한 문제였지만 미국 입장에서 그리 심각한 문제는 아니었다. 통일한국은 유사시 미국의 군사지원이 없다면 군사대국인 중국에 예속될 가능성이 컸다.

한편 중국은 통일한국이 미국과 상호방위조약이 없어야 한다는 주장을 굽히지 않았다. 상호방위조약에 의거 유사시 미국은 한반도의 군사시설을 이용할 수 있기 때문이다. 한국 정부는 이 문제를 숙고한 끝에 오스트리아 방식의 한반도영세중립국을 제안했다.

세계 2차 대전 후 오스트리아는 독일처럼 동서로 소련군과 연합군이 주둔했었다. 그러나 영세중립국으로 분단을 모면했고 동서의 완충지역 역할을 하게 되었다.

한반도가 영세중립국이 된다면 미·일의 해양세력과 중·러 대륙세력의 완충 역할을 할 수 있다. 러시아도 반대할 이유가 없었고 일본은 절대적으로 지지했다. 일본의 경제력은 중국과 차이가 더욱 벌어졌다. 이로 인해 재래식 군사력의 차이도 벌어지고 있었다. 이런 상황에서 한반도가 대륙 세력의 영향력을 막아줄 수 있다고 판단했다. 한국도 중립국이 되면 외세 침략의 역사에 종지부를 찍을 수 있을 것으로 생각했다. 중립국이라고 해서 군대가 없는 것이 아니다. 중립국인 통일한국도 적당한 군사력을 보유하기로 정리했다.

미국과 중국의 특사들은 한반도가 통일되면 미국이 한반도에서 미군을 철수하고 한미방위조약을 철회하기로 했으며, 통일한국은 영세중립국이 되기로 합의했다.

미국과 중국은 김정은 체제를 교체하기 위해 중국의 역할에 대해 논의를 계속했다. 탈북자를 난민으로 인정하는 방안을 검토했다. 그러면 탈북자의 수가 크게 늘어나 김정은 체제에 심각한 타격을 가할 수 있다고 판단했다. 그러나 중국 측은 공식적으로 난민을 인정하지 않는다 하더라도 탈북자 단속을 크게 완화한다면 난민 인정과 같은 효과를 낼 것이라고 주장했고, 결국 그렇게 하는 방향으로 합의했다. 이후 중국 정부는 상황을 봐가며 북한으로 들어가는 무상원조 송유관 밸브를 잠그기로 했고, 경우에 따라 석유 수출 금지를 고려하기로 합의했다.

중국 측은 김정은 체제 교체를 미국과 논의하면서 보안에 극도로 신경을 썼다. 만일 언론에 새어 나가면 그 순간 중국과 북한과의 관계가 끝나기 때문이다. 따라서 중국은 한국을 이 논의에서 철저하게 배제할 것을 미국에 강력하게 요구했다. 한국이 비밀 의제를 잘 지키리라 생각되지 않았기 때문이다. 그러나 미국은 막후에서 논의 과정을 한국에 귀띔해 주었다.

중국이 신경을 썼던 또 다른 사항은 '과연 미국이 합의를 충실하게 이행할 것인가'였다. 결국 미·중 정상회담에서 이 문제를 비공식적으로 다루었고 다른 분야에서도 두 나라가 서로 협력하기로 했다.

제제를 위협하는 장마당

    통일된 지 3년이 된 2025년 6월, 평안남도 평성시에 있는 '덕산농민시장'(2015년 '평성시장'에서 이름이 변경되었음)은 어물과 농산물 도소매로 통일 전처럼 활기차다. 통일 전에는 북쪽에서 가장 큰 장마당 가운데 하나였다.

    통일정부는 북쪽의 시장 활성화 방안의 하나로 통일 후 바로 시장 현대화를 위한 자금지원을 했다. 통일 직전 500여 곳의 장마당이 지금 천여 곳에 이르고 있다.

    통일 후 남쪽의 유통업체들이 경쟁적으로 북쪽의 주요 시도에 매장을 오픈했는데 북한 주민들은 이들 매장에서 공산품을 주로 사고 농수산물의 경우 아직 장마당을 많이 이용한다.

    북한의 시장인 장마당은 1990년대 중반 이전에는 규모가 작은 농민시장이었는데 농민들이 텃밭에서 생산한 농산품을 거래하는 작은 시장이었다. 그러나 1990년대 중후반 수많은 아사자를 낸 '고난의 행군' 시기 이후 농민시장이 급성장했고 거래가 금지된 곡물뿐 아니라 가내수공업 제품 그리고 국영기업에서 생산된 소비재나 수입품도 거래되었다.

    장마당이 급성장한 이유는 배급이 끊어지면서 주민들이 장마당을 통해 자력으로 식료품을 비롯한 생필품을 스스로 조달했기 때문이다.

    장마당이 활성화되면서 인민들은 체제의 지시나 통제에 고분고분하게 따르지 않게 되었다. 이어 주민통제가 다소 느슨해졌다. 김정일은 활성화되는 장마당이 체제유지의 큰 위협으로 판단하고 장마당을 통제하기 시작했다.

2009년 11월 김정일 체제는 화폐개혁을 통해 시장기능을 축소하고 계획경제를 복원하려고 했다. 또한 장마당을 통해 돈을 번 신흥세력의 힘을 약화시키려고 했다. 신구교환비율은 1:100이었다. 그들은 화폐개혁과 함께 종합시장 폐쇄조치를 내렸다. 이때 평성시장도 폐쇄되었다. 그러나 화폐개혁은 엄청난 부작용을 초래했다. 환율이 급등하고 물가가 치솟았다. 화폐개혁 후 3개월 사이 달러에 대한 원화는 근 10배 추락했고 쌀값은 16배나 올랐다.

화폐개혁의 실패로 노동당 계획재정부장인 박남기와 부부장인 리태일은 평양체육촌 서산경기장에서 공개 처형되었다. 그리고 2010년 1월 말 당시 김영일 내각총리가 주민들에게 실패를 인정했고 5월에 종합시장을 전면 허용했다. 이때 평성시장이 다시 문을 열게 되었다.

이후 북한의 시장은 양적으로뿐만 아니라 구조적으로 변모했다.

2022년 통일 당시 북한의 장마당에는 삼성, LG 등 남한제품이 상표가 붙은 채로 거래되었고 배급경제와 계획경제는 완전히 와해되었다. 직간접으로 장마당과 연결되지 않은 북한 주민이 거의 없을 정도였다.

장마당은 단순히 주민들이 필요한 물건을 거래하는 장소가 아니었다. 장마당을 통해 외부정보가 흘러들어왔다. 시장을 통해 한국을 비롯한 해외정보가 물밀 듯이 들어오는데 보안기관에서 물리적으로 단속한다고 하더라도 IT 기술 발전 속도는 그들이 감당할 수 없을 정도였다. 대다수 북한 주민들이 민주주의가 무엇인지 그리고 남한사회가 풍요롭고 자유롭다는 사실을 장마당을 통해 알게 되었다.

장마당을 통한 외부정보의 유입으로 '수령절대주의'와 '우리식 사회주의'에 대한 신뢰가 떨어지고 김씨 왕조에 대한 충성심이 빠르게 무너졌다. 예전에는 사람들이 모인 곳에서 '꼭대기'(김정은)에 대한 비판을 하면 누가 보위부에 밀고할 것을 두려워했으나 나중에는 동조하는 사람이 많아졌다.

시장은 개인의 인성을 바꾸고, 자율성을 길러준다. 왜냐하면 시장에서는 자신의 의사결정에 의해 행동하고 그 결과를 자신이 책임져야 하기 때문이다. 즉 옳은 결정으로 보상을 받고 잘못 판단하면 손해를 본다. 시장을 통해 자유를 체득한 사람은 정치에서의 자유도 요구한다. 시장과 정치는 서로 연결되어 있다. 자율적인 시장을 경험한 사람은 권위주의적 정부의 권력에 대하여 의문을 갖게 되고 이와 맞서게 되는 법이다.

주민들의 의식은 바뀌어 가는데 북한지도체제는 과거처럼 주민들을 사회주의 방식으로 통제하고 감시했다. 이것이 그들의 돌이킬 수 없는 실수였다. 장마당이 북한체제를 무너뜨리는 데 결정적 역할을 한 셈이다.

김정일은 장마당이 '비사회주의의 온상'이라고 하고 이를 통제하려했다. 결과적으로 보면 그의 판단이 옳았다.

북한체제 붕괴

2018년 10월 18일 조선중앙TV는 김정은 장례일정을 발표했다. 그리고 장례위원장은 당 국방위원회 제1부위원장 김정남이었다. 김정은이 일주일 전 급성 심근경색으로 사망했다고 중앙TV는 전했다.

김정은은 당, 군부 그리고 국가안전보위부 세 기관에 권력을 안배하면서 북한을 통치했다. 어떤 때는 당이 우위에 있었고 다른 때는 군부나 보위부가 앞에 나서기도 했다. 그런데 김정은이 사망하기 전 2년 동안은 보위부가 다른 두 기관을 압도했다.

북한체제는 2017년 2월 4차 핵실험을 한 후 거센 국제적 압박을 받았다. 특히 중국으로부터의 압력에 타격이 컸다. 중국은 미국과 함께 김정은 통치자금을 건드리기 시작했다.

그리고 중국 당국은 탈북자들을 거의 방임함으로써 핵실험 후 6개월이 지난 2017년 8월 기준 1월에서 8월까지의 탈북자 수가 지난 일 년 탈북자 수를 훨씬 웃돌았다. 김정은은 탈북자 단속을 철저히 하라고 보위부에 지시했으나 간부들이 뇌물을 받고 눈감아 탈북자 수는 계속 늘어났다.

이를 계기로 당과 군부에서 보위부를 밀어내기 위한 투쟁을 시작했다. 당과 군부는 보위부가 중국과 자주 접촉한다고 김정은에게 보고하기도 했다. 보위부는 국내외 정보를 파악하기 위해 중국 정보당국과 긴밀하게 협력했다. 그러나 4사 실험 후 북한과 중국과의 관계는 얼음장처럼 차가워졌다. 이런 상황에서 중국과의 빈번한 접촉은 오해를 살만했다.

권력투쟁에서 실패하면 보위부장을 비롯해 보위부 고위직 상당수의 목숨이 날아갈 판이었다. 보위부 상부에서는 중국이 김정은을 혐오하고 온건주의자로 정권을 교체하고 싶어 한다는 사실을 알고 있었다. 가만히 있으면 총살을 당하는 판에 선수를 치는 것이 낫다고 생각했다. 김정은을 사살하고 군부와 당의 주요인사 수십 명을 체포한 후 보위부가 당과 군부를 장악해 버렸다. 이들은 김정남을 얼굴마담으로 내세워 정권을 잡았다. 그리고 집단지도체제를 택했다.

신정권은 중국과의 긴밀한 관계를 최우선 정책으로 삼았다. 따라서 정권이 출범하면서 밝히지는 않았지만, 핵무기를 포기할 의도를 가지고 있었다. 그리고 경제부흥을 우선으로 추진하기로 했다. 북한 주민들이 '이밥에 고깃국'을 먹도록 하겠다는 야심찬 목표를 세웠다.

그러나 개혁개방은 미루기로 했다. 중국에서는 개방하라고 했지만 그렇게 하면 자신들의 정권이 곧 무너질 것 같았기 때문이다. 따라서 중국의 요구에 시기상조라고 하면서 시간을 벌었다. 신정권은 김정은 시절만큼 주민들을 철저히 감시하고 통제했다. 김정은 시절에는 부정부패가 만연하여 실효성이 크지는 않았지만 신정권은 부정부패에 대하여는 철퇴를 가한다고 선언하고 본보기로 몇 명을 공개 총살했다.

신정권이 들어선 지 얼마 지나지 않아 오랜 기간 중단되었던 6자회담이 열렸다. 미국은 과거에 그랬던 것처럼 핵무기 폐기의 실질적인 조치가 우선 선행되어야 한다고 주장했다. 북한 대표는 장거리 미사일과 핵무기를 분리해 논의하자고 주장했다. 북한은 보다 큰 보상을 받으려면 분리해서 논의하는 편이 낫다고 생각했다.

한편 한국은 신정권이 들어서면서 비료와 식량 그리고 의약품 등을 대량 공급했다. 한국 정부는 신정권이 결국 핵무기를 포기할 것으로 판단했다. 왜냐하면 김정은 정권이 핵무기로 붕괴되었고, 그 사실을 신정권이 누구보다 잘 안다고 생각했기 때문이다.

한국 정부는 신정권의 안정을 위해 대규모 경제지원을 했다. 또한 무상으로 북한의 인프라 개선 사업을 하려고 했다. 만일 북한에게 핵이 없다고 가정하면 당장의 통일보다는 안정된 북한 정권이 경제개발을 한 후, 먼 후일 통일하면 한국의 경제적 부담이 줄 수 있을 것으로 생각했다.

그런데 북한의 신정권은 다른 생각을 했다. 핵무기 포기 과정에서 한국뿐 아니라 미국으로부터 경제지원을 받아 이를 계획경제를 회복시키는 데 이용하려 한 것이다. 즉 완전배급제로 환원하지는 못하지만, 주민들에게 식량 등 기본 의식주를 해결해주면 완전한 주민통제가 가능할 것으로 판단했다. 김정은 정권에서는 장마당이 활성화되어 주민들에 대한 통제가 제대로 되지 못했다.

신정권이 배급제를 일부 복원하기 위해서는 정부 곳간이 가득 차야 했다. 일부는 한국, 미국 그리고 중국으로부터의 해외원조로 충당했다. 그리고 북한 내부에서 여러 가지 방법으로 조달했는데 그중의 하나가 장마당에서의 장세를 인상하는 것이었다.

장세란 자릿세로 장마당 매대를 사용하는 대신 정부에 내는 돈이다. 일종의 세금이다. 막매대는 일종의 노점상으로 이들도 보안원들에게 장세 명목으로 얼마를 낸다. 장마당의 위치와 취급하는 품목에 따라 장세가 다르다.

그런데 신정권이 들어선 후 2년이 좀 지난 시점에 장세를 거의 두 배나 올렸다. 배급제를 복원하기 위해 정부재정을 확충해야 했고 장마딩을 축소시키려고 했기 때문이나. 상바낭 상인늘의 원성이 하늘을 찔렀다.

장마당에서는 인민보안부(한국의 경찰청)의 보안원이 장마당에서 판매가 금지된 품목을 검사한다. 이 과정에서 장마당 상인과 보안원이 가끔 충돌한다. 장세를 인상한 후 6개월 정도 지나 평안남도 평성시장에서 얼마 떨어지지 않은 문화시장에서 보안원과 상인이 충돌했다.

상인은 다른 헌책과 함께 초급중학교 교과서 헌책도 매대에 올려놓았다. 보안원이 그 교과서 헌책들을 압수하려고 하자 상인이 저항했고 그 과정에서 보안원이 다쳤다. 이에 그 지역 보안부에서 보안원 몇 명이 나와 그 상인을 현장에서 때리고 체포하려 했다.

주위에서 광경을 지켜보던 상인들이 그 보안원들에게 폭력을 가했고 이 사건으로 문화시장 상인 상당수가 거리로 나왔다. 그들은 장세를 내리고 보안원을 철수시키라고 외쳤다. 이 상황이 손(이동)전화를 통해 북한 각 지역에 퍼져나갔고 수백 곳의 장마당에서 같은 시위가 일어났다.

신정권은 이 시위를 물리적으로 진압하려 했는데 장마당 상인뿐 아니라 일반 주민들이 가세하면서 자유를 외치기 시작했다. 장사하는데 정부는 간섭하지 말라는 요구였다. 신정권의 탄압은 계속되었고 수많은 주민이 진압 군인의 발포로 죽었다.

이로써 북한 주민들의 시위는 전국화되었고 격렬해졌다. 주민 사상자가 늘어나면서 정권 내부에서 균열이 생기기 시작했다. 집단지도체제 내에서 주민들의 편에 있던 세력이 강경세력을 몰아내었고 김정남은 중국으로 망명했다.

장마당 상인들은 자치조직을 결성했고 이들이 이제는 남쪽과의 통일을 요구하기 시작했다. 수많은 북쪽 주민들이 남쪽으로 내려오기 시작했는데 여기서부터 한반도 통일과정이 시작되었다.

통일 전, 남쪽에서는 통일될 경우 수많은 북한 주민이 남쪽으로 이주하려고 할 것이라고 우려했다. 또한 북쪽에 지원해야 하는 천문학적인 통일자금 규모에 대하여 우려 이상의 불안감이 있었다. 이를 배경으로 대부분의 통일전문가들은 한반도 통일은 독일처럼 급진적이 아닌 점진적 통일을 해야 한다고 주장했다.

점진적인 통일이란 남북이 대화를 통한 평화적 통일을 말한다. 통일 전 한국 정부의 공식 입장도 평화통일이었다. 이를 배경으로 각종 통일 포럼이나 세미나는 어떻게 하면 남북의 합의로 통일을 이룩하느냐는 주제에 초점이 맞춰졌다. 통일 세미나뿐만 아니라 통일에 관련된 글을 쓰는 연구원, 정치가, 경제학자 등 대부분이 평화통일을 전제로 한 통일전개 방안을 제시했다.

한반도 통일이 점진적으로 이루어진다면 경제적으로 1국 2체제의 중국과 홍콩 모델을 따를 수도 있다고 생각했다. 물론 이는 일부 학자의 주장이었으나 그럴듯했다. 왜냐하면, 한반도가 정치적으로는 통일한 후 경제적으로 10~20년 분리될 수 있다면(중국과 홍콩은 50년) 그 기간 북한경제가 고성장하여 나중에 통일할 때에는 남쪽의 경제적 부담도 줄고 탈북행렬도 줄어들 것이기 때문이다.

그러나 통일이 점진적으로 된다는 생각은 결국 틀린 것으로 나타났다. 한국 정부의 공식 입장은 평화통일이었지만 플랜B, 즉 '남쪽의 흡수통일' 플랜을 가지고 있었다. 그러나 통일 전에 급진적 통일방안인 플랜B를 공식화할 수는 없었다.

북쪽에서 가만히 있지 않을 것이었기 때문이다.

논픽션 통일경제

• 1상 •

열광하는 주식시장

1-1 2022년에 통일이 된다고 했는데 현실성이 있는가?

북한은 중국의 거듭된 반대에도 불구하고 4차 핵실험을 한다. 왜냐하면 북한은 4차 실험 후 핵무기를 실전 배치할 수 있기 때문이다. 이것이 1~3차 핵실험과 4차 실험의 차이다. 그러면 한국, 미국, 일본은 물론 중국에도 심각한 위협이 된다. 이는 미국도 중국도 용인할 수 없다. 그런데 미국과 중국은 아시아에서 패권싸움을 벌이고 있다. 하지만 북한 핵위협이 코앞에 닥치면서 협력하는 수밖에 없다. 북한의 핵위협을 제거할 수 있는 유일한 방법은 한반도 통일이다. 통일한반도는 핵을 가질 수 없다. 수출로 먹고사는 나라가 강대국의 경제재재에 두 손을 들 수밖에 없기 때문이다.

이 책의 상당 부분에 왜 통일이 될 수밖에 없고 왜 통일이 빨리 오는지에 관하여 언급했다. 3장부터 참고하기 바란다.

1-2 2025년 6월 통일 후 3년 되는 시점에 코스피 지수 6,000의 근거는?

주식시장을 경험하지 못한 사람들은 이 질문에 대한 해답의 내용을 이해하기 어려울 수 있다. 따라서 좀 더 쉽게 접근해 보자.

먼저 한 나라의 경제를 부문별로 나누어 생각해 본다. 한 나라의 경제는 크게 실물부문과 금융부문으로 나눌 수 있다. 말 그대로 실물부문은 재화와 서비스를 생산하고 소비하는 부문이다. 금융부문은 실물부문이 잘 돌아가도록 도와주는 역할을 하는데 증권시장은 금융부문의 한 부분이다.

● 국민총생산(GDP)과 시가총액의 관계로 지수 예측

주가를 예측하는 방법은 여러 가지이나 실물경제와 증권시장(주가)과의 관계를 통해 주가를 예측하는 방법이 있다. 즉 실물부문인 국민총생산(GDP)과 증권시장 시가총액과의 상관관계다. 국민총생산은 1년간 국가가 생산한 최종생산물의 합계액을 말한다. 2014년 한국의 국민총생산은 1,429조 원(1.41조 달러)[1]였다.

시가총액은 증권시장의 규모인데 거래소에 상장된 주식 총수에 주가를 곱한 금액이다. 삼성전자의 시가총액은 삼성전자의 상장주식 수에 주가를 곱한 금액이다. 증권시장의 시가총액은 삼성전자를 포함한 개별종목 시가총액을 합친 금액이다.

2014년 말 기준 코스피와 코스닥을 합친 시가총액은 1,335조 원(1.23조 달러)[2]였다. 주가가 매일 변하므로 시가총액도 매일 변한다. 주가가 오르면 시가총액이 늘어나고 하락하면 줄어든다.

주가가 실물경제를 반영한다는 점에서 실물부문이 크다면 증권시장

규모도 커야 한다. 이에 관한 지표는 '시가총액/GDP(%)'인데 미국의 전설적인 투자가인 워렌 버핏(Warren Buffett)이 애용한다. 지표가 100을 넘으면 증권시장이 실물부문보다 크다는 의미이고 100 아래면 그 반대다.

2008년 미국의 금융위기 이전에 일본이 180%, 미국이 140% 그리고 한국도 100%를 조금 넘었다. 당시 일본이나 미국의 경우 증권시장 규모가 경제 규모보다 훨씬 컸다는 말이다. 이후 금융위기에 따른 주가 폭락으로 지표가 크게 하락한 후 다시 반등했다.[3]

왜 한국은 일본, 미국과는 달리 지표기 100을 훨씬 넘지 못할까? 지표의 분자가 시가총액인데 시가총액이 '주식 수 × 주가'라는 점에서 주가 수준이 높지 않기 때문이다.

● '코리아 디스카운트'가 한국증권시장 발목 잡고 있다

이유는 증권시장에서 흔히 말하는 '코리아 디스카운트'(Korea Discount) 때문이다. 한국은 호전적인 북한과 대치하고 있는데 북한은 항시 전쟁 위협을 가한다. 북한 리스크 때문에 주가가 어느 정도 오르면 외국투자자들은 팔아치운다.

두 번째로 한국경제는 내수비중이 작다. 즉 한국은 수출중심 경제다. 따라서 해외 여건 변화에 따라 경제가 출렁거린다. 경제에서 내수비중이 크면 경제가 비교적 안정적이다.

세계은행(World Bank) 자료에 의하면 2013년 기준 미국, 일본, 한국의 수출이 경제(GDP)에서 차지하는 비중은 13.5%, 16.2% 그리고 53.9%였다.

한국경제는 수출에 전적으로 의존하고 있다. 투자자는 안정적인 경제를 선호한다. 원화 환율이 갑자기 강세로 가면서 수출에 문제가 생겨 경기가 악화되는 경제보다는 내수비중이 커 꾸준히 성장하는 그런 경제를 선호한다. 수출비중이 너무 높은 것이 코리아 디스카운트의 다른 요인이다.

● 수출-내수 균형의 통일경제 주가 상승 견인차

그러면 통일이 되면 한국의 시가총액/GDP(%) 지표가 어떻게 될까? '코리아 디스카운트'가 없어진다. 즉 북한 리스크가 소멸되고 통일로 인구가 50% 늘어난다는 점에서 내수 증가 폭이 시간은 걸리겠지만 크게 늘어난다. 수출과 내수가 어느 정도 균형을 이루는 경제가 된다. 이런 점에서 그 지표가 100%를 훨씬 넘을 것이다.

필자는 통일 후 주가가 강세국면으로 가면서 150%까지는 무난하리라 생각한다. 코리아 디스카운트가 없어진 데다가 통일경제가 고성장을 이어간다는 측면에서 주가가 상승하고 따라서 지표가 올라갈 것이다.

지표가 150%이면 주가 수준은 어떻게 될까? 수학계산을 하면 답이 나온다.

IMF는 2020년 한국의 명목 GDP(물가 상승을 고려한 GDP)를 1.9조 달러로 추정했다. 그리고 필자는 실질 GDP 성장률을 2021년 2.0%, 통일되는 해인 2022년에 3.5%, 이후는 고성장(왜 그런지 2장에서 설명한다)을 보여 연 5.0%로 추정한다. 여기에 물가상승률을 연 2.0%로 전제한다. 그러면 2025년 GDP는 2.55조 달러(1.9조 × 1.04 × 1.055 × 1.07 × 1.07 × 1.07)가 된다.

2025년 명목 GDP 2.55조 달러에 150%를 곱하면 시가총액이 3.82조 달러가 된다. 2015년 9월 말 기준 코스피와 코스닥의 시가총액이 1.20

그. 달리었고 지수는 1,962였다. 그러면 2025년 시수는 6,245가 된다
(1,962 × 3.82조 달러/1.20조 달러).

통일경제의 강한 성장 동력이 주식시장에 그대로 반영될 것이다.

1-3 한반도 통일로 인한 금융시장 충격

한반도 통일이 금융시장에 주는 충격은 초대형 태풍의 위력과 유사
할 것으로 생각된다. 그러나 내수확대로 기존 수출중심의 한국경제 체
질이 개선되고 성장 모멘텀을 제공한다는 긍정적인 효과를 생각하면
위력 면에서는 태풍이지만, 적당량의 비를 몰고 와 가뭄을 해소하는
착한 태풍일 수 있다.

과연 이 태풍의 위력이 어떤 것인지 알아보기 위해 한국경제에 이미
몰아친 두 차례의 거친 폭풍의 내용과 비교해 보자. 한국경제를 강타
한 두 개의 거대한 폭풍은 'IMF 경제위기'와 '미국발 금융위기'다.

● 'IMF' 경제위기는 A급 태풍

먼저 'IMF 경제위기'로 금융시장이 받은 충격을 보자. 한국은 1997
년 11월 21일 IMF에 구제금융을 신청했다. 외환 보유고가 바닥나 국가
부도를 모면하기 위함이었다.

대미 달러 환율이 1997년 12월에 달러당 2,000원에 접근하기도 했
다. 1997년 1분기 890원 수준을 생각하면 IMF 폭풍으로 원화가 달러
화에 대하여 100% 이상 절하된 것이다.

주가지수는 1997년 2분기 750선에서 1998년 6월 300선을 하회하여
주식시장도 반토막 이상으로 폭락했다. 한국금융시장을 강타한 초대

형 태풍이었다.

● '미국발 금융위기'는 B급 태풍

이제 '미국발 금융위기'의 위력을 보자. 2008년 9월 미국의 증권회사
인 '리만 브라더스'의 파산을 시작으로 전 세계로 번진 금융위기는 실물
경제에도 파급되었다. 한국을 비롯한 이머징 국가들에서 외환이 빠져
나갔는데 이로 인해 한국도 외환 부족 공포에 시달렸고 미국을 비롯한
전 세계의 실물경제가 위축되었다.

수출주도의 한국경제가 타격을 받았음은 물론이다. 그러면 한국금
융시장을 강타한 폭풍의 위력은 어땠나?

2009년 3월 미화 대비 환율이 1,570원까지 올랐다. 2008년 초 환
율이 990원 수준임을 고려하면 원화가 달러화에 대하여 60% 정도 절
하되었다. 주가지수는 2008년 10월 말 892까지 하락했다. 2008년 초
1,700 수준에서 움직였던 것을 생각하면 거의 반토막이 난 것이다.

IMF 폭풍 때보다 금융위기 때 환율시장에 충격이 덜했던 이유는
IMF 당시에는 국가부도에 대한 공포심이 극에 달했던 반면에 금융위
기 때에는 한국의 외환 사정이 비교적 견실했기 때문이다. 반면 주식시
장은 두 경우 모두 반토막이 났다.

● 통일경제 착한 태풍

한편 IMF 위기와 미국 발 국제금융위기 이후 1년이 좀 더 지난 후
주식시장은 위기 이전 수준으로 회복했다. 그러나 장기적으로 볼 때
두 경우 모두 위기 전 수준을 넘어 크게 오르지 못했다. 그러나 통일경
제의 주가는 통일 전 주가 수준을 상향 돌파하여 장기 상승추세를 보
인다는 점에서 단비를 몰고 오는 착한 태풍이라고 할 수 있다.

그러면 통일경제의 환율은 어떤가? IMF 위기 때 한국경제는 구제 금융을 받는 대가로 모진 구조조정, 즉 수많은 금융기관과 기업의 파산을 통해 경쟁력이 강화되었다. 그리고 미국 발 금융경제 위기의 경우 미국경제가 회복될지에 대한 불확실성이 있었으나 한국경제는 원화 약세로 수출이 견실해지면서 회복세가 비교적 빠른 편이었다. 이런 영향으로 두 경우 모두 원화가 단기간 급락했다가 주가회복 속도보다는 느렸지만 다시 강세(제자리)로 돌아섰다.

　통일경제의 환율도 두 경우와 마찬가지로 처음에는 약세로 갔다가 다시 강세로 돌아서는 추세를 보일 것으로 예상된다. 통일비용이 얼마나 들지 모르는 불확실성 기간에 원화 환율은 큰 폭 하락할 것이다. 또한 천문학적인 통일비용을 북한에 퍼부었을 때 과연 북한경제가 소생할 수 있을까 하는 의문이 생길 것이다. 마치 밑 빠진 독에 물을 붓듯이 돈을 쏟아 부어도 북한경제의 성장률이 소폭에 그치고 통일경제의 물가가 크게 오르는 인플레 현상이 생기지나 않을까 하는 불안감이 외환시장에 팽배할 것이다.

　그러나 통일경제 방향이 가시화되는 시점부터 환율은 강세로 갈 것이다. 결론적으로 통일경제에서의 환율은 장기간 약세로 가다가 강세로 돌아선다. 그러면 원-달러 외환시장은 어느 수준까지 갈까?

　앞에서 언급한 바와 같이 IMF 위기와 금융위기 때 100% 이상 그리고 60% 정도 하락했으나 통일경제에서는 50% 정도까지 절하되었다가 통일경제 방향이 가시화되는 시점부터 수년간 강세로 갈 것으로 예상된다.

1-4 독일 통일 후 환율과 주식시장

한 나라의 주가는 그 나라 경제 펀더멘탈에 의해 움직인다. 즉 금리, 성장률, 기업의 실적 등에 따라 주가가 형성된다. 그런데 독일은 한반도보다 먼저 통일을 했고 한반도 통일도 독일처럼 갑작스럽게 이루어진다. 이런 점에서 한반도 통일경제의 주식시장을 생각해 볼 때 통일독일의 주식시장은 어떠했는지 참고해 볼 필요가 있다.

그러면 독일 통일의 태풍은 과연 어땠을까?

● 통일 후 마르크화는 강세

독일 통일로 마르크화는 달러화에 대해 강세를 보였다. 이는 한반도 통일의 경우와는 정반대 현상이다.

독일 통일과정에서 일어난 주요 사건들은 이렇다. 1989년 11월에 베를린 장벽이 무너졌고, 1990년 3월에 동독에서 통합을 위한 의회 의원 선출을 위한 자유선거를 실시했다. 그리고 1990년 7월 1일 동서독이 서독 마르크화로 통화 통합을 했고, 1990년 10월 3일 통일을 선언했다.

1990년에 들어와 마르크화가 미국 달러화에 대하여 강세를 보였는데 이는 기본적으로 플라자 합의(1985년 9월 미국, 영국, 프랑스, 독일, 일본 등 G5 재무장관들이 뉴욕의 플라자 호텔에서 달러화 약세를 합의한 후 엔화는 큰 폭으로 상승했다) 이후 달러가 약세 추세를 보였기 때문이다.

여기에 독일 정부의 재정이 건전했다는 점과 1988년부터 1992년 중반까지 독일 중앙은행이 금리를 계속 올렸기 때문이다(원칙적으로 금리를 올리면 해당 국가 통화가 강세가 된다. 왜냐하면 높은 금리를 주는 통화를 선호하여 매수세가 증가하기 때문이다).

베를린 장벽이 무너진 1989년 11월에서(1달러에 1.83마르크) 통화 통합이 이루어진 1990년 7월 1일까지(1달러에 1.68마르크) 마르크화는 8.2% 절상되었고 이후에도 절상은 지속되었다.

환율은 두 나라의 화폐교환 비율인데 미국이 적자로 허덕이면서 달러화에 대하여 마르크화가 큰 폭은 아니나 강세로 갔다. 독일도 통합 전 그리고 직후 통일비용에 대한 우려가 컸었는데 이보다는 미국의 문제가 더 컸기 때문이다.

● 주식시장 단기 상승 후 하락

이제 독일의 주가지수(DAX: 닥스)는 어떻게 움직였는지 알아보자.

〈독일 닥스(DAX) 지수의 단기 움직임[4]〉

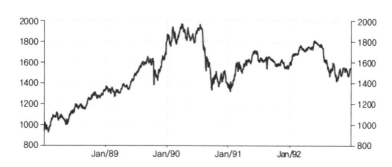

1989년 10월에서 1990년 7월까지 9개월 동안 지수는 30% 상승했다. 투자자들은 과도한 통합비용에 대한 불안과 이에 따른 금리상승을 우려했으나 개별기업의 이익 증가 전망이 주가에 호재로 작용했다. 같은 기간 건설주는 57%, 기간산업(Utilities)이 48%, 철강 46%, 기계 41% 그리고 보험이 36% 올라 시장대비 상승폭이 컸다.[5]

이후 1990년 8월 사담 후세인이 쿠웨이트를 침공하면서 유가가 급등함에 따라 미국을 비롯한 전 세계 증권시장이 폭락했다. 닥스 지수도 큰 폭으로 하락했다. 통일 호재로 인한 주가 상승분을 사담 후세인에게 모두 반납했다.

통일로 인한 독일 주식시장의 변화를 보면 통일 관련 기업들의 주가가 단기적으로 급등하면서 지수 전체가 올랐다는 점을 알 수 있다. 이는 통일한국 주가 시나리오에도 그대로 적용될 수 있다.

통일한국의 주가도 통일로 건설주 그리고 내수관련주들이 크게 올라 이들의 주가가 상승하면서 지수도 올라갈 것이다.

다만 통일한국의 경우 천문학적인 통일비용에 대한 불안 심리가 지수의 지속적인 상승을 억제할 것이다. 필자는 지수의 상승폭을 20% 수준으로 제한한다. 통일독일이나 통일한국 주식시장 모두 단기적으로는 통일재료가 주가에 긍정적으로 반영하고 장기주가 추세는 통일 이후 경제가 어떻게 돌아가느냐에 따라 결정될 것이다.

● 주식시장 장기 추세: 급상승 후 급락

그러면 통일독일 주가의 장기추세는 어떠했는가? 통일 후 1990년에서 1995년 중반까지 지수 2,000 수준에서 장기 횡보하던 닥스(DAX) 지수가 이후 급상승하여 1997년 하반기 아시아 금융위기(1997년 태국에서 시작하여 인도네시아, 말레이시아, 필리핀을 거쳐 한국에서는 IMF 구제금융을 받은 금융경제위기로 1999년에 진정되었다)로 폭락하기 전까지 무려 6,000을 넘어 세 배나 급등했다. 이후 4,000 수준까지 큰 조정을 받았던 지수가 소위 닷컴버블(dot-com bubble: 1998년부터 시작된 인터넷 관련 주식들의 주가 급등현상으로 IT 버블이라고도 한다)에 힘입어 지수가 8,000까지 두 배나 올랐다.

〈독일 닥스(DAX) 지수의 장기 추세[6]〉

　　동독과 서독이 공식적으로 통합한 때가 1990년 10월인데 통합 후 근 5년 동안 주식시장은 장기 횡보했다. 이는 통일 후 금리가 상승세를 보인 데다가 경기가 침체했기 때문이다. 그러나 1995년 하반기부터 보인 증권시장의 초활황세가 통일과 어떤 연관이 있을까?

　　먼저 결론을 말하면 통일과 관련이 없다. 주식시장 대세 상승의 첫 번째 요인은 소위 3저 현상이다. 독일은 수출중심의 경제이며 이런 측면에서 한국은 독일 경제와 유사하다. 1990년대 중반 이후 유가가 역사적인 바닥권인 배럴당 20달러 수준으로까지 하락했다.

　　저유가로 인플레가 억제되었고 중앙은행인 분데스방크는 침체된 통일독일의 경제를 살리기 위해 금리를 끊임없이 낮췄다. 1996년 7월 중앙은행의 할인율이 2.5% 수준으로 1992년 8.5% 수준에 비하면 큰 폭의 하락이었다.

　　미국 달러화에 대한 마르크화의 환율 또한 떨어져(약세) 수출이 확대되었다. 1995년 달러당 1.40마르크 수준에서 1997년 8월에 1.84마르크까지 절하되었다. 소위 3저 효과로 대형 수출주들의 실적이 크게 호전되었다.

두 번째 요인은 주식시장 개혁조치다. 통일 전까지 서독의 주식시장은 보잘 것 없었다. 원래 독일 사람들은 미국인과 영국인과는 달리 투자를 멀리하고 은행예금을 선호한다.

1990년 통일되던 해 독일 상장기업 발행주식의 46.8%는 은행과 비은행 금융기관이 보유했었다. 주식시장의 플레이어들인 기관투자자와 개인투자자들이 발행주식의 11.4%만 보유하고 있어 증권시장 발전과정으로 보면 초기 단계였다. 그런데 1990년대에 증권시장의 과감한 규제개혁을 추진했다. 해외기관투자자의 주식투자 비중을 올렸고 거래비용도 낮췄다.

1996년 11월에는 독일텔레콤(Deutsche Telekom)과 독일우체국(Deutsche Post)도 공개했고 이후 수많은 기업이 공개함으로써 독일증권시장의 규모가 커졌다. 당시 중산층 가정에서 독일텔레콤 주식을 사는 것이 유행이었다. M&A 또한 활성화되었다.

독일의 최대 보험회사인 알리안츠(Allianz)와 3위 은행은 드레스드너(Dresdner)가 합병하는 등 은행과 보험회사 그리고 은행 상호 간에 합병이 이루어졌다.

세 번째, 통일독일은 1992년에 연금과 의료보험을 포함한 사회보장제도를 개혁했다. 골자는 더 내고 덜 받는 조치였다. 연금혜택이 줄어들면서 개인연금 가입자가 크게 늘어났다. 이로 인해 기관투자자들의 주식 매수가 늘어나면서 주식시장 활성화에 크게 기여했다.[7]

한편 1990년대 중반 이후 독일시장뿐 아니라 미국을 비롯한 주요 선진국 증권시장 모두 활황세를 보였다. 유가하락과 저금리 그리고 닷컴버블 때문이었다. 1996년부터 2000년까지 5년간 미국의 나스닥 지수도 6배 올라 5,000을 넘었다.

이런 점에서 통일독일의 증권시장이 1990년대 중반 이후 급등한 배정은 통일이 아니라는 사실을 알 수 있다. 통일이 되지 않았더라도 서독 증권시장은 그렇게 활황이었을 것이다. 그런데 독일의 닥스(DAX) 지수나 나스닥 지수가 엄청난 버블이었음은 하락폭을 보면 알 수 있다. 닥스(DAX)는 2003년에 다시 2,000선으로 내려왔고 나스닥도 1,000선 가까이로 하락했다.

통일독일 주식시장의 추세를 요약하면 통일 전 30% 수준 상승한 후 5년간 소강상태를 보이다가 장기 상승했다. 통일한국 주가 시나리오는 통일 전 20% 수준으로 오른 후 1년 반 정도 소강상태를 보이다가 대세 상승한다. 통일독일과 통일한국의 주가가 장기상승한다는 점에서는 같으나 그 요인은 서로 다르다. 한국의 경우 통일이 뒷받침되어 고성장 경제로 전환하면서 주가가 장기 상승추세를 보인다.

2장

통일경제 선순환 기미 보이다

2-1 통일비용으로 얼마나 들어갈까?

대다수 남한 주민들이 한반도 통일을 염원하고 있으나 통일에 대해 부정적인 생각을 하는 사람들 또한 적지 않다. 여기에는 여러 가지 이유가 있겠으나 남한 주민들의 경제적 부담, 즉 과다한 통일비용에 대한 우려 때문이다. 통일비용이 얼마나 소요될지는 통일경제가 어떤 방향으로 나가게 되는지와 밀접한 관련이 있다. 비용이 너무 많이 들어가면 통일경제가 감당할 수 없기 때문이다.

정부는 세금과 국채발행을 통해 자금을 조달한다. 그런데 세금인상도 그렇고 국채발행도 한도가 있다. 만일 세금(의료보험과 연금기여금 포함)을 한번에 20~30% 올린다면 국민생활은 어려워지고 경제도 절단난다.

세금을 많이 거두면 국민이 쓸 돈이 적어 소비가 줄고 경기는 곤두박질한다. 국채발행도 적당해야지 규모가 너무 크면 국가신용도가 떨어져 조달금리가 오르고 이런 악순환이 계속된다. 이런 경우가 감당할 수 없는 상황이다.

● 통일비용 계산에 일관된 기준 없다

통일비용에는 북한의 열악한 인프라를 새롭게 구축하는 데 들어가는 비용이 포함된다. 즉 철도, 도로, 발전소, 항만, 통신망 등을 건설하는 비용이다. 통일 후 북한의 경제재건을 위해서 인프라투자가 우선되어야 한다.

또한 의료, 교육, 주거, 생계 등 기초생활 보장과 연금, 실업보험 등 복지비용도 들어간다. 통일독일의 경우 인프라투자비용보다 복지비용에 돈이 훨씬 더 들어갔다. 그런데 통일비용을 추정하기가 매우 어렵다. 예를 들어 통일 후 몇 년까지 소요되는 비용을 통일비용이라고 할 것인지 또한 어떤 항목을 통일비용으로 분류할 것인지 기준이 모호하다. 그러나 통일전문가들은 나름의 기준을 적용해 통일비용을 산출했다.

한국경제연구원은 2012년 작성한 자료에서 북한이 2012년에 급속하게 붕괴 될 경우 2012~2020년까지 9년간 217조 원(환율을 1,050원/달러로 가정하면 2,066억 달러이고 연간 228억 달러: 연간 24조 원)이 소요될 것으로 추정했다.[1]

국민대학교의 안드레이 란코프(Andrei Lankov) 교수는 몇 군데 연구기관 및 통일전문가들의 통일비용 추정치를 소개했다.[2]

첫 번째 사례로 소개된 스탠포드대학교의 피터 베크(Peter Beck) 교수는 북한 주민의 소득이 남한 주민의 80% 수준까지 오려면 2조에서 5조 달러가 소요될 것이라고 추정했다.

두 번째 사례는 크레디트 스위스(Credit Suisse) 투자은행의 2009년 리포트로, 북한 주민의 소득이 남한 주민 소득의 60% 수준으로 오려면 1조 5천억 달러 정도가 소요된다고 예측했다. 이들의 예측에는 몇 년 소요될 것인지에 대한 추정은 없다.

현대경제연구원은 통일 후 북한 주민의 1인당 국민소득이 1만 달러에 도달하는 데 18년간 7,065억 달러가(연 392억 달러) 소요될 것으로 추정했다.[3]

북한 주민의 소득이 남한 주민 소득의 일정 비율까지 도달하는 데 소요되는 비용을 산출하는 방법은 합리적일 수 있다. 북한 주민들의 생활 수준이 남한 주민 수준의 어느 정도까지는 도달해서 극심한 차이가 없어야 통일과정이 완성되었다고 할 수 있기 때문이다. 이런 측면에서 북한 주민의 소득이 남한 대비 60%, 70% 또는 80% 수준에 도달하는 데 소요되는 비용을 통일비용이라 하고 이 기준을 적용하여 비용을 계산하면 될 것이다. 그러나 이 방법은 다른 방법보다 더 많은 전제를 설정하고 모형 또는 모델을 이용해서 추정하기 때문에 신뢰도가 크게 떨어진다는 단점이 있다.

● 통일비용: 통일 후 10년간 소요되는 비용

필자는 통일 후 10년간 소요되는 비용을 통일비용으로 하고자 한다. 필자가 통일비용을 계산해 보고자 하는 근본적인 이유는 통일경제가 통일로 인한 천문학적인 비용을 감당할 수 있는지 여부에 초점을 맞추고자 하기 때문이다. 10년 정도 해 보면 감당할 수 있는지 여부를 알 수 있을 것이다.

만일 통일비용이 너무 커서 통일경제가 감당할 수 없다면 통일 후 국민들의 생활이 매우 어려워질 것이다. 통일경제의 성장률이 낮아 실업이 개선되기는커녕 증가하면서 사회불안이 고조될 것이다. 경제가 제대로 돌아가지 않으면 정부가 통일비용을 충당할 자금을 빌리는데도 문제기 생긴다.

반면 통일 후 통일자금 투입으로 한반도 경제의 성장률이 올라가고 실업률이 눈에 띄게 하락하면 통일경제는 선순환하게 된다. 이런 점에서 필자의 통일비용은 일반적인 통일비용 개념과 다르다.

● (순)통일비용 연 GDP의 (5.6%)6.6%인 (790)930억 달러

통일비용에 대한 여러 연구 중 통일부 정책용역보고서인 한국재정학회의 '통일재원마련방안최종결과보고서[4]'가 광범위하고 깊이 있는 연구자료다. 그리고 모형이나 모델을 사용하지 않고 비용항목을 하나하나 합산하여 추정치를 도출해 신뢰성이 높다. 이 보고서는 통일 시기에 대해 세 가지 가정을 한다.

통일 시기를 2020년, 2030년, 2040년으로 설정하고 통일 후 10년간 소요비용을 각각 산출했다. 즉 2021~2030년, 2031~2040년 그리고 2041~2050년이다. 이는 필자의 10년 기준과도 부합된다.

통일재원보고서에서 통일시기 외에 북한 주민들의 소득수준을 어떻게 볼 것인지 그리고 남한의 사회보장제도를 북한 주민들에게 일부 또는 전면적으로 적용할 것인지에 따라 몇 가지 시나리오를 제시하고 있다. 그중에서 통일이 2030년에 이루어질 경우 10년간 통일비용을 이 책에서 적용하고자 한다. 필자는 통일이 2022년에 이루어질 것으로 예상하는데 비용추정과 관련해서는 보고서의 2030년 통일 시나리오를 그대로 적용했다.

2030년 통일시나리오에서는 비용 추정 기간이 2031~2040년이고, 북한 주민의 임금이 남한 주민의 40% 수준(이는 북한 주민의 임금이 남한 주민의 최저임금의 100%), 그리고 남한에서의 사회보장제도를 북한에 전

면적으로 도입하는 시나리오를 적용한다.

사회보장제도를 통일과 함께 북한에 전면 도입하는 전제를 세운 이유는 한국도 독일과 같이 급진적인 통일을 맞이함에 따라 북한 주민들의 남쪽으로의 대량 탈북을 막기 위함이다.

북한 주민들이 대량으로 남쪽으로 넘어오면 남쪽에서는 각종 사회문제가 생기고 북한지역은 공동화 현상이 일어난다. 따라서 통일 후 북한지역 주민들에게 최대한의 혜택을 주어 그곳에 머물러 있게 해야 한다. 그 방법 중 하나가 남쪽의 사회보장제도를 북한 주민들에게 가능한 남한 주민들과 똑같이 적용하는 것이다.

'통일재원마련방안최종결과보고서'의 통일비용 중에서 앞에서 언급한 조건에 맞는 통일비용은 10년간 연평균 GDP의 6.6% 수준이다. 통일 초기에 비용이 조금 더 많이 들어가고 이후 점차 줄어든다.

그런데 통일 후 통일정부는 북한지역에서 세금을 걷는다. 개인은 소득세를 내고 기업은 법인세를 낸다. 한국의 조세부담률[(국세+지방세)/GDP(%)]이 2013년 기준 18% 수준이었다.

통일 후 시간이 지나면서 북쪽 경제가 커져 북쪽에서의 세수가 증가한다는 점에서 볼 때 10년간 연평균 GDP의 1%를 보면 무난할 것이다. 따라서 (순)통일비용은 통일 후 10년간 연 GDP의 (5.6%)6.6%가 된다. 2014년 기준 연 (790)930억 달러(2014년 GDP는 1.41조 달러)이고 10년간 (7,900억)9,300억 달러가 소요된다.

● **한반도와 독일의 통일비용**

연간 통일비용이 GDP의 6.6%라고 했는데 이는 '통일재원마련방안최종결과보고서'의 추정치이다. 그런데 일부 국내외 통일 전문가들은 한반도 통일 비용이 독일의 경우(연간 GDP의 5%)보다 훨씬 더 소요되리라 예상한다.

통일 전 동독의 인구가 서독의 1/4 수준이며 1인당 국민소득은 절반 정도였다. 그러나 북한 인구는 남한의 절반 수준이나 되고 2014년 기준 1인당 국민소득은 남한 28,980달러에 북한은 1,275달러다.[5] 즉 남한이 북한 대비 23배다. 역으로 말하면 북한은 남한의 4% 수준이다. 따라서 상식적으로 생각해봐도 한반도 통일비용이 독일보다 많이 든다. 많이 드는 정도가 아니라 훨씬 많이 들 것으로 예상할 수 있다. 머리 숫자가 많아 복지비용도 더 들어가고 인프라투자도 더 커야 하기 때문이다.

그러면 독일모델을 사용해 한반도 통일비용이 얼마나 될지를 어림잡아 계산해 보자. 우선 두 나라의 통일 당시의 경제규모를 보자. 독일이 1990년 10월 3일 공식적으로 통일되었는데 1990년 명목 GDP가 1조6천억 달러였고 1991년에는 1조8천700억 달러였다.[6]

한편 IMF는 2020년 한국의 명목 GDP를 1.9조 달러로 추정하였다. 이 책에서는 2022년에 한반도가 통일할 것으로 추정하고 있는데 그렇다면 독일 통일 당시의 서독 경제규모와 한반도 통일 시기의 경제규모가 차이는 나지만 거의 비슷하다고 전제할 수 있다.

독일 통일비용은 통일 후 10년간 매년 GDP의 5%였는데(동독지역에서의 세수를 차감한 순통일 비용은 4%. 통일독일 정부는 통일비용에 관하여 통계자료를 발표하지 않았다. 따라서 통일비용에 관하여 연구기관별로 조금씩 다르다)[7] 연금, 실업수당 등에 들어가는 복지비용이 투자비용보다 훨씬 더 많았다.

동독은 통일 전 제조업 기반이 탄탄했고 자동차(모델명: 트라반트)를 생산해 동구권에 수출할 정도였다. 그런데 통일 후 동독 제조업의 경쟁력이 상실되어 대다수 공장이 문을 닫음으로써 대량 실업이 발생했다. 당시 독일의 노동복지는 세계 최고 수준이었기 때문에 이로 인한 복지비용이 눈덩이처럼 불어났다.

그러나 북한의 경우 제대로 된 제조업이 없다. 대부분의 생필품이 중국에서 공급되고 있다. 따라서 남북이 통일될 경우 북한에서는 문 닫을 공장이 많지 않아 신규로 발생하는 대량실업의 가능성은 적다. 그리고 동독과는 달리 북한은 제조업 비중이 아주 낮다.

1990년 독일 통일 당시의 1인당 복지지원 금액이 2022년 한반도 통일 시기의 1인당 복지비용보다 훨씬 더 클 것으로 예상된다. 독일은 통일 이후 대대적인 복지개혁을 통해 복지혜택을 줄여 통일 당시 복지혜택이 오늘날 복지혜택보다 더 컸다.

결론적으로 통일 후 북한 주민 1인당 복지지원 액수가 통일독일의 1인당 복지지원 금액보다 훨씬 적을 것으로 예상된다. 반면에 북한의 인구가 동독보다 많아 북한 주민에 들어가는 복지비용 총액이 동독 주민의 복지비용 총액과 비교하면 큰 차이가 아니라고 추정할 수 있다.

북한의 인프라투자는 동독의 인프라투자보다 훨씬 더 클 것으로고 생각한다. 그러나 인프라투자의 경우 통일한국은 SOC 민자사업을 확충하는 방향으로 추진하면서, 소요되는 투자비용은 통일독일의 경우보다 많지만 현저하게 차이가 나지 않을 것이다. 왜냐하면 SOC 민자사업은 한 번에 큰돈이 들어가지 않기 때문이다.

이런 점에서 한반도 통일비용 추정치가 GDP의 6.6%로 독일 통일비용인 GDP의 5%보다 1.6% 정도 많다는 점에서 한반도 통일비용 추정치가 비교적 합리적이라고 생각할 수 있다.

여기에서 통일비용에 대해 장황하게 설명하는 이유는 앞에서 언급한 바와 같이 한반도 통일경제가 통일비용을 감당할 수 있는지가 매우 중요하기 때문이다.

예를 들어 어떤 가계의 월 소득이 300만 원으로 일정한데 150만 원의 신규 지출요인이 발생한다고 생각해 보자. 처음에는 빚을 내서 견뎌보겠지만 감당할 수 없을 것이다. 그러나 신규 지출요인이 70~80만 원 수준이라면 다른 지출항목에서 좀 줄이고 나머지는 빚으로 충당할 수 있을 것이다. 한반도 통일비용이 얼마나 들지 추정해 보는 것은 어떤 가계경제의 추가비용이 월 150만 원이 될지 아니면 월 70~80만 원이 될지를 따져보는 일과 같다.

2-2 통일정부의 통일비용 조달 연 GDP의 3.8%

순통일비용(통일비용 − 북한지역에서의 세수)이 연 GDP의 5.6%라면 통일정부는 이 금액 모두를 10년간 매년 조달해야 하나? 그렇지 않다.

통일은 비용만 발생하는 것이 아니라 편익도 생긴다. 예를 들어 한반도가 통일되면 1년에 37조 원 이상(2015년 기준: GDP의 2.6%)의 엄청난 국방비를 써야 할 이유가 없다. 또한 북한에는 철광석, 석탄 등 지하자원이 많다. 통일이 되면 광물 채굴량을 늘려 통일비용의 일부로 충당할 수 있을 것이다.

그리고 북한 리스크 소멸로 통일경제의 국제적 신용도가 올라가면서 해외에서 빌리는 돈에 대한 이자가 줄고, 국제사회에서 남북의 외교비용이 절감되며 이념교육 또는 남한의 홍보비용도 절감될 것이다. 일부 전문가들은 통일편익에 통일 후 북한지역의 경제성과를 포함시키기도 한다. 그러나 필자는 통일편익은 제한적으로 적용하고자 한다.

● 국방비 연간 GDP의 1.3% 절감

먼저 국방비의 경우, 통일로 국방비가 절감되면 통일정부는 절감액을 통일비용으로 전용할 수 있다. 즉 절감액만큼 통일정부가 조달하지 않아도 된다.

국방비 지출은 해가 가면서 줄어들어 통일 후 4~5년 차가 되면 일정 금액(GDP의 1.0%)으로 유지될 것이다. 여기서는 계산상 편의를 위해 통일 후 10년간 연간 절감액을 GDP의 1.3%로 전제하고자 한다.

● 광물자원의 경우 채산성이 핵심

북한 광물자원의 매장량은, 마그네사이트 세계 3위, 금 6위, 철광석 9위를 차지하고 있다. 마그네사이트는 60억 톤의 매장량에 2조 달러 이상의 잠재가치를 가지고 있다.

금 또한 매장량이 2천 톤으로 800억 달러 이상의 잠재가치를 가지고 있으며 철은 50억 톤의 매장량으로 8천억 달러 이상의 가치가 있다. 무연탄 역시 4천억 달러 이상의 가치가 있는 것으로 전해지고 있다. 북한의 광물자원 가치는 약 4조 달러로 추산된다.[8]

그런데 광물자원 매장량 가치와 관련하여 경제성이 있는지의 여부가 중요하다. 매장량의 가치가 천문학적인 숫자라 하더라도 캐냈을 때 채산성이 없으면 의미가 없다. 대부분 북한 광물자원은 땅 깊숙이 매장되어 있어 채산성이 낮은 것으로 알려져 있다.

따라서 통일정부의 통일비용 조달에서 북한의 지하자원을 제외한다. 즉 지하자원을 얼마로 계상할 수 있으면 그만큼 조달하지 않아도 되나 이를 제로로 전제한다는 말이다. 또한 계산이 어려운 무형의 통일편익과 금액이 크지 않을 것으로 추정되는 항목도 제외한다.

● 통일세 GDP의 0.5%

끝으로 통일정부가 상징적으로 최소한의 통일세를 징수하는 것으로 가정한다. 통일세는 GDP의 0.5% 수준으로 한다.

뒤에서 언급하는 바와 같이 통일독일은 통일비용을 세금으로 충당하면서 장기불황을 겪었다. 여기서 또 강조하는데 세금을 올리면 소비자가 쓸 돈이 적어져 소비가 줄어들고 경제성장률이 하락한다. 장기불황은 성장률이 장기간 낮다는 의미인데 성장률이 낮으면 고용시장이 악화된다. 한반도 통일정부의 핫이슈가 고성장과 고용증가라는 점에서 세금인상은 최소한에 그칠 것이다.

국방비 절감액과 통일세를 합치면 연간 GDP의 1.8%다. 따라서 통일비용으로 통일정부가 조달하는 금액은 연간 GDP의 5.6%에서 1.8%를 차감한 3.8%다.

2-3 통일자금 국채발행으로 조달

통일정부는 연간 GDP의 3.8%의 자금을 국채발행을 통해 조달한다. 참고로 2014년 한국의 GDP는 1조4천백억 달러(1,429조 원)였고, 3.8%는 535억 달러(54조 원)가 된다.

그러면 GDP의 3.8%인 54조 원 규모의 국채를 발행하면 금리에 미칠 영향은 어떤가? 금리가 크게 오르면 민간의 투자와 소비가 줄어든다. 즉 금리가 오르면 기업은 돈 빌리기를 꺼려 신규투자를 줄인다. 개인은 높은 금리 때문에 집을 사려고 하지 않을 것이고 돈을 빌려 소비하지 않으려 할 것이다. 이를 크라우딩-아웃(Crowding-out) 현상이라고 한다.

이는 정부가 국채발행을 많이 하면서 금리가 올라가면 기업투자가 줄고 개인소비가 감소하여 경제성장이 위축되는 현상을 말한다. 통일 정부는 성장률을 올리려고 세금인상 대신 국채발행을 하는데 국채발 행으로 경기가 위축된다면 통일정부의 국채발행 정책은 무의미해지는 것이다.

● 대규모 국채발행으로 초기 금리가 상승하나 이후 안정된다

따라서 통일정부가 GDP의 3.8% 정도의 국채를 매년 발행할 경우 금 리가 크게 올라갈지 아니면 소폭 오를지 알아볼 필요가 있다. 만일 금 리가 큰 폭으로 계속 오른다면 통일정부의 세금인상 대신 국채를 발행 하는 아이디어는 말 그대로 아이디어 수준에 그치고 만다.

한국 정부는 2014년 97조5천억 원의 국채를 발행했고 그해 말 발행 잔고는 438조3천억 원이었다.[9]

이 책에서는 통일 원년을 2022년으로 전제하는데 그 시기의 금리를 예측할 수 없음에 따라 2014년을 기준으로 생각해 보자.

2014년 1년간 97조 원 수준의 국채를 발행했는데 여기에 추가로 54 조 원의 국채를 추가(55% 증가)로 발행한다면 국채시장의 공급이 크게 늘어난다. 공급이 늘어나면 가격이 내려가는 것은 경제학의 기본 개념 인 수요와 공급의 법칙이다.

국채의 가격이 내려간다는 말은 수익률(이자율), 즉 금리가 오른다는 의미다. 그러면 얼마나 오를까? 이는 발행 당시의 여러 가지 경제지표 가 영향을 미치나 수급 측면에서만 보면 2014년 당해 연도의 금리는 비교적 큰 폭으로 오를 것이다.

그런데 2015년, 즉 1년 뒤를 생각해 보자. 2015년 국채공급은 55% 증가하지 않고 증가율은 이보다 크게 낮다. 2014년 발행규모가 커 기저효과가 있기 때문이다. 2016년에는 증가율이 더 떨어지게 된다. 이는 시장에 주는 국채공급 압력이 시간이 가면서 작아진다는 의미다. 따라서 한반도 통일 이후 초기에는 금리가 상승하겠으나 2~3년 지나면서 안정화될 것이다.

● 통일 후 초기 인플레 예상

여기서 하나 떠 따져보아야 할 사항이 있다. 인플레다. 통일초기, 즉 통일 후 1~2년 동안 물가가 상승할 것이다. 통일 당시 남한 인구는 5천만 명, 북한 인구는 2천5백만 명 정도인데 통일 후 대다수의 북한 주민들이 남한 제품을 선호할 것이다. 하지만 예상되는 북한 주민들의 낮은 소득수준을 고려하면 총수요가 서서히 증가하여 물가상승폭은 크지 않겠으나 인플레는 분명히 일어날 것이다.

인플레를 낮추는 방법은 금리인상 또는 세금인상이다. 세금을 올리면 소비자가 쓸 돈이 적어져 소비가 줄어들고 물가가 안정된다. 금리인상도 같은 결과를 초래한다. 그런데 앞에서 언급한 바와 같이 통일자금 마련을 위해 정부가 국채를 발행하면 통일 후 초기에 금리가 올라 자동으로 인플레를 억제할 수 있다. 이런 상황에서 통일정부가 군이 세금인상의 방법으로 인플레를 진정하려 하지 않을 것이다.

독일의 경우 통일자금 조달을 위해 부가가치세를 인상했는데 이 조치가 인플레의 단초가 되었다. 결론적으로 통일정부는 세금인상으로 통일비용을 조달하기보다는 국채발행의 방법을 선택하게 된다.

2-4 최악의 시나리오: 순통일비용 연 GDP의 9%인 1,269억 달러

이미 언급한 바와 같이 통일재원마련보고서의 통일비용, 즉 GDP의 6.6%를 인용하여 순통일비용이 연 GDP의 5.6%로 전제하였다. 그리고 이 정도의 통일비용을 독일의 통일비용과 비교했을 때 타당하다고 하였다.

그러나 통일재원마련보고서의 통일비용 추정도 전제가 많아 정확하다고 할 수 없다. 따라서 만일 독일 통일비용인 GDP의 5%의 두 배, 즉 10%를 전제하면 통일한국 경제는 어떻게 될까? GDP의 10%는 2015년 남한 예산의 40% 수준이다.

미래 예측은 정확하지 않아 최악의 시나리오를 설정하고 그 경우 어떻게 될지 따져보는 것도 의미 있는 일이 될 것이다.

한반도 통일경제의 통일비용이 10%이면 순통일비용, 즉 북쪽에서 발생하는 세수 1%를 빼면 순통일비용은 9.0%가 된다(통일비용이 증가하면서 북쪽에 지원하는 자금 규모가 크면 클수록 경기가 더욱 활성화되어 세수가 늘어나나 이를 무시하기로 함).

2014년 기준 GDP(1조4천백억 달러, 1,429조 원)의 9.0%는 연 1,269억 달러(128조 원)로 10년간 1조2,690억 달러(1,280조 원)가 소요된다.

● **최악의 시나리오에서 정부 조달규모 GDP의 5.2%**

9.0%에서 통일세 0.5%와 국방비 절감액 1.3%를 빼면 7.2%가 되는데 이 정도의 통일비용을 통일정부가 매년 조달해야 한다.

GDP의 7.2%는 103조 원이 된다. 2014년 국채발행이 97조 원 수준이었으므로 100% 이상의 국채를 더 발행해야 한다. 이 경우 국채시장에 혼란을 가져와 금리가 큰 폭으로 오를 것이다. 따라서 통일비용이 이렇게 많이 들어가면 순선이 국채발행으로만 조달할 수 없다.

통일정부는 여러 면으로 조달방법을 강구할 것이다. 우선 통일세와 다른 명목의 세금을 인상해야 할 것이다. 세금을 인상하면 경기가 하락하나 이 경우는 어쩔 도리가 없다. 다만 이 경우에도 과도한 세금인상은 자제할 것이다.

통일세 0.5%를 제외하고 다른 명목의 세금 인상분을 GDP의 1.0%(조세부담률이 18% 수준임을 고려하면 과도한 인상은 아니다) 수준으로 제한하자. 그리고 통일 후 남쪽에서 사용하는 예산을 크게 절감한다. 예를 들어 남쪽의 투자는 가능한 억제하고, 이로 인한 예산절감액을 GDP의 1.0%로 가정해 보자. 그러면 7.2%에서 2.0%를 빼면 5.2%가 나오는데 2014년 기준 GDP의 5.2%는 74조 원이다. 2014년 국채발행액이 97조5천억 원이었으므로 76% 수준이다. 시장에 과도한 공급이다.

그러나 통일정부가 북쪽 SOC 투자의 상당부분을 민자 또는 차관을 통해 해결한다면 7.2%를 더 낮출 수 있고 그 결과 국채발행 규모(5.2%)가 좀 더 낮아져 국채시장에 혼란은 있겠으나 금리가 오르면서 통일자금을 조달할 수 있을 것이다.

그런데 국채발행 증가율은 시간이 가면서 낮아진다는 점에서 통일 후 초기에 금리가 비교적 크게 오르겠으나 곧 안정될 것이다.

따라서 만일 통일비용이 연간 GDP의 10%가 된다 해도 국채시장에 충격은 주겠지만 심각한 혼란을 주지 않고 통일자금을 조달할 수 있을 것이다. 즉 통일경제가 감내할 수 있다.

통일비용과 관련한 최악의 시나리오를 상정하는 이유는 많은 통일전문가가 급진적인 통일을 하면 통일비용이 과다하게 소요되고 이로 인해 통일한국 경제가 큰 혼란에 빠질 것이라는 비관적인 생각을 하고 있기 때문이다. 그러나 앞에서 언급한 바와 같이 최소한의 세금인상과 남쪽에서 쓰는 예산을 절감함으로써 그렇지 않다는 사실을 강조하고 싶다.

통일경제 성장 측면의 부정적인 요인인 세금(통일세 포함)이 GDP의 1.5%인 반면, 긍정적인 측면으로 통일경제에 GDP의 5.2%를 수혈하면 경기는 당연히 살아난다. 결론적으로 최악의 시나리오에서 통일비용이 GDP의 10%가 된다 하더라도 국채발행을 통해 통일경제가 고성장할 수 있다

끝으로 국채는 정부의 빚인데 엄청난 액수의 국채를 지속적으로 발행함으로써 후일 국가가 빚더미에 깔려 국가부도에 직면할 수 있지 않을까 하는 우려를 할 수 있다. 그러나 국채발행으로 조달된 엄청난 자금을 경제에 수혈하면 경제성장률이 크게 올라 국가의 신용도는 크게 훼손되지 않는다. 국가신용도 지표는 '정부 빚/GDP(%)'인데 GDP가 늘어나면 빚이 커지더라도 그 비율은 같거나 천천히 오르기 때문이다.

2-5 독일통일에서 배우는 교훈: 세금 인상으로 통일비용을 충당하지 마라

이미 언급한 대로 통일경제의 최우선 과제는 고성장과 고용개선이다. 그런데 통일독일은 통일비용을 세금인상으로 조달함으로써 장기불황에 실업을 양산했다. 한반도 통일정부는 이를 반면교사로 삼을 것이다.

서독경제는 1981~1982년 경기침체를 경험한 후 서서히 회복하기 시작하여 1989년 베를린 장벽이 무너지던 해에는 3.9%의 높은 성장률을 보였다. 이는 전년의 3.7%보다 더 높았다. 이후 1990년 10월 공식적으로

통합되었고 1990년과 1991년에는 5.7%와 5.0%의 초고속 성장을 했다.

그 배경은 동서독 통합으로, 동독 주민들은 서독 상품 사재기에 나섰고 여기에 동독지역에의 대규모 인프라투자로 서독지역 경기 또한 활성화된 데에 있다.

통일독일 정부는 통합 초기에 연간 GDP의 4.0%에 달하는 순통일비용을 차입으로 해결했다. 1989년 통일 직전 연도에는 정부가 균형재정을 이루었는데 1990년과 1991년에 GDP의 근 3%에 달하는 재정적자를 내어 이를 차입을 통해 메꾸었다. 차입은 국채발행을 통해 이루어졌다.

그런데 독일은 세계 1차 대전 후 초인플레를 경험한 국가이기 때문에 중앙은행의 인플레 방지 역할이 다른 어떤 나라보다 강조되었다. 1990~1991년 경기가 초호황인데다 재정적자까지 나면서 중앙은행인 분데스방크(Bundesbank)는 인플레에 대해 우려하기 시작했다(경기가 호황이면 소비자의 소비가 증가하는데 여기에 정부마저 세수보다 더 많이 쓰면, 즉 재정적자를 내면 인플레가 된다).

이런 상황에서 1992년 2월 마스트리히트 조약(EU, 즉 유럽연합 설립을 위해 네덜란드의 마스트리히트에서 서명한 조약으로 1993년 11월 1일부터 발효)에 독일이 서명하여 독일을 포함한 유럽연합 참여 국가들은 재정운용과 관련 마스트리히트 기준을 지켜야 했다. 이는 '3% 재정적자 + 60% 국가부채'라는 기준이었다. 유럽연합 참여 정부는 매년 GDP 대비 3% 이상의 재정적자를 금지하고 중앙정부 부채도 GDP 대비 60% 이내를 유지해야 했다.

통일독일 정부는 인플레를 방지하고 마스트리히트 기준을 지키기 위해 국채발행 대신 세금을 올려 통합비용에 충당하기 시작했다.

통일 정부는 1992년 부가가치세를 올렸고 각종 사회보장 기여금, 즉 의료보험료, 연금기여금 등을 대폭 인상했다. 1992년부터 1995년 사이에는 통일비용 전체를 간접세와 사회보장비용 인상분으로 충당했다.

기여금을 포함한 세금을 대폭 인상함으로써 1992년부터 경제성장률이 급격하게 떨어졌다. 1992년부터 1999년까지 8년간 연평균 1.4%의 저조한 성장을 기록해 장기불황을 겪었다.[10]

통일독일은 세금 인상으로 재정 건전성은 유지하였으나 경기를 희생했다. 성장률이 떨어짐으로써 실업률이 급격히 올라 1997년에는 서독지역과 동독지역의 실업률이 무려 11.0%와 19.5%를 기록했다. 서독지역의 경우 1991년 대비 실업률이 거의 두 배 늘어났다. 동독의 경우도 마찬가지였다.[11]

● 세금인상에 대한 비판

통일독일 경제정책과 관련 일부 전문가들은 당시 독일의 재정정책이 실패했다고 비판한다. 이탈리아 경제학자인 루이지 파씨네티(Luigi Pasinetti)는 국가부채가 늘어나더라도 경제성장률 범위 안에서 증가하면 된다고 했다. 이는 국가채무가 늘어나더라도 경제성장률을 높이면 GDP 대비 국가부채의 비율이 크게 늘어나지 않는다는 이론이다. 예를 들어 성장률을 높여 4%를 기록하면 차입이 4% 안에서 늘어나는 한 정부의 신용도가 훼손되지 않아 금리를 크게 올리지 않고 차입을 계속할 수 있다는 말이다.

통일독일의 경제 정책을 비판하는 사람들은 정부가 성장률을 경제정책의 최우선으로 두었으면 실업률이 떨어졌을 것이라고 강조한다. 인플레의 경우도 정부가 부가가치세를 올려 인플레를 자초했다고 비판한다.[12]

파씨네티의 이론은 현실에서 쉽게 접할 수 있다. 개인의 경우 은행에서 돈을 빌리려면 총부채상환비율, 즉 DTI(Debt to Income)를 따진다. 이는 차입하려는 사람의 대출금과 이자가 연간소득에 비해 어느 정도인지 따져보는 것이나. 이 경우 연간소득이 늘어나면 돈을 더 빌려도 비율은 늘어나지 않는다.

여기서 파씨네티의 이론을 소개하는 이유는 통일 한반도가 통일자금 마련을 위해 차입(국채발행) 중심으로 하느냐 또는 독일의 경우처럼 세금을 올려서 조달하느냐를 결정할 때 참고할 사례가 되기 때문이다.

2-6 일본의 잃어버린 20년에서 배우는 교훈: 재정을 집중적이고 지속적으로 집행해야 한다

정부가 재정지출을 통해 경기를 부양한다. 그런데 일본은 재정지출을 통한 경기 진작에 실패한 경험이 있다. 통일 정부는 이를 반면교사로 삼을 것이다.

일본의 1990년대를 '잃어버린 10년'이라고 한다. 이후 2000년대에 들어서는 '잃어버린 20년'이 되었다. 일본은 1980년대 대호황 이후 버블경제가 붕괴하면서 경기침체가 계속되었다. 일본 정부는 경기를 살려보려고 재정지출을 크게 늘려 수요를 창출하려고 했으나 실패했다. 여기서 수요 창출이란 정부가 인프라투자를 확대해서 경기를 살리려 하는 정책이다. 예를 들어 도로를 건설하면 철근, 시멘트 등 자재에 대한 수요가 늘어나고 인력이 투입되어 그들이 받는 소득으로 소비가 창출된다.

이 글을 쓰는 지금은, 90년대 수요창출 정책과 비교하면 메가톤급 위력을 갖고 있는 '아베노믹스'(Abenomics)로 일본경제를 살리려 하고 있다.

이제 한반도가 통일되면 북한에 인프라투자를 하는 등 천문학적인 통일자금이 투입된다. 통일 한반도의 재정투자가 경기에 어떤 영향을 미칠지 알기 위해 일본 정부의 사례를 점검해 볼 필요가 있다.

정부의 재정지출이 경기에 미치는 영향이 크다는 사실은 재론의 여지가 없다. 1929년부터 시작한 대공황을 극복하기 위해 미국 정부는 뉴딜정책 등을 시행하였으나 극심한 불황에서 빠져나오지 못했다. 세계 2차 대전이 발발한 해인 1939년에도 실업률이 17%에 달했다. 그러나 이후 1944년까지 연 12%의 높은 성장률을 기록했고 1943년에는 실업률이 2% 미만으로 떨어졌다.

요인은 세계 2차 대전으로 미국에서 군수산업의 활황과 정부가 군수품을 대량 구매했기 때문이다. 결국 대공황은 세계 2차 대전으로 종료되었다. 정부의 재정지출이 경제 성장에 미치는 위력을 보여준다.[13]

● 하시모토 내각의 오판

앞에서 언급한 바와 같이 일본도 1990년대 소위 '잃어버린 10년' 불황을 극복하고자 적극적인 재정지출을 감행했다. 재정지출 중에서도 인프라투자의 경기유발 효과가 커 일본은 대대적인 인프라투자를 단행했다. 과거 페리로 건너던 대부분의 섬에 다리를 건설할 정도였다.

1990년대 일본은 사회간접자본에 투자하는데 1조4천억 달러를 투자했다.[14] 이는 연평균 1,400억 달러를 투자한 셈이고 당시 일본의 연간 GDP가 4조 달러 수준(IMF 자료에 의하면 1991~1999년 일본의 연평균 GDP가 4.24조 달러)을 고려하면 연간 GDP의 3.5%를 투자한 셈이다.

재정투입의 효과는 1994년부터 나타나기 시작했다. 1992년과 1993년에 각각 제로 퍼센트 대의 정체를 보였던 경제성장률이 1994년에 1.1% 수준으로 회복세를 보였고 1995년과 1996년에 각각 2.5%, 3.4%의 성장을 보였다.

그런데 당시 하시모도 정권은 경기가 완전히 회복된 것으로 착각했다. 급증한 재정지출로 적자가 난 재정수지를 건실화하기 위해 재정정책을 전면 수정했다. 소비세율을 3%에서 5%로 올리고 소득세와 주민세에 적용하던 특별공제를 없앴다. 그리고 의료보험의 환자 부담률을 올렸다. 부정적 효과는 바로 나타났다. 1997년 경기가 곤두박질하여 0%대의 성장률을 보이더니 1998년에는 마이너스 0.8%를 기록했다. 일본경제의 기초체력을 확신하고 있던 정책 당국자들은 망연자실했다.[15]

일본이 실패한 데에는 버블 붕괴로 겪어야 했던 경제의 구조적인 문제도 있었지만, 대규모 정부지출을 집중적으로 지속해서 집행하지 못한 데 원인이 있다.

이후 2000년대 정부의 적극적인 재정 금융정책에도 불구하고 일본경제는 회복되지 못했다. '잃어버린 20년'이 되었다. 미국을 비롯한 각국의 경제학자와 석학들은 일본의 사례를 곱씹어 보고 교훈으로 삼았다. 일본은 돈은 돈대로 쓰면서 경기부양에는 실패했다. 정부부채만 급증해서 2013년 말 기준 일본 정부의 총부채는 GDP 대비 242.6%였다.[16]

미국의 금융경제위기로 양적완화 정책을 추진하면서 '실업률 6.5%와 인플레 2.0%'를 목표로 삼았다. 즉 중앙은행이 돈을 풀어 실업률이 6.5%까지 내려오고 인플레가 2.0% 수준으로 될 때까지 돈을 푼다는 것이다.

양적완화를 하면서 재닛 옐런(Janet Yellen) 연방준비제도이사회(Fed) 의장은 '인내심'(Patience)을 가지고 경제를 지켜보면서 금리를 인상하겠다고 여러 차례 말했다. 여기서 '인내심'은 콘크리트가 굳기 전에 반대조치를 취함으로써 무너져버린 일본경제를 거울삼아 이제 정책을 변경할 때가 되었는지 지켜보고 또 확인하고 하겠다는 의미다.

통일한국의 정책 입안자들도 북쪽 지역에 엄청난 돈을 투자하면서 경기 방향을 확인할 때 확인하고 또 확인할 것이다.

2-7 정부가 재정지출을 확대하면 경제성장률이 오르는 이유

정부는 적자예산 또는 추가경정예산을 편성한 후 지출을 늘려 경기회복을 도모한다. 정부지출이 늘어나면 경기에 플러스 효과를 가져다준다. 그런데 그 평범한 논리를 좀 더 자세히 알아보려는 이유는 통일경제에서 정부지출과 경제성장률의 상관관계가 핵심 내용이기 때문이다.

정부의 재정지출을 통해 어떻게 경제성장률이 올라가는지를 알아보자. 연간 순통일비용이 GDP의 5.6%였을 때 정부는 GDP의 3.8%를 국채발행을 통해 조달한다고 했다. 그 차이는 국방비 절감액 1.3%와 통일세 0.5%였다.

여기서 국방비 절감액의 경우 남쪽 경제에서 절약해 북쪽 경제에 투자함에 따라 통일경제 전체에 신규로 자금이 투하되지 않는다. 통일세도 통일한국 주민들로부터 걷어 다시 정부가 지출함으로 이 경우도 신규자금 투하는 제로다. 따라서 통일경제에 신규로 투하되는 자금은 통일정부가 채권발행을 통해 조달하는 GDP의 3.8%다. 물론 연간금액이다.

연간 GDP의 3.8%의 통일비용은 북한지역 인프라투자에도 사용되고 북한 주민들의 기초생활비 지급 등 복지비용 명목의 정부 이전지출이 주류를 이룰 것이다. 여기에서 부연할 것은 북한지역의 인프라투자 외에 민간 주택(아파트) 건설이 붐을 이룰 것이다. 그런데 이는 정부예산에 포함되지 않는 민간투자다.

건설투자 수요는 인프라투자 외에도 대규모 주택건설 수요가 있어 북한에 투자되는 투자규모와 관련 민간을 포함하면 통일비용보다 훨씬 크다. 또한 민간기업의 설비투자가 크게 늘어 경제성장에 기여하는데 민간 주택건설과 설비투자는 민간부문이어서 여기에서 논외로 한다.

● 승수(Multiplier) 효과

먼저 인프라투자가 GDP에 어떤 영향을 주는지 보자. 거시경제학에 나오는 좀 어려운 산식을 소개한다. GDP, 즉 국민총생산은 소비 + 투자 + 정부지출 + (수출 - 수입)의 합계로 계산된다.

여기에서 소비는 민간소비, 즉 가계의 소비를 말하고 투자는 기업의 투자다. 정부지출은 도로, 항만 등 정부주도의 건설투자를 포함한 정부투자와 정부의 소비성 지출이다. 그리고 수출에서 수입을 차감해서 GDP를 계산한다.

정부가 도로건설을 위해 100억 원을 지출한다고 가정하자. 이는 GDP 산식에서 정부지출에 해당하나 구체적으로 말하면 정부의 (건설)투자다. 1차적으로 정부지출 100억 원으로 건설투자를 함으로써 GDP는 100억 원 늘어난다. 그런데 100억 원 도로건설을 담당한 건설회사는 사업 호조로 임금을 인상하고 이익에 대한 배당금을 늘리는 등 인상된 임금과 늘어난 배당금을 가계에 지급한다. 그러면 가계 소득이 늘어나 소비도 늘어난다.

소비가 늘면 기업은 설비 확충을 위해 투자를 늘리고 이는 다시 가계소득을 늘리게 된다. 이런 과정을 반복하는데 투자금액, 즉 100억 원

대한 GDP의 증가분(배수)을 승수(Multiplier)라 한다. 즉 'GDP 증가분/투자금액'을 말하는데 투자승수가 1.5이면 100억을 투자할 경우 GDP는 150억 늘어난다.

그러면 이전지출의 경우는 어떻게 될까? 정부가 100억 원의 기초생활비를 지급하면 도로건설의 경우와는 달리 정부의 직접적인 GDP 상승효과는 없다. 즉 도로건설의 경우 1차적으로 100억 원의 GDP 증가가 있었지만 이전지출의 경우는 그 효과는 없다. 그러나 돈을 받은 가계가 100억 원 중 일부를 소비할 것이다. 어떤 집에서는 80%를 소비하고 다른 집에서는 60%만 소비해서 평균 70% 소비한다고 하자. 이 경우 30%는 저축이다. 그러면 소비가 70억 원 늘어나고 다음 단계에서는 기업의 투자가 증가하고 이는 또 소비 증가로 이어지는 과정을 반복한다. 따라서 정부의 이전지출도 GDP 상승효과를 일으키는데 도로건설의 경우보다는 그 효과가 작다. 즉 투자승수보다 작다.

투자승수와 이전지출 승수는 경기상황에 따라 달라진다. 따라서 2020년대 이후 투자와 이전지출을 합한 승수가 어떻게 될지 지금 예측할 수 없으나 예를 들어 1이라고 가정하자. 그렇다면 통일자금 GDP의 3.8%를 투자하면 통일경제의 GDP가 3.8% 증가한다. 만일 승수가 0.5이면 통일경제의 GDP는 1.9% 증가하게 된다.

통일이 일어나지 않았을 경우 남한의 실질성장률(물가 상승률을 고려하지 않은 성장률)을 2%로 가정한다. 그러면 통일경제는 매년 GDP의 3.8%를 통일자금으로 투입해 3% 수준(승수가 0.8의 경우)의 추가 성장률을 이끌어 5% 수준의 성장이 가능하다. 여기에 민간기업의 건설투자와 설비투자로 인한 성장률 상승분을 고려하면 통일경제는 5% 이상의 실질 경제성장률이 가능하다.

● 고성장으로 취업자 수 크게 증가하나

한국은행 2015년 7월 '경제전망보고서'[17]에서 2000~2007년 성장률 1%당 취업자 수가 연평균 6.6만 명 늘어났는데 2011~2014년 성장률 1%당 취업자 수는 연평균 14.8만 명 늘어났다고 발표했다.

2011~2014년에는 비경기적인 요인, 즉 은퇴연령층이 노동시장에 잔류하고 정부의 일자리 정책이 긍정적인 영향을 주었다고 분석했다. 만일 통일 후 성장률 1%당 15만 명의 취업자가 증가한다면 5% 성장의 경우 연간 75만 명의 취업자가 늘어나게 된다.

2-8 추락경제 반전이 통일대박

한국경제의 성장 모멘텀이 약화되기 시작한 지 오래되었다. 한국경제는 1970년대와 1980년대에 10% 내외의 경제성장을 보이더니 2000년대에는 3~4% 수준으로 떨어졌고 2010년대 후반부터는 3% 수준의 성장도 어려울 전망이며 2020년대에는 2% 또는 그 이하 수준으로 내려갈 것이다.

이미 한계에 다다른 가계부채와 인구 고령화로 소비가 감소하고 이로 인해 성장률이 하락하기 때문이다. 저조한 성장은 고용시장에 악영향을 주며 이는 소비에 다시 부정적으로 작용해 악순환을 거듭한다. 소비에 이어 투자도 마찬가지다. 투자에는 건설투자와 설비투자가 포함된다. 아파트와 도로 등 인프라 건설투자의 증가세가 둔화되었다. 이제국내에서 아파트나 인프라를 건설할 만큼 해 앞으로 이 부문의 증가세도 계속 하락한다. 기업의 설비투자는 국내보다 해외에서 더 늘어나 국내 경제 성장률에 기여하지 못했다. 앞으로도 국내에서 공장을 지으려고 하는 기업이 줄어든다.

　한국은 2017년부터 생산가능인구가 줄어드는 데다 같은 해에 65세 이상 노인 인구가 전체인구의 14%가 되는 '고령사회'로 진입한다. 한국 의 고령화 진행속도가 빠르게 진전되고 있다. 일본이 고령사회에 도달 하는 데 25년이 걸렸는데 한국은 17년 만에 이루어진다. 한국 인구의 고령화와 관련 가장 주목해야 할 점은 2020년대에 급속하게 고령화가 진전된다는 점이다. 2017년에 '고령사회'에 진입한 후 9년 만인 2026년 에 20%가 되는 '초고령사회'에 진입한다.

　가계부채와 고령화는 한국경제의 구조적인 문제다. 따라서 정부의 경제 부양 정책이 경기에 일시적 영향을 줄 수는 있으나 저성장 추세 가 해소되지 않는다. 이런 의미에서 2010년대 한국경제는 일본경제의 1990년대 경기침체와 폭과 속도에서는 좀 다르나 추세적인 측면에서 유사하다. 또한 2020년대 한국경제는 일본의 2000년대 상황과 유사한 방향으로 진행될 것으로 보인다.

　일본은 1990년대 경기회복 노력에 실패한 후 2000년대에 들어서도 정부의 재정 확대와 금리 인하로 경제를 살려보려고 노력했다. 그러나 이로 인해 재정적자는 늘어났는데 경기는 살아나지 않았다.

　1991년에서 2000년까지 10년간 일본의 연평균 GDP 성장률은 1.1% 에 머물렀고 2001년에서 2010년까지 10년간 연평균 성장률은 0.8%였 다. 이에 비해 GDP 대비 정부부채의 비율은 1991년에 68.8%에서 2000 년에는 143.8% 그리고 2010년엔 215.9%로 급증했다.[18]

　한반도 통일이 없다면 한국도 일본의 '잃어버린 20년'처럼 경기부양 정책으로 국가부채가 늘어나지만 경기는 살아나지 못하는 경제 악순 환이 지속될 가능성이 높다. 일본 정부의 재정정책 실패는 과감하고 지속적인 경기부양을 하시 못했나는 데 있다. 그러나 한국의 경우 통일은 경기에 대한 특단의 대책을 정당화한다. 한반도 통합 후 10년 정도 천문학적인 액수의 재정투자를 감행함으로써(세금이 아니라 빚으로 조달해서) 통일이 없었으면 계속 추락하는 한국경제가 반전할 수 있게 된다.

많은 사람이 통일이 대박이라고 하는데 그들은 아마 통일비용과 통일편익을 따져 편익이 크다고 해서 그렇게 말하는 것 같다. 그러나 추락하는 저성장 경제에서 고성장 경제로 탈바꿈시키는 모멘텀을 통일경제가 제공해준다는 사실이 통일 대박이다.

2-9 유니노믹스·아베노믹스·양적완화

필자는 통일경제를 '유니노믹스'(Uninomics) [Unification(통일)과 Economics(경제)의 합성어]라고 칭한다. 추락하는 한국경제에 통일을 계기로 재정자금을 수혈해서 통일한국 경제가 고성장 추세로 전환하는 일련의 과정이다. 다른 나라에서는 이런 사례를 찾아볼 수 없다는 점에서 '유니노믹스'라는 고유명사를 사용한다.

통일이 역사적 사건임은 말할 나위가 없다. 그런데 통일경제 또한 재정정책을 통해 경제 흐름을 바꾸는 역사에 남을 만한 사건이다.

일본의 아베노믹스나 미국의 양적완화 정책 또한 마찬가지다.

일본 역사상 아베노믹스처럼 적극적이고 단호한 경제정책은 없었다. 그리고 미국의 양적완화도 대공황 때의 뉴딜 정책에 견줄 만한 사건이다.

그러면 이 세 가지 역사적인 경제정책의 차이를 생각해 보자.

양적완화(Quantitative Easing)는 중앙은행이 기준금리를 조정해서 경기를 활성화시키는 금융정책이다. 기준금리를 내리면 시중은행도 금리를 내려 기업과 가계는 돈을 더 빌리게 된다. 이들은 빌린 돈으로 투자하거나 소비함으로써 경기가 살아난다. 반면 기준금리를 올리면 시중은행도 금리를 올려 기업과 가계는 돈을 빌리려 하지 않는다. 따라서 투자나 소비가 위축되어 경기가 식는다. 그런데 기준금리가 제로 수준에 있다면 중앙은행은 금리를 더 내릴 수 없게 된다. 여기서 기준금리는 중앙은행이 지표로 삼는 단기금리로 한국은 한은 '기준금리'이고 미국은 '연방기금금리' 그리고 일본은 '1일물 콜금리'다.

그러나 중앙은행은 장기 채권을 적극 매수하여 장기금리를 내릴 수 있다. 예를 들어 미국의 10년 국채를 중앙은행이 시장에서 적극적으로 매수하면 장기금리가 떨어진다. 채권의 수요가 커지면 채권가격이 오르고 채권가격이 오르면 수익률(금리)이 하락한다. 국채수익률이 하락하면 회사가 발행하는 회사채 수익률도 떨어진다. 따라서 단기금리가 최저수준에 있는데 장기금리마저 하락해 전반적인 금리수준이 아주 낮게 형성된다.

양적완화 정책을 가장 먼저 시행한 나라는 일본이었다. 일본은 2001~2005년 사이에 30조 엔(약 3,000억 달러)의 국채를 매수하여 디플레이션 경제를 살려보려고 했으나 가시적인 효과는 없었다. 채권 매수 규모가 크지 않았다.

본격적인 양적완화는 미국의 금융위기가 시작되면서부터다. 미국의 중앙은행인 연방준비제도이사회(FED)는 2008년 11월부터 2014년 10월까지 약 3조7천억 달러의 국채를 시장에서 매입했다. 양적완화 정책이 시행되면서 시장금리가 급격하게 떨어졌고 주가는 고공 행진했다. 주식시장은 금리하락을 좋아한다. 금리하락으로 실물경제가 호전되었다. 근 10%에 달하던 실업률이 5%대로 떨어졌다. 경제성장률이 오른 것은 당연한 결과였다.

일본은 양적완화와 새성장책이 포함된 아베노믹스로 디플레 경제에서 탈피해보려고 했다. 아베노믹스는 2013년 3월부터 시행에 들어갔는데 양적완화와 정부의 재정정책 그리고 개혁조치 등 세 개의 화살이 무기다. 양적완화 조치로 일본은행은 연간 60~70조 엔(나중에 80조 엔으로 상향조정)으로 국채를 매입했다. 재정정책으로는 10조3천억 엔 규모의 공공투자를 하고 개혁조치로는 경제의 비효율적인 제도에 대한 개선이다. 아베노믹스가 시행에 들어가면서 엔화는 큰 폭으로 하락했고 주식시장은 큰 폭으로 상승했다.

유니노믹스는 재정정책이다. 통일 후 10년 동안 연간 GDP의 3.8%의 자금을 국채발행을 통해 조달하고 통일경제에 수혈한다. 통일경제는 장기간 고성장한다.

2-10 내수비중 늘어나 균형 찾는 통일경제

1980년대 후반 한국경제는 '3저' 효과로 초호황 국면을 맞이했다. '3저'란 '원화약세' '저유가' '저금리'를 의미한다. 원화가 약세로 가야 한국의 수출이 늘어나고 달러가 많이 유입되어 경상수지가 개선된다.

우리나라는 기름 한 방울 생산하지 못하기 때문에 낮은 유가는 인플레를 안정시키고 원유 수입이 금액기준으로 줄어들어 달러 유출을 감소시킨다. '3저' 호황으로 실물경제뿐 아니라 금융시장도 요동쳤다. 그런데 '3저' 가운데 '저금리'만 한국이 결정하고(이 경우도 국제금융시장 영향을 받는다) 나머지는 글로벌 경제흐름에 따라 움직인다. 따라서 달러나 유가가 한국경제에 유리하게 작용할 때는 '3저'호황과 같은 혜택을 누리게 되나 이 변수들이 반대로 움직이면 한국경제에 대한 타격은 컸다.

● 천수답 경제

1970~1980년대 한국경제는 고도성장했지만 경제규모는 그렇게 크지 않았다. 한때 한국경제를 '천수답 경제'라고 비하한 경우가 있었다.

고환율, 즉 달러화에 대한 원화 강세로 수출에 문제가 생겨 한국경제가 직격탄을 받았기 때문이다. 이는 한국경제의 수출의존도가 너무 높아 한국만이 결정할 수 없는 변수인 원화 강세로 수출증가율이 하락해 불황을 초래했기 때문이었다. 한국이 환율 변화를 결정할 수 없듯이 하늘에서 내리는 비도 사람이 좌지우지하지 못하는 관계를 비유하였다. 지금은 경제 규모면에서 그 당시와는 다르지만, 아직 환율 변화에 의해 한국의 수출이 휘둘리고 이는 경제성장에 영향을 주고 있다.

한국경제는 수출비중이 너무 높고 내수(소비)비중이 너무 낮다. 한 나라 경제에서 내수란 수출에 대비되는 개념으로 소비와 투자를 말한다. 소비는 개인, 즉 가계의 소비와 정부의 소비성 지출이다. 투자는 기업의 투자와 정부의 건설투자를 포함한다.

2013년 기준 한국의 민간소비가 전체 경제(GDP)에서 차지하는 비중은 51%로 미국(68%), 영국(64.6%), 일본의 민간소비(61.1%)에 크게 모자란다. 또한 독일(55.9%), 프랑스(55.3%) 대비해도 민간소비 비중이 작다. 다만 중국(34.1%)보다는 높은데 중국은 투자수요가 성장을 이끄는 경제구조이기 때문에 민간소비 비중이 낮다. 중국 정부는 장기적으로 소비를 견인하여 성장을 이끌어 나가는 정책을 펴고 있다. 한국의 민간소비 비중이 낮은 이유는 근본적으로 인구가 적기 때문이다.[19]

수출비중을 보면 한국이 53.9%로 전체 경제의 반을 넘는다. 일반적으로 일본을 수출경제라고 하나 이는 사실이 아니다. 수출이 전체 경제에서 차지하는 비중이 16% 정도밖에 되지 않는다. 독일의 수출비중

(45.6%)이 높나. 녹일은 자농차, 기계류, 엔진, 전자장비 그리고 제약 등 고도의 기술력을 요구하는 제품을 만들어 수출한다. 또한 장비류 수출비중이 크다.

독일 제품은 수출경쟁력이 있다. 독일이 단일 통화를 사용하는 유로존에 있어 환율 혜택을 보고 있기 때문이다. 독일을 포함한 유로화를 사용하는 나라는 19개국인데 독일 이외 참여국들의 재정상태 및 경제상황이 좋지 않아 유로화가 약세다. 만일 독일이 자국의 통화였던 마르크를 사용한다면 수출증가에 따른 무역수지 흑자로 마르크화가 강세로 가면서 수출이 주춤할 것이다. 그러나 유로화 사용으로 수출이 지속적으로 늘어 독일의 수출비중이 높다. 그러나 한국의 수출비중보다는 낮다.

일본과 독일을 제외한 다른 선진국 경제와 비교해도 한국의 수출비중은 높다.

● 통일로 규모의 경제 실현

그런데 남과 북의 통합으로 인구가 갑자기 50%나 증가해 경제에 미치는 영향이 크다. 한반도가 통일되면 수출비중이 떨어지고 내수비중이 올라갈 것이다. 여기서 수출비중이 하락하는 이유는 수출이 감소해서가 아니라 경제 전체, 즉 GDP에서 내수비중이 커지기 때문이다.

통일경제의 내수비중이 커지면서 규모의 경제를 가질 수 있다. 규모의 경제란 생산량이 증가하면서 생산단가를 낮출 수 있는 장점이 있다. 예를 들어 라면을 5천만 개 만들다가 7천5백만 개를 만들면 생산단가가 싸진다. 대다수 한국 기업들은 제품을 처음 만들어 해외시장, 즉 수출시장에 선보인다. 해외에서 성공하면 국내시장에 본격 진출한다. 국내시장, 즉 내수시장이 협소해 내수만 바라보고 제품 생산을 해서는 타산이 맞지 않기 때문이다. 이제 한반도 통합으로 인구가 늘어나면 내수시장에 먼저 물건을 선보일 수도 있을 것이다.

통일한국의 민간소비가 일본 수준 정도까지 오를 것으로 예상된다. 그러면 한국경제는 좀 더 안정될 것이다. 수출비중이 높으면 글로벌 환경 변화에 경제가 민감하게 작용한다. 그러나 한반도 경제의 수출과 내수가 어느 정도 균형을 이룸으로써 외부변화에 덜 휘둘리게 된다.

2-11 통일로 인구는 늘어나나 구조적으로 개선되지는 않는다

이제 한반도 통일로 통일경제의 인구구조가 어떻게 되는지 알아보자.

2014년 말 기준 남한의 인구는 5천만 명을 넘었고 북한은 2천5백만 명에 조금 모자란다. 어림잡아 남북한이 통일되면 7천5백만 명이 된다.[20]

남한: 50,424천 명	
북한: 24,662천 명	
합계: 75,086천 명	

우선 전체 인구추세를 보자. 2030년에 남한 인구가 5,216만 명으로 정점에 이른 후 2031년부터 감소한다. 북한 인구는 2037년에 2,659만 명으로 최고치에 도달한 후 2038년부터 감소한다. 남북 통합인구는 2032년에 7,859만 명으로 정점을 이룬 후 2033년부터 감소한다. 남한 인구와 남북통합 인구의 정점은 각각 2030년과 2032년으로 통일로 인

아여 선제인구는 크게 늘어나지만 증가추세와 관련 큰 차이가 없다.

경제활동을 할 수 있는 '생산가능인구'의 경우 남한은 2016년 3,704
만 명으로 정점을 이루고 2017년부터 줄어든다. '통합생산가능인구'는
2018년 5,459만 명으로 정점에 온 후 2019년부터 감소한다. 따라서 '생
산가능인구'와 관련해서도 남한과 통일 후를 비교하면 2년 차이밖에
나지 않는다. '생산가능인구'의 경우도 전체가 늘어나는 효과 이외 질적
측면에서 통합효과는 거의 없다고 할 수 있다.[21]

한편 인구의 노령화 측면에서 전체인구 대비 65세 이상의 노인 인구
비율이 7%를 넘으면 '고령화사회'고 14% 이상이면 '고령사회'다. 20%
이상이면 '초고령사회'가 된다. 남한은 2017년에 고령사회로 넘어가며
남북통합의 경우 2021년이다. 통일로 4년 정도 늦어지나 크게 늦어지
는 것이 아니다. 즉 고령화와 관련해서도 남북통일로 조금 젊어지나 큰
차이는 아니다.

경제활동인구인 '생산가능인구' 100명이 65세 이상 노인 몇 명을 부
양해야 하는지에 대하여 생각해 보자. 2020년을 기준으로 할 때 통일
전 남한은 '생산가능인구' 100명이 22명의 노인을 부양해야 하는 반면,
통일한국은 19.5명 수준이다. 차이는 있으나 획기적인 변화는 아니다.

인구 증가는 잠재성장률을 끌어 올린다. 잠재성장률이란 한 나라의
생산요소를 전부 투입했을 때의 경제성장률을 의미한다. 쉽게 말하면
사람이 많아져, 즉 노동공급이 확대되어 생산을 더 많이 할 수 있기
때문에 성장률이 올라간다. 2015년 기준 남한경제의 잠재성장률은 3%
수준이다. 잠재성장률은 인플레 없이 성장할 수 있는 적정 성장률로
인구증가가 경제에 긍정적으로 기여한다. 그런데 통일 한반도의 인구
구조는 남한의 구조와 크게 다르지 않다. 즉 전체 인구가 크게 늘어나
면서 노인 인구도 늘어난다. 노령화가 경제에 미치는 부정적인 영향은

여러 가지인데 특히 늘어나는 사회보장 부담이 가장 큰 이슈다. 한반도 통일로 남한경제는 북한의 노인 인구 부담을 그대로 안아야 한다.

그러나 통일로 인구가 50% 늘어나면서 경제에 미치는 긍정적인 효과는 아무리 강조해도 지나치지 않다.

2-12 통일독일이 유럽 병자에서 슈퍼스타로 다시 태어나다

통일독일은 세금인상으로 통일비용을 조달하면서 장기불황을 겪고 실업률이 급증해 경제가 추락했다. 이에 획기적인 개혁을 단행했다.

베를린 장벽이 무너진 지 5년이 지난 1994년 대다수 독일 국민들은 통일은 실패작이라고 평가했다. 경제가 장기불황에 허덕이고 실업이 크게 늘어났기 때문이다. 그런데 당시 통일독일 정부의 우선 과제는 동서독 주민들의 소득격차를 줄이는 일이었다. 전문가들은 경제를 살리는 방법은 개혁이라고 진단했지만, 소득격차 축소라는 대명제에 가려 개혁이라는 말을 꺼내놓고 할 수 없었다.

1997년 올해의 단어로 '개혁은 죽었다'(Reform Deadlock)가 선정될 정도였다. 1999~2000년 영국의 경제주간지 이코노미스트는 독일을 '유럽의 병자'(the sick man of Europe)라고 칭했고 2003년 독일경제는 침체의 늪으로 떨어졌다.

1991년 통일 다음 해부터 2003년까지 13년 동안 GDP는 18% 증가하는 데 그쳤다. 반면 영국은 35%, 네덜란드는 34% 늘어나 독일의 약 두 배 증가했다. 저성장은 당연히 고용문제를 야기했다. 2003년 통일독일의 실업률은 근 10% 수준에 육박했다.

실업률이 이렇게 높았던 것은 통일이 주된 원인이었다. 어느 날 갑자기 노동인구가 1/3 늘어났는데 이들 대부분이 개방경제에서 고용될 수 있도록 훈련받지 못했다. 반면 통일정부는 동독 주민들의 소득 수준을 가능한 한 빨리 서독 수준으로 끌어 올리는 데 초점을 맞추다 보니 동독 주민들의 노동생산성이 떨어져 실업률이 급증하게 되었다.

한편 통일독일의 노동복지는 세계 최고 수준이었다. 실업 후 근속 기간과 나이에 따라 6개월에서 32개월까지 받는 실업급여가 최종 소득의 67%였다. 한편 이 기간이 지난 실업자에게는 실업지원금(Unemployment Assistance)이 지급되는데 최종 소득의 57%였다. 그런데 실업지원금의 지급 기간이 정해져 있지 않아 복지국가 독일의 면모를 그대로 나타내주었다. 실업급여는 근로자와 회사가 분담하는 데 반해 실업지원금은 세금으로 충당되었다. 실업률은 계속 올라가고 독일 사회보장 시스템이 파산으로 갈 조짐이 나타남에 따라 노동복지와 시장에 대한 개혁이 불가피했다.[22]

● 노동개혁 단행

이런 배경으로 게르하르트 슈뢰더(Gerhard Schroeder) 정부는 2002년 2월 독일 노동복지와 노동시장 개혁을 위한 위원회를 결성했다. 당시 자동차 회사인 폭스바겐(Volkswagen)의 인사담당 임원이었던 피터 하르츠(Peter Hartz)를 위원장으로 하여 13개 개혁안을 수립해 2003년(일부 개혁안은 2005년)부터 점진적으로 시행에 들어갔다. 이를 하르츠 개혁(Hartz Reform)이라고 한다. 슈뢰더의 사회민주당은 이후 표를 많이 잃었다.

개혁안의 주요 골자는 실업급여의 대폭 축소였다. 기존 12~36개월에서 12개월로 지급 기간을 대폭 줄였다. 예외 조항으로 50~58세 실업자의 경우 15~24개월까지 지급되었다.

둘째, 지역의 일자리 센터와 계약을 체결해 실업급여 수혜자 스스로 일자리를 얻는 데 최대한의 노력을 보여야 실업급여를 받을 수 있게 했다. 일자리 센터에서 그렇지 않다고 판단하면 실업급여가 삭감되었다. 이는 일 하지 않으려는 사람에게 제재를 가한다는 원칙에 따른 것이다.

셋째, 실업지원금으로 최종소득의 57%는 그대로 두고 서독의 경우 월 345유로, 동독 근로자는 331유로의 상한선을 설정했다.

이로써 노동시장과 노동복지에 대한 대대적인 개혁으로 실업률이 크게 감소했다.

2003~2005년의 노동개혁으로 경제가 회복되기 시작했다. IMF 자료에 의하면 GDP 성장률이 2006년부터 크게 증가했다(2005: 0.9%, 2006: 3.9%, 2007: 3.4%). 미국발 금융경제위기로 2009년 한 해 성장이 크게 위축되었으나 곧 회복되었다. 다만 2012년부터는 유로 위기로 성장률이 저조했다.

● 유로화 출범으로 수출증가

통일독일 경제가 돌아선 다른 이유는 2002년 1월 1일부터 개시된 유로화 출범에서 찾을 수 있다. 독일은 한국과 마찬가지로 수출경제다. 그런데 유로화 19개국이 단일통화를 사용함에 따라 독일은 유로화를 사용하는 국가들과 대규모 무역흑자를 내더라도 통화절상이 없다. IMF 자료에 의하면 독일은 유로화가 출범한 2002년부터 무역흑자를 내더니 시간이 가면서 흑자규모가 더욱 늘어났다. 반면 프랑스와 스페인의 무역적자는 시간이 갈수록 커졌다(2002년: 독일 +393억 달러, 프랑스: +182억 달러, 스페인: -264억 달러 / 2008년: 독일 +2,175억 달러, 프랑스

-276억 달러, 스페인 -1,520억 달러).

만일 세 나라가 단일통화를 사용하지 않는다면 독일 마르크화는 프랑스 프랑화와 특히 스페인 페세타화에 대해 큰 폭으로 절상되었을 것이다. 그렇다면 독일의 무역흑자는 감소했을 것이다.

결론적으로 독일의 수출이 큰 폭으로 늘어남으로써 GDP 증가율이 올랐고 이는 고용개선으로 이어져 통일독일 경제는 선순환 구조로 들어서게 되었다.

이제 미국을 비롯한 유로 각국에서 독일경제를 배워야 한다는 분위기가 확산되면서 이에 대한 연구가 활발히 진행되었다. 독일경제는 통일 후 약 15년이 지나서 유럽의 슈퍼스타로 살아났다.

3장

북한은 4차 핵실험을 한다

1~2장에서 통일경제가 고성장하는 긍정적 시나리오의 당위성에 대하여 언급했다. 이제 3장부터는 경제문제를 떠나 정치이슈인 통일문제를 다루고자 한다.

전문가들은 북한 김정은 체제가 2013년 2월 3차 핵실험에 성공함으로써 폭발력 측면에서 핵무기 요건을 갖추게 되었다고 판단하고 있다. 핵무기를 실천 배치하려면 세 가지 요건을 충족해야 하는데 첫째, 엄청난 폭발력이 있어야 하고 둘째, 핵무기를 목표까지 날려 보내는 운반수단인 미사일 기술이 확보되어야 하며 마지막으로 핵탄두를 작고 가볍게 만들어 미사일에 장착할 수 있어야 한다. 이렇게 되면 '핵무기 체계가 완성되었다'고 말한다.

북한은 3차 핵실험 직전인 2012년 12월 은하3호 로켓 발사에 성공하여 장거리 미사일 기술도 상당한 진전을 이룬 것으로 보고 있다. 그런데 전문가들은 북한이 3차 실험에서 폭발력 면에서는 성공했으나 미사일에 장착하기 위한 핵탄두의 소형화(경량화)까지는 가지 못했다고 보고 있다. 물론 이 판단에 대해 이론이 없는 것은 아니다. 일부 전문가들은 이미 소형화에 성공했다고 주장하기도 한다.

북한은 4차 핵실험과 미사일 실험을 통해 핵무기 체계를 완성하고 이를 전 세계에 알려 명실상부한 핵무기 보유국가가 되려고 한다.

3-1 핵무기란?

여기서 북한 핵무기에 대하여 말하는 이유는 김정은 체제가 앞으로 수개월 내 또는 수년 내 4차 핵실험을 한다는 전제로 이 책의 스토리가 전개되기 때문이다. 북한의 4차 핵실험은 핵무기 체계의 완성을 위한 실험으로 1~3차 핵실험에 비해 중요한 의미를 가진다. 따라서 4차 핵실험의 배경과 의미를 알기 위해서는 핵무기가 무엇이며 북한의 핵무기 수준이 어디까지 와있는지 구체적으로 알아볼 필요가 있다.

핵무기는 생화학무기를 포함한 대량살상무기(WMD: Weapons of Mass Destruction) 중의 하나이다. 원자폭탄이라고 말하는 핵무기는 세계 2차 대전 때 미국이 처음 사용하였다. 1945년 8월 6일 히로시마, 사흘 후인 8월 9일 나가사키에 투하했다.

히로시마에는 우라늄폭탄인 '리틀보이'(Little Boy: 폭탄의 별칭), 나가사키엔 플루토늄폭탄인 '팻맨'(Fat Man: 폭탄의 별칭)이 투하되었다. 각각의 폭발 효과는 '리틀보이'가 20킬로톤(TNT 20,000톤에 해당)이었고 '팻맨'은 21킬로톤이었다. 히로시마의 사상자는 13만 명이나 되었다. '리틀보이'나 '팻맨'처럼 폭발력이 20킬로톤 수준 이상이면 폭발력 측면에서 제대로 된 핵무기라고 할 수 있다.

원자폭탄에는 우라늄폭탄과 플루토늄폭탄이 있다. 우라늄폭탄의 원료는 우라늄235이다. 우라늄폭탄을 만들려면 우라늄 농축시설이 필요하다. 농축(Enrichment)은 액체의 농도를 진하게 하는 것이다. 분열물질인 우라늄235는 천연산 우라늄 광석을 정제해서 얻어낸 금속우라늄 속에 0.7%밖에 포함되어 있지 않고 나머지 99.3%는 비분열물질인 우라늄238이다.

우라늄235가 핵분열을 통해 엄청난 에너지를 방출하는 데 비해 우라늄238은 자체로서는 안정적이다. 따라서 0.7%밖에 되지 않는 우라늄235 비율을 농축시설에서 90% 이상으로 순도를 높여(고농축 우라늄; HEU: Highly Enriched Uranium) 핵무기 원료로 사용한다. 참고로 순도 3~5%로 원자력 발전을 한다.

플루토늄폭탄의 원료는 플루토늄239이다. 우라늄238에 중성자를 충돌시키면 플루토늄 239가 만들어진다. 원자로 속에서 폐기물(폐연료봉)로부터 정제 추출하기 때문에 핵폐기물 재처리 시설이 필요하다.

'리틀보이'나 '팻맨'은 비행기로 투하했는데 지금은 핵무기를 실은 비행기가 요격당할 가능성이 크고 또한 멀리 가야 하기 때문에 미사일에 핵탄두를 장착하여 발사한다. 이 경우 미사일을 발사체 또는 이동수단이라고 한다. 장거리 미사일인 대륙간탄도미사일(ICBM: Inter-Continental Ballistic Missile)은 사정거리가 5,000~6,000km 이상이며 이렇게 멀리 가기 위해서는 로켓엔진이 필수다. ICBM의 경우 대기권으로 나갔다가 다시 재진입해야 하는데 재진입할 때의 고온과 압력을 이겨내는 기술이 중요하다. 북한이 ICBM 기술을 이미 확보했느냐 여부를 따질 때 재진입 기술이 있느냐 여부가 논점이 된다.

한편 해상에서 발사되는 잠수함발사탄도미사일(SLBM: Submarine-Launched Ballistic Missile)도 있다. 잠수함은 이동 시 노출되지 않으므로 육지에서 발사되는 경우보다 더 위력적이다. 이런 핵무기를 전략핵무기라 하며, 근거리 목표의 성우 아식 비행기를 이봉하는데 이를 전술 핵무기라고 한다. 전술핵무기는 전략핵무기에 비해 폭발력이 현저히 떨어져 폭발력이 아주 큰 폭탄 정도로 생각하면 된다.

3-2 북한의 핵 능력

북한은 지금까지 핵실험을 세 번 했다. 첫 실험은 2006년 10월 9일 함경북도 길주군 풍계리였는데 당시의 폭발력은 1킬로톤으로 추정하고 있다. 2차 실험은 2009년 5월 25일 같은 장소로 2~6킬로톤으로 추정한다. 3차도 2013년 2월 12일 풍계리에서 했는데 이번에는 추정치 범위가 넓어 무려 6~40킬로톤으로 추정한다. 실제의 폭발력이 얼마였는지는 북한의 관련 당사자와 소수 정치권력만이 알 수 있을 것이다.

핵실험의 폭발력은 인공지진 진도로 추정한다. 한국, 미국, 일본 그리고 독일의 관계기관에서 조사한 바에 의하면 지진의 진도는 4.9~5.2 수준이었다. 여기서 진도 4.9가 6킬로톤, 진도 5.2가 40킬로톤에 해당한다. 5.2는 독일기관의 추정치이며 5.1은 미국기관의 추정치이다. 5.1의 경우 20킬로톤 수준에 해당한다.

북한의 3차 핵실험은 여러 사항을 고려할 때 20킬로톤 수준, 즉 히로시마 급의 핵무기 폭발 실험이었다고 추정하고 있다. 일부에서는 독일기관의 추정치에 의거 40킬로톤 수준이라고 주장한다. 따라서 핵무기의 폭발력 면에서는 북한은 핵무기 단계를 완성했다고 볼 수 있다.

● 핵탄두 소형화 실험으로 핵무기 체계 완성
다음은 핵무기의 소형화(경량화) 문제다. 북한의 핵무기는 3차 실험으로 소형화(경량화)가 크게 진전된 것으로 추정한다. 탄두의 무게가 수천 킬로그램이면 미사일에 장착하는 핵무기로서 너무 무겁다.

참고로 '리틀보이'와 '팻맨'은 각각 4.4톤(4,400kg), 4.7톤(4,700kg)이었는데 당시는 비행기로 투하했다. 북한 당국은 3차 실험 후 "다종화된 우리 핵 억제력이 우수한 성능과 물리적으로 과시됐다."고 하면서 3차에서는 기존의 플루토늄폭탄이 아니라 우라늄폭탄이라고 암시했다. 다종화는 기존에 플루토늄폭탄이었는데 3차에서는 우라늄폭탄이라는 의미로 해석된다. 또한 "폭발력이 크면서도 소형화된 원자탄"이라고 언급해 3차 실험으로 소형화를 완성한 것처럼 발표했다.

2014년 10월 24일(미국 워싱턴 시간) 커티스 스캐퍼로티(Curtis Scaparrotti) 주한 미군 사령관은 미국 워싱턴의 국방부에서 기자들과 만나 "북한이 핵탄두 소형화 기술을 갖고 있고, 이를 미사일에 탑재할 수 있을 것으로 믿고 있다"고 언급했다. 그리고 "북한이 점점 더 핵탄두 미사일을 만드는 쪽으로 다가가고 있다"면서 이어 "북한이 아직 실험은 하지 않아 얼마나 효과적인지, 실제 소형화에 성공했는지는 알 수 없다"고 했다.

한편 한민구 국방부 장관은 같은 해 10월 27일 국회 국방위원회 국정감사에서 "북한의 핵탄두 소형화 기술이 상당 수준에 이르렀다고 추정한다"고 밝혔다. 정홍원 국무총리도 며칠 뒤인 10월 31일 북한 핵무기와 관련, "소형화에 대해선 상당한 수준에 이르렀다"고 밝혔다. 이후에도 핵탄두 소형화와 관련 이야기가 분분하였다.

이상을 종합해 보면 핵탄두의 소형화(경량화) 수준이 거의 완성되었고 실험을 통해 핵폭탄으로서의 효율성, 즉 폭발력을 검증하는 절차를 남겨놓고 있다고 볼 수 있다. 4차 핵실험이 성공적으로 끝나면 북한은 명실상부한 핵보유국이 된다. 한반도와 일본은 북한 핵무기의 사정거리 안에 있게 되고 미국령 괌도 포함된다. 또한, 4차 핵실험과 함께

KN-8 신형미사일이 발사에 성공하면 미국 본토까지 북한의 핵무기 목표가 될 수 있다.

핵탄두의 무게를 700~1,000kg 이하로 소형화(경량화)하면 북한이 보유하고 있는 스커드, 대포동 그리고 개발 중인 KN-8 미사일을 포함한 모든 미사일에 핵탄두를 장착할 수 있어 북한은 핵무기 체계를 완성할 수 있다.

● 2015년 기준 핵탄두 수 7~10개

핵보유국은 군사 전략적인 목적에 의해 적정 규모의 핵탄두를 보유하고 있다. 한민구 국방부 장관은 2015년 9월 10일 국회 국방위 국정감사에서 북한이 보유하고 있는 핵무기는 7기 내외로 추정한다고 말했다. 한편 미국 헤리티지 재단에서 분석한 「2015년 미국 군사력」에서는 10개의 핵탄두를 보유하고 있다고 했다.

한국의 북한 전문가들은 2013년 말 기준 북한은 12개의 핵탄두를 보유하고 있고 2015년 말이 되면 27개 그리고 2017년 말이면 50개 이상 될 것으로 추정했다.[1]

3-3 핵개발은 김일성시대에 시작됐다

김일성은 미국과 6·25전쟁을 치르면서 핵무기에 관심을 가지게 되었다. 1960년 소련으로부터 소련제 연구용 원자로를 원조받아 그해 영변에 원자력 연구기지를 설립했다. 이어 1979년 5메가와트 영변 원자력발전소(1호기)를 착공하고 1986년과 1989년에 각각 50메가와트 2호기와 3호기인 200메가와트 태천발전소를 착공했다. 그런데 2호기와 3호기는 장기간 건설이 중단되었다.

북한의 핵문제가 국제사회의 이슈가 된 것은 1992년이었다. 1989년 프랑스 상업위성인 스포트(SPOT)가 영변의 핵시설을 촬영하여 공개했는데 플루토늄폭탄을 만들 수 있는 핵 재처리 시설과 원자로가 있었다.

북한은 국제사회의 압력으로 같은 해 국제원자력위원회(IAEA)와 안전조치협정에 서명하고 IAEA의 사찰을 허용했다. 그런데 IAEA는 사찰 결과 북한의 주장인 90g의 플루토늄이 아니라 수 kg의 플루토늄을 추출했다고 밝혔다. 이로 인해 IAEA는 특별사찰을 하려고 하였는데 북한은 이에 반발해 1993년 3월에 핵확산금지조약(NPT)을 탈퇴한다고 선언했다. 이것이 '1차 북핵 위기'의 시작이었다.

1994년 5월 클린턴 행정부는 동해에 항모와 군함을 급파해 북한의 핵시설을 폭격하려고 하였다. 북한은 서울을 불바다로 만들 수 있다고 대항했다. 위기가 최고조에 이르자 지미 카터(Jimmy Carter) 전 미국 대통령이 방북해 김일성과 만나면서 긴장이 완화되었다. 이후 1994년 7월 8일 김일성이 사망하면서 같은 해 10월 미국과 북한이 제네바 합의를 함으로써 위기가 종료되었다. 2009년 4월 김영삼 전 대통령은 미국이 항공모함 2척과 군함 33척으로 북한 핵시설을 폭파하려 했는데 2시간 동안 클린턴 대통령과 통화하여 폭파계획을 접게 하였다고 밝혔다.

2002년 12월 북한은 핵시설 재개를 선언함으로써 1994년 제네바 합의사항을 깼다. 같은 해 10월 미국 국무부 동아·태 차관보인 제임스 켈리(James Kelly)가 북한의 핵 개발 프로그램이 지속되고 있다는 의혹을 제기하자 북한은 고농축우라늄 핵 개발 프로그램의 존재를 시인했다. '2차 북핵 위기'가 시작되었다.

이에 따라 미국은 중유공급을 중단하는 등 제재를 가했다. 2003년 들어 미국, 중국 그리고 북한의 3자 협의 체제가 시작되다가 바로 한국, 일본, 러시아가 참여하는 6자외남 체세로 바뀌었다.

2005년 2월 북한은 자위를 위해 핵무기를 만들었다고 선언하면서 위기가 고조되었으나 같은 해 9월 북한의 모든 핵 파기와 NPT 및 IAEA의 복귀를 골자로 하는 9.19 공동성명이 발표되면서 일단락되는 듯했다. 그러나 2006년 7월 4일(미국시간) 미국의 독립기념일에 대포동2호 등 6기의 미사일을 발사했다. 그리고 2006년 10월 9일 함경남도 길주군 풍계리에서 1차 핵실험을 단행했다. 이로써 9.19 공동성명이 공식적으로 파기되었고, 유엔 안보리는 제재를 가했다.

이후 2007년 3월 베이징에서 6자회담이 재개되었고 6월에는 마카오의 방코델타아시아은행(BDA)의 계좌에 동결됐던 2,500만 달러가 해제되면서 한 달 후인 7월에 북한은 영변 핵시설 가동 중단을 발표했다. 2008년 11월에는 북한이 영변 원자로 냉각탑을 제거하는 대가로 미국은 북한을 테러지원국에서 제외했다.

그러나 2009년 4월 북한은 광명성2호 위성을 발사했다. 과거처럼 새로운 유엔 제재가 나왔으며 북한은 핵 사찰단을 추방하고 핵시설을 다시 가동했다. 이윽고 같은 해 5월 25일 2차 핵실험을 단행했다. 3차 핵실험도 같은 수순을 따랐다. 2012년 12월 12일 장거리 로켓(미사일)인 은하3호를 발사했다. 이로 인해 유엔 제재를 받은 후 2013년 2월 12일에는 3차 핵실험을 하였다. 이제 4차 핵실험을 통해 핵탄두의 소형화(경량화)를 이루면 북한은 명실상부한 핵보유국이 된다.

3-4 이란 핵문제 해결

이란과 미국을 중심으로 P+1 국가들(안보리 회원국인 미국, 영국, 프랑스, 러시아, 중국 5개국과 독일) 그리고 유럽연합(EU)은 2015년 7월 14일 이란 핵문제 해결을 위해 합의했다. 이란은 자신들이 평화적 목적을 위해 핵 개발을 해왔다고 주장했는데 이란의 주장대로 평화적 목적에 국한되는 핵 개발만 허용하고 대신 국제사회가 이란에 가했던 각종 제재를 풀기로 했다.

합의 내용을 보면 첫째, 우라늄을 농축하는 데 필요한 원심분리기의 수를 19,000개의 1/3 수준으로 보유하도록 허용한다. 19,000개 수준으로는 무기 제조를 위한 고농축 우라늄을 만들 수 있는 반면, 1/3 수준이면 원자력 발전소에서 전기를 생산할 수 있는 정도다.

둘째, 우라늄 농축을 3.7% 수준으로 제한한다. 5% 이하에서 전력을 생산하고 90%가 넘으면 핵무기가 된다. 또한 향후 15년간 저농축 우라늄 300kg만 보유를 허용한다. 이는 지금 보유량의 3%에 불과하다.

셋째, 무기를 생산할 수 있는 플루토늄 생산을 금지하고 국제원자력기구(IAEA)는 핵무기 제조와 관련이 있다고 의심되는 시설에 대해 언제든지 사찰할 수 있도록 허용했다.

이에 대해 이란에 내려진 경제재재를 순차적으로 해제한다는 것이 합의안의 골자다. 요약하면 이란이 핵 개발을 중단하는 대신에 경제재재 조치를 해제한다는 것이다.

이란 핵문제는 국제원자력기구(IAEA)의 사찰로부터 시작되었다. 2003년 IAEA는 이란이 우라늄 농축과 폐기물 재처리 활동을 신고하지 않았다고 발표했다. 이에 대해 이란은 자신의 핵 프로그램은 평화적인 목적을 위한 것이라고 반박했다. 이란은 우라늄 농축 순도가 5% 이하이기 때문에 핵무기와 관련이 없다고 주장했다. 이렇게 이란의 핵 프로그램이 국제적 이슈가 된 후 2003년 11월 IAEA는 이란의 핵 관련

활동이 핵무기를 제조하고자 하는 뚜렷한 증거는 없지만, 이란은 의도적으로 우라늄 농축 활동을 신고하지 않았다는 의견을 냈다. 이와 관련 IAEA는 2006년 2월 이란이 신고하지 않은 사실을 유엔안보리에 보고하였고 안보리는 이란에 대하여 우라늄 농축 활동을 중지하라고 결의했다. 그러자 이란은 핵을 평화적 목적, 즉 에너지 생산을 위한 것이라고 주장하였는데 산유국이 핵에너지를 생산하려 한다는 사실에 미국은 의혹을 가졌다.

2012년 3월 미국 의회 보고서는 이란은 순도가 20%인 우라늄을 240파운드를 보유하고 있다고 밝혔다. 이 수준의 순도로는 의학용으로 사용할 수밖에 없다고 평가했지만, 그 비율 이상으로 농축이 가능하다고 우려를 표명했다.

당시 미국의 정보당국자는 뉴욕타임스와의 인터뷰에서 이란은 아직 핵무기 제조 단계로는 가지 않았다고 평가했는데 이스라엘 정보기관인 모사드도 같은 생각을 가졌다. 그러나 2013년 1월 미국의 싱크탱크 중 하나인 국제과학안보원(Institute for Science and International Security)은 이란이 2014년 중반이 되면 하나 또는 두 개의 핵폭탄을 제조할 수 있는 우라늄을 보유하게 된다고 평가했다. 이어서 '만일 이란이 한 단계 더 나아가 한 기의 핵무기를 만들려고 한다면 대통령은 군사력을 동원해 이란의 핵시설을 파괴하라는 명령을 내려야 한다'고 건의했다.

미국, 영국, 프랑스, 독일은 이란이 자신들이 말하는 것처럼 민간용으로 핵 개발을 하지 않고 있다고 주장했다. 반면 중국과 러시아는 이란이 주권국가로서 평화적 목적으로 핵기술을 개발할 수 있다는 입장을 견지했다.

2006년 이후 미국을 비롯한 유엔안보리는 여러 차례의 결의안을 통해 이란에 제재를 가했다. 2012년 1월 유럽연합은 이란산 원유의 수입 금지와 이란 중앙은행의 자산을 동결하는 강력한 제재를 취했다. 2012

년 1월에서 2014년 1월까지 이란의 리알(Rial)화는 미국 달러화에 대해 56%나 절하되었고 인플레가 40%나 달했다. 같은 기간 실업률이 20%까지 올라갔다. 미국, 유엔 그리고 유럽연합 세 곳에서 동시에 가한 제재가 이란에게 큰 고통을 주었다.

북한과 이란의 경우는 다르다. 우선 이란은 핵무기 제조 전 단계에서 협상을 통해 포기한 경우다. 그러나 북한은 이미 세 차례의 핵실험을 통해 핵무기를 보유하고 있다. 북한의 경우 유엔과 미국의 제재로부터 받는 파급효과가 이란과 비교하면 아주 약하다. 따라서 이란이 협상을 통해 핵무기 개발계획을 내려놓았다고 해서 북한도 유사한 방향으로 갈 수 있다는 생각은 설득력을 갖지 못한다.

3-5 김정은, 카다피 신세 되지 않겠다

2001년 9월 11일에 일어났던 9.11 테러 이후 미국이 아프카니스탄을 침공하자마자 리비아의 카다피 대통령은 미국과의 관계 정상화를 도모하려고 하였다. 당시 미국은 리비아의 대량살상무기 개발과 관련 제재를 가하고 있었다.

2003년 12월 카다피 대통령은 생화학무기와 핵무기를 포함한 대량살상무기 개발 계획을 포기한다고 선언하고 국제사회의 사찰을 허용했다. 미국의 조지 부시 대통령과 영국의 토니 블레어 수상과 9개월 동안 협상한 결과였다.

국제사회는 크게 환영했다. 이후 '리비아식 해법' 또는 '리비아 모델'이라는 용어가 탄생했는데 북한과 이란도 핵무기를 포기하면 각종 제재를 피할 수 있고 정상국가가 될 수 있다는 의미로 사용되었다. 카다피는 공개석상에서 서방측이 자신에게 이란과 북한이 핵 프로그램을 포기하도록 종용했다고 밝힌 적이 있다.

2011년 2월 5일 리비아를 42년간 통치해 온 카다피 정권에 대항하여 평화적인 반정부 시위가 일어났다. 시간이 가면서 시위가 리비아 전역으로 확대되었고 이윽고 봉기 수준으로 격화되었다.

반 카다피 세력은 수도인 트리폴리 다음으로 큰 도시인 벵가지에서 카다피 세력을 축출하고 민주적 선거를 목표로 한 '국가과도위원회'를 결성했다. 2011년 3월부터 정부군과 반군이 전쟁상태로 들어갔으며 수많은 민간인이 정부군에 의해 희생되었다. 이에 따라 유엔안보리는 카다피 측근 10명의 자산을 동결하고 여행제한을 결의했다. 또한 카다피 정부의 무차별 학살에 대한 국제형사재판소의 조사가 있었으며 카다피에게 체포영장이 발부되었다.

이어 유엔안보리는 리비아 상공을 비행금지구역으로 설정하고 반군에게 폭격기, 헬기를 동원한 무력지원을 승인하였다. 나토 회원국인 프랑스가 벵가지의 정부군 시설을 폭파하였고 이어 영국과 미국도 공습에 참여했다. 2011년 8월 소요가 발생한 지 6개월 만에 반군이 트리폴리를 장악했다. 이어 2011년 10월 20일 카다피는 그의 고향인 시르테에서 반군에 의해 사살되었다.

국제사회에서는 나토의 개입으로 북한과 이란의 핵무기 포기를 더욱 어렵게 했다고 평가했다. 그리고 리비아 사태는 김씨 왕조에게 핵무기 보유와 관련 훌륭한 교훈이 되었다.

한편 남아프리카 공화국도 핵무기를 포기했다. 남아공의 데 클레르크(F.W. de Klerk) 대통령은 1993년 3월 남아공이 보유하고 있던 핵무기 7기를 폐기했다고 발표했다. 당시 남아공 정부는 공식적으로 '아파르트헤이트'(Apartheid), 즉 절대다수를 차지하고 있는 흑인에 대하여 철저한 인종차별 정책을 지속해 나갔다. 1980년대 후반 들어서 흑인들의 저항은 더욱 거세졌고 이로 인해 유엔을 비롯한 미국 등 서방국가들의 경제적 제재가 한층 강화되었다.

데 클레르크 정권은 '아파르트헤이트' 폐지를 위한 협상을 통해 넬슨 만델라(Nelson Mandela)를 석방하고 민주화 조치를 취했으며, 이와 함께 핵무기도 폐기했다.

소련이 붕괴되면서 안보위협이 사라졌고 예상되는 차기 흑인 정권에 핵무기를 넘겨주기를 꺼렸다고 전문가들은 분석했다. 그를 이어 1994년 만델라가 남아공 대통령이 되었고 1993년 클레르크와 만델라는 노벨평화상을 받았다.

3-6 너무 매력적인 핵보유국으로서의 지위

김정은 체제는 4차 핵실험에 성공한 후 핵을 실전 배치하면서 이렇게 생각할 것이다. "이제 미국을 비롯한 누구도 우리를 위협할 수 없다. 만일 위협하면 우리도 똑같이 응징할 수 있다."

사실 북한은 1992년 북핵 문제가 국제적인 이슈가 된 이후 미국으로부터 상당한 위협을 받았다. 1994년 클린턴 행정부는 북한의 핵시설을 타격하려고 하였다. 또한 미국이 이라크를 침공할 때 북한은 미국이 우리를 공격할 수도 있다는 불안감을 가졌다. 이후 북한은 미국으로부터 크고 작은 위협을 느꼈다. 그러나 핵을 가지고 있으면 다른 이야기가 된다. 북한이 미국 본토를 위협할 수 있는 핵무기를 보유할 경우는 특히 그렇나.

북한으로서 가장 바람직한 시나리오는 북한이 소형화(경량화)된 핵탄두를 실전 배치하면 미국이 암묵적으로 북한이 핵보유국이라는 사실을 인정하는 것이다. 이스라엘의 경우 핵무기 보유국가로 인정받지 못하지만 그들이 핵무기를 가지고 있다는 사실은 모든 나라가 알고 있다. 미국은 북한의 핵무기와 핵시설 폐기를 더 이상 주장하지 않고 핵확산 방지에 총력을 기울인다.

북한은 자신의 핵기술을 테러단체나 다른 나라에 이전하지 않는다는 조건으로 미국으로부터 경제적 지원을 받는다. 또한 미국과 관계 정상화를 이루고 일본과도 국교를 수립한다. 이렇게 함으로써 일본으로부터도 경제지원을 받아 피폐한 경제를 재건한다.

● 북한은 핵을 절대 포기하지 않는다

북한으로서는 너무 매력적인 시나리오다. 따라서 어떤 난관이 있어도 핵을 포기하려고 하지 않는다. 특히 북한은 핵무기를 가짐으로써 군사적으로 남한을 일거에 역전시킬 수 있다. 북한의 재래식 군사력은 숫자상으로만 남한보다 우위다. 2014년 기준 남한의 전투기는 400여 대인데 북한은 820여 대다. 전투함정도 남한이 110여 척인 것에 비해 북한은 430여 척에 달한다. 전차는 한국이 2,400여 대인데 북한은 4,300여 대나 된다.[2]

그러나 북한의 군사장비는 노후화되었을 뿐 아니라 함정의 경우 소형함정이 많다. 반면 남한의 군사장비는 북한과 비교하면 신형이고 성능이 좋다. 따라서 재래식 무기의 경우 남한의 전력이 북한에 비해 한결 우수하다.

한 나라의 군사력은 곧 경제력이다. 한국은행 경제통계시스템에 의하면 2014년 기준 남한의 GNI(국민총소득)는 1,496조 원, 북한은 34조 원으로 남한이 북한대비 44배에 달한다. 무역총액은 남한이 1조 981억 달러, 북한이 76억 달러로 144배다. 인구는 남한이 5천만 명, 북한이 2천4백5십만 명으로 2배 정도다. 문제는 향후 이 격차가 더 벌어질 수 있다는 사실이다. 따라서 시간이 가면서 군사력의 격차가 더 벌어진다. 그런데 남한이 가지고 있지 못한 핵무기를 북한이 보유함으로써 북한이 군사력에서 우위에 설 수 있다.

2010년 3월에 천안함 사건이 있었고 같은 해 11월에는 북한이 연평도에 포격을 가했다. 이후 우리 군은 향후 이런 사태가 재발하면 북한의 도발 원점과 지원세력까지 응징한다고 결정했다.

2015년 8월 목함지뢰 사건에 대한 보복으로 북쪽에 포격을 가했고 대북 확성기 방송을 했다. 그런데 북한이 핵을 실전 배치했을 경우 북한의 도발에 대해 제대로 응징할 수 있을까? 한국과 미국은 북한의 남침 억제를 위해 작전계획(작계) 5027을 운용하고 있다. 이는 북한이 게릴라전이든 다른 방법으로든 남한의 일부 지역으로 침략하면 이를 격퇴한 후 북한지역으로 치고 올라가는 계획이다. 이런 이유로 북한이 함부로 행동하지 못하게 한다.

그러나 북한이 핵을 실전 배치할 경우는 다르다. 한·미 연합군이 북쪽으로 올라가려고 할 때 북한이 핵으로 '서울 불바다'로 위협하면 올라갈 수 없다. 핵이 없을 경우 '서울 불바다'는 그냥 해보는 소리라고 생각할 수 있지만 핵을 가지고 위협하면 실질적인 위협이 된다. 북한은 핵무기로 남한을 계속 위협하면서 경제적 지원을 얻을 수 있을 것으로 생각하고 있다. 미국으로부터 군사적 위협이 없어지고 미국과 일본으로부터 경제협력을 받는다.

한국에의 영향력이 커지고 경제 지원 또한 받는다. 내부적으로는 체세를 공고히 할 수 있나. 북한에는 최상의 시나리오나. 따라서 어떤 어려움이 있어도 핵을 포기하지 않는다.

협상 테이블에 나갈 경우 과거에 그랬던 것처럼 겉으로 시늉만 내고 뒤에서는 핵무기 체제 완성을 위해 모든 노력을 아끼지 않게 된다.

북한은 핵문제가 국제적인 이슈가 되기 시작한 1992년부터 20년 이상 핵무기를 개발해 왔다. 국제사회의 제재가 있으면 이를 잠시 모면하고 은밀하게 개발을 지속했다. 이는 북한의 핵 개발은 김일성의 유훈 사업이자 숙원사업이며, 리비아의 카다피처럼 핵을 포기하면서 체제가 몰락한 전철을 밟으려 하지 않기 때문이다. 또한 북한은 헌법을 개정하여 헌법에 핵보유국임을 명기하여 대내외적으로 공표함으로써 체제를 유지하는 기반을 마련하였다.

북한은 선군 사상을 기치로 대부분 자원이 군수 분야 쪽으로 흘러가 인민들의 생활이 어렵다. 북한 지도체제는 인민들에게 김일성 수령 동지와 김정일 동지의 유훈 사업을 이루었다고 선전함으로써 인민의 경제적 어려움을 핵 개발에 돌림으로써 체제결속을 도모한다.

3-7 시진핑의 대북한 정책 온도 차이가 있다

이미 언급한 바와 같이 북한이 2006년 5월에 1차 핵실험을 단행했고 2009년 5월에 2차 핵실험을 했다. 핵실험을 하기 전에는 장거리 미사일 발사 실험을 했다. 이에 대해 미국 주도의 유엔은 북한에 대하여 금융거래 제한 등 여러 종류의 제재를 가했으나 중국의 소극적 대응으로 실효성을 거두지 못했다.

북한은 2차 핵실험 이후 천안함을 폭침했고 연평도에 포격을 가했다. 이때에도 중국은 북한에 가해지는 국제적 압력을 해제하고 미국과 한국의 군사적 시위가 지역 안보에 더 위협적이라고 주장했다. 그러나 2013년 2월 북한의 3차 핵실험 이후 중국의 반응은 1~2차 실험 때와는 달랐다. 우선 과거보다 강한 어조로 북한의 핵실험을 비난했고 「안보리 결의안 2094」에 중국이 찬성하면서 안보리에서 만장일치로 통과됐다.

당시 중국지도부는 북한의 3차 핵실험에 대하여 격앙되었다고 한다. 중국의 시진핑이 곧(2013년 3월) 주석으로 공식 취임하는 시기인 데다 일본과의 센카쿠 문제가 주요 현안이었다. 그리고 2월이 중국의 설 연휴 기간이었고, 특히 중국은 핵실험 이전에 북한지도부에 핵실험을 하지 말 것을 강력하게 경고했다.

중국은 북한의 3차 핵실험 이후 북한 핵문제에 대해 중국 안에서 공개적인 토론을 허용했다. 그리고 2013년 6월 박근혜 대통령이 중국을 방문, 시진핑 주석을 만났고 다음 해 7월 시진핑이 한국을 방문함으로써 북한보다 남한을 먼저 방문한 최초의 중국 지도자가 되었다. 이처럼 북·중 관계가 과거보다 악화됨으로써 중국의 대북한 정책이 변하지 않았느냐 하는 조심스러운 추측이 전문가들 사이에서 제기되었다. 그러나 이 글을 쓰고 있는 지금 북·중 관계가 근본적으로 변화하고 있다고 보지 않는다. 여기서 근본적인 변화란 중국이 북한의 비핵화를 적극적으로 추진해 핵무기를 열망하는 김정은 체제를 버리는 것이다. 그러나 대북한 정책의 온도 차이가 있다.

● 중국의 대북한 정책: 근본적인 변화는 없으나 가능성이 있다

중국 입장에서 중국과 북한의 관계는 순망치한(脣亡齒寒), 즉 '입술이

없으면 이가 시리다'는 입술과 치아와의 관계다. 북한은 중국이 미국과 직접 부딪치지 않게 해주는 '완충지역'(Buffer Zone) 역할을 한다.

중국의 대북한 정책의 기본은 안정(Stability), 평화(Peace), 비핵화(Denuclearization)로 동북아에서의 안정이 중국 국가이익에 부합된다고 생각하고 있다. 다만 문제는 북한이 너무 멀리 그리고 빨리 나간다는 점이다. 중국은 기본적으로 핵무기가 없는 한반도를 바란다. 그런데 북한은 핵과 미사일 그것도 장거리 미사일 개발을 서둘러 미국까지 위협한다. 북한의 핵 개발은 장기적으로 한국과 일본의 핵무장을 초래할 수 있는데 이는 중국 안보에 커다란 위협이 된다. 또한 북한이 핵과 미사일 실험을 하면서 미국은 동북아 지역에서 미사일 방어시스템을 비롯한 해공군력을 강화하고 있다. 이 또한 중국으로서는 바람직스럽지 않다.

중국은 미국이 북한 핵을 빌미로 동북아 지역에서 군사력을 강화하려는 속셈을 가지고 있다고 판단하고 있다. 그리고 중국은 핵을 개발하고 도발을 저지르는 북한을 비호하면서 국제적인 평판도 크게 훼손되고 있다.

중국지도부는 북한을 비호하면서 받는 불이익에도 불구하고 북한체제를 옹호할 수밖에 없는 사정이 있다. 중국은 북한체제가 굳건하지 못하고 외부제재에 매우 취약하다고 판단하고 있다. 만일 미국이 요구하는 것처럼 중국이 북한의 핵 개발 저지를 위해 북한에 제재를 가하면 북한체제가 무너지고 체제붕괴는 한국이 주도하는 통일로 연결된다고 중국은 생각한다. 한국 주도의 통일은 미군이 있고 미국의 영향력을 받는 통일 한반도를 받아들일 수 없는 것이다. 또한, 북한이 붕괴하는 과정에서 수백만 명의 난민이 동북 3성으로 밀려들어 오면 그 지역은 경제 사회적으로 극심한 혼란에 빠지게 된다.

중국에서는 6·25전쟁을 '항미원조전쟁'(抗美援朝戰爭)이라 부른다. '항미원조전쟁'에서 수십만 명의 중국군이 죽거나 부상을 입었고 모택동의 아들이 전사했다. 그런데 불과 60여 년 만에 전쟁 상대였던 미국에게 북한을 넘겨준다는 생각은 꿈조차 꿀 수 없는 일이다. 그런데 문제는 북한도 중국의 의도를 잘 알고 있다는 사실이다. 북한은 중국이 자신들을 버릴 수 없다는 약점을 이용하여 미사일과 핵기술 개발을 가속해왔다. 북한은 2013년 12월 중국 지도자들의 대북 창구 역할을 했던 장성택도 처형했다.

조지타운대학교의 정치학 교수였고 6자회담 부수석대표였던 빅터 차(Voctor Cha)는 중국과 북한의 관계를 '상호인질'(Mutual Hostage) 관계라고 칭했다. 북한은 중국의 정치적, 경제적 그리고 안보지원을 받아 생존하고 중국은 완충지역을 가진다. 그런데 중국 지도자가 혈맹관계인 북한의 지도자보다 한국 대통령을 먼저 그리고 수차례 만났다는 것은 큰 변화다. 이를 두고 중국이 한·미 동맹을 약화하려는 의도라고 해석하기도 하나 북한의 3차 핵실험과 장성택 처형으로 중국지도부의 북한에 대한 불만과 불신을 표출한 것으로 볼 수 있다. 또한 북한에 대한 중국의 태도 변화가 근본적인 변화라고는 할 수 없지만 가능성을 보인다고 할 수 있다.

3-8 4차 핵실험은 한국과 일본의 핵무장 빌미가 된다

북한의 4차 핵실험으로 한국과 일본 특히 일본의 핵무장 가능성에 대하여 중국은 우려하고 있다. 지금 한국과 일본은 미국의 핵우산 아래에 있다. 그런데 북한의 핵위협이 심각해지면서 두 나라는 핵보유의 필요성을 절감하게 된다. 핵을 가진 나라(북한)가 먼저 핵 공격을 한 후 남의 나라(미국)와 협의하여 대응한다는 것은 이미 공격을 당하여 수많은 사상자를 낸 후에 하는 보복 공격에 지나지 않을 것이다. 남의 손에 있기 때문에 보복 공격도 어려울 수 있다.

2009년 북한의 2차 핵실험 이후 일본 자민당 강경파들이 북한의 위협으로 '핵옵션'에 대한 논의에 불을 지피려고 했으나 성공하지는 못했다. 2010년 7월 일본 정부의 자문기관에서 북한의 핵 위협이 현실화되면 일본의 '비핵화 원칙'을 재검토하여 미국의 핵무기를 일본에 배치하여야 한다고 건의한 적이 있었다.[3]

일본 평화헌법에서는 '비핵 3원칙'을 규정하고 있다. "일본은 핵무기를 제조하지 않고, 보유하지 않으며, 도입하지도 않는다." 그러나 핵위협이 현실화되면서 일본 내 핵보유 분위기는 크게 바뀔 것으로 보인다.

2015년 9월 '집단적 자위권' 행사를 포함한 '안보법'이 의회에서 통과되었다. 집단자위권은 전쟁을 할 수 있다는 논리인데 일본이 공격을 받지 않아도 일본과 밀접한 국가가 무력공격을 받았을 때 실력을 행사해 반격이나 공격을 하는 것을 말한다. 일본이 '전쟁을 할 수 있는 나라'가 되었다는 의미다.

● 일본은 6개월 이내에 핵폭탄을 만들 수 있다

일본의 우경화가 급속하게 진행된다는 점에서 핵문제의 경우에도 전향적으로 변할 가능성을 중국은 우려하고 있다. 아오모리현에는 롯카쇼 핵 재처리장이 있다. 1992년에 건설을 시작해 2012년 준공했는데 이곳에서 핵폭탄 제조용 플루토늄이 연간 9톤이나 나온다. 이는 연간 2,000개의 핵폭탄을 제조할 수 있는 규모다.[4]

중국 외교부는 2014년 3월 대변인 성명을 통해 일본이 필요 이상의 핵물질을 보유하고 있다고 비난했다. 전문가에 의하면 일본은 국내에 9톤의 무기급 플루토늄, 유럽 다른 나라에 35톤의 플루토늄 그리고 1.2톤의 고농축 우라늄을 보유하고 있으며, 1년에 롯카쇼에서만 9톤의 플루토늄이 나온다. 전문가들은 일본이 6개월 이내에 핵폭탄을 제조할 능력이 있다고 평가하고 있으며 일본은 '핵헤징'(Nuclear Hedging), 즉 여차하면 핵을 만들 수 있는 '핵무기대비' 정책을 가지고 있다.[5]

2015년 4월 23일 자 조선일보는 '농축-재처리 모두 가능한 일본과 인도보다 자율성 뒤져' 제하의 보도에서 2013년 말 기준 일본은 47.1톤의 핵물질을 보유하고 있다고 밝혔다. 이 가운데 핵분열성 플루토늄은 약 31.4톤에 달하는데 이는 5,000개 이상의 핵무기를 만들 수 있다고 했다.

일본의 핵무장에 대한 일본 국민 대다수가 아직은 부정적이다. 그러나 북한 핵무기로 실질적인 위협을 느끼게 되면 일본 국민의 핵무기 정서가 크게 변할 것이다. 일본은 핵헤징 정책을 뛰어넘어 미국과 협의하여 실질적 핵보유 효과를 낼 수 있는 수단을 강구하려 할 것이다. 미국은 전반적인 예산감축으로 국방비도 삭감하는 상황이다. 물론 아시아-태평양지역에 대한 예산을 가능한 유지하려고 하나 중장기적으로 이는 불가능하다. 일본은 이를 이용해 일본에 대한 미국의 핵우산 정책을 강화하는 등 여러 수단을 강구하려 할 것이다.

● 한국과 일본에 전술핵무기 배치 가능

1950년대 후반 미국은 일본 자위대가 나토(NATO) 방식의 핵무장을 하기를 희망했었다. 즉 미국이 일본에 핵탄두를 제공하고 유사시에 공동으로 사용하는 방식이다. 당시 미국은 소련을 견제하기 위해 일본의

억찰을 중요시했다.[6]

NATO 방식의 핵무장을 '핵무기 공유'(Nuclear Sharing)라 한다. NATO 회원국 중 벨기에, 독일, 이탈리아, 네덜란드 그리고 터키 등 다섯 나라가 미국이 제공한 전술핵무기 200기를 보유하고 있다. 전시에 비행기에 탑재하며 의사결정은 미국과 공동으로 하고 있다. 북한의 4차 핵실험이 성공하면 한국과 일본에 미국의 전술핵무기가 배치될 수도 있다.[7]

주한미군이 전술핵무기를 보유한 적이 있었다. 그러나 북한과 핵협상을 하면서 한국에 핵무기를 두고 협상을 진행하는 것이 바람직하지 않다고 하여 1991년 철수했다. 그러나 북한의 4차 핵실험으로 한국이 핵위협을 피부로 느끼게 되면 한국에 전술핵무기가 배치될 가능성이 높다. 중국이 북한의 비핵화가 아니라 한반도 비핵화를 주장하는 것은 이를 염두에 둔 것으로 풀이되고 있다. 결국 북한의 4차 핵실험은 한국과 일본으로 하여금 핵무장을 할 빌미를 제공하게 된다. 중국에는 큰 악재가 아닐 수 없다.

3-9 중국은 4차 핵실험을 총력으로 저지한다

북한의 4차 핵실험으로 한국과 일본의 핵무장 가능성이 커지면 중국에 큰 위협이 된다. 그런데 북한이 미국 수도까지 목표로 하는 미사일과 핵탄두를 가지고 있게 되면 이것이 중국에 직접적인 위협이 되지 않는가?

대부분의 국내외 북한 문제 전문가들은 이 문제를 거론하지 않는다. 아마 중국이 북한 핵에 대하여 중국 자신이 위협이라고 생각하지 않기 때문일 것이다. 만일 캐나다가 외부의 위협으로 핵무기를 가진다 해도 미국이 위협을 느끼지 않는 것과 마찬가지일 것이다.

중국지도부의 구세대 대부분은 아직도 북·중 관계를 혈맹관계라고 생각한다. 이런 관점에서 북한의 핵무기는 중국을 대신하여 미국과 일본을 겨냥 아시아 북동쪽에 배치한 것으로 생각할 수도 있다.

● 북한 핵무기 중국에도 직접적인 위협이 된다

그러나 이는 북·중 사이에 혈맹관계가 계속 유지된다는 전제하에서 가능하다. 세계 2차 대전 때 교전 상대국이었던 미국과 일본 그리고 미국과 독일은 경제협력은 말할 나위 없고 군사적으로 굳건한 동맹관계를 유지하고 있다. 국제관계에서는 영원한 적도 없고 영원한 친구도 없다. '항미원조전쟁' 참전으로 피를 흘려 북·중 관계를 혈맹관계라고 하지만 역사적 관점에서는 이 관계가 영원할 수 없다.

중국은 베트남에서 이런 경험을 했다. 중국은 북베트남(월맹)을 경제적, 군사적으로 지원하여 미국 영향 아래에 있었던 남베트남(월남)을 패망시켜 베트남 통일의 한 축의 역할을 담당했다. 그러나 통일베트남이 캄보디아를 침공한 이후 1979년 중국과 베트남은 전쟁을 했다. 이후 남중국해의 시사군도(西沙群島: Paracel Islands) 영유권을 놓고 분쟁이 계속되고 있다.

한편 베트남은 오랜 기간 전쟁을 했던 미국과의 협력이 긴밀해지고 있다. 베트남은 중국과의 남중국해 분쟁으로 미국과의 협력이 필요하고 미국은 중국의 남중국해에서의 확대정책을 견제할 필요성을 느낀다.

베트남과 미국은 1995년 외교관계 정상화를 이룬 이후 2013년에 미국의 오바마 대통령과 베트남의 쯔엉떤상(Truong Tan Sang) 국가주석이 회담하니 양국의 선략적 협력을 강화하기로 하였으며 상황에 따라 미국의 대베트남 무기수출 금지조치가 해제될 가능성도 없지 않다.[8]

중국과 북한과의 관계는 중국과 베트남과는 다르다. 우선 북한과 중국은 함께 미국을 상대로 전쟁을 했다. 그리고 북한은 경제적으로 중국에 거의 예속되어 있다. 이런 점에서 북·중 관계의 심각한 균열은 불가능하다고 생각할 수 있다. 그러나 장기적 관점에서 북한경제의 중국 의존도가 낮아지는 시나리오를 생각해 볼 수도 있다. 북한이 핵무기를 완성한 후에 한국에 미국의 전술핵무기를 배치하든지 또는 핵우산을 강화함으로써 핵의 세력균형이 이루어지면 남북 경제협력이 크게 개선될 수 있다. 또한, 미국과 북한 간에 핵확산 금지를 확고히 해서 관계 정상화가 이루어지면 북한은 국제기구에서 원조를 받고 국제사회에서 자금 차입도 가능해질 수 있다.

이런 상황이 오면 북한의 경제부흥은 급속히 진행되어 중국에 대한 북한의 경제적 의존도가 급격하게 떨어질 수 있다. 북한은 중국으로부터 생필품을 많이 수입하는데 북한경제가 활성화되면서 스스로 제조하게 되면 중국에 대한 의존도가 감소한다. 특히 석유 수입을 다변화하여 석유 의존도를 획기적으로 낮출 수 있게 된다.

만일 장래에 북한이 제2의 베트남이 된다고 생각해보자. 미국과 가까워진 북한이 핵무기를 보유하고 있다! 이는 중국입장에서 최악의 시나리오다. 또한 북한이 핵무기를 보유함으로써 군사적으로 중국 의존도가 크게 줄어든다. 핵무기를 보유한 국가를 침공할 나라는 없기 때문이다. 이렇게 되면 북한지도부가 중국지도부의 말을 고분고분 듣지 않을 수도 있다. 즉 중국에 대해 '노'라고 말할 수 있게 된다. 이런 상황을 중국도 예상하지 못할 리 없다. 특히 북한이 시간이 가면서 핵무기 생산을 강화해 수십 기 이상의 핵탄두와 미사일을 보유하게 되면 이는 중국 자체에 큰 위협이 된다.

● 북한의 4차 핵실험으로 중국의 북한카드 약효가 떨어진다

마지막으로 북한이 4차 핵실험에 성공하면 북한을 통한 미국과 한국에의 레버리지 효과가 급격하게 떨어진다. 즉 중국이 미국과 한국에 내미는 북한이라는 카드의 약발이 떨어진다는 의미다.

미국과 한국은 지금도 중국이 북한 비핵화에 결정적 영향을 줄 수 있다고 생각한다. 중국이 경제적으로 북한을 쥐고 있기 때문이다. 이런 배경으로 중국은 북한을 지렛대로 삼아 미국과 군사 및 외교에 있어 영향력을 행사하려 한다. 예를 들어 미국이 '아시아 중시'(Pivot to Asia) 정책으로 중국을 계속 봉쇄하려고 하고 있고 중국은 북한 비핵화에 협조하지 않거나 실질적인 조치를 취하지 않는다. 중국은 미국에 "중국 봉쇄를 그만둬라. 그러면 우리도 북한 비핵화에 실질적으로 동참하겠다"는 식으로 북한카드를 이용한다.

중국의 미·중 관계 전문가는 "미국이 중국의 대북한 압력을 강화하기를 원한다면 남중국해 분쟁에서 미국은 조용히 해야 한다."라고 강조했다.[9]

그러나 북한이 4차 핵실험을 해버리면 명실상부한 핵보유국이 된다. 미국과 한국은 중국에 북한에 압력을 행사해 달라고 요청할 이유가 없어진다. 물론 핵확산의 경우 미국의 관심은 크다. 그러나 북한에 대한 중국의 영향력이 약화된 마당에 미국이 핵확산을 저지하기 위해 중국에 절대적으로 의존할 가능성은 희박하다.

이런 점들을 고려하면 북한이 4차 핵실험을 해서 성공하면 중국의 동북아 전략이 치명상을 입게 된다. 따라서 모든 수단을 강구해서라도 중국은 북한의 추가 핵실험을 저지해야 한다.

3-10 북한은 결국 4차 핵실험을 한다

북한의 핵탄두 소형화(경량화) 수준이 거의 완성되었고 실험을 통해 핵폭탄으로서의 효율성, 즉 폭발력을 검증하는 절차를 남겨놓고 있다고 했다. 또한 장거리 미사일 실험을 추가로 실시해서 성공하면 미국의 수도 워싱턴도 북한의 핵폭탄 사정거리 안에 있게 된다. 따라서 1~3차 핵실험에 비해 4차 핵실험은 북한 입장에서는 핵무장의 결정적 단계라고 할 수 있다. 반면 미국을 비롯한 일본과 한국은 1~3차 핵실험의 경우보다 4차 핵실험으로 실질적인 핵위협을 피부로 느끼게 된다.

1차 핵실험이 2006년 10월, 2차가 2009년 2월, 3차가 2013년 2월이었다. 1차 이후 2년 4개월 후 2차 실험이 있었고 2차 실험 후 4년 만에 3차 실험이 있었다. 2~3차 실험의 기간 간격이 2~4년이었다는 점을 고려하면 북한이 4차 핵실험을 2015년에서 2017년 사이에 한다고 생각해볼 수도 있다.

3차 실험이 2차 실험 이후 4년 후에 이루어진 것은 핵실험 자체의 준비 때문이 아니라 국제사회에서 핵실험의 명문을 쌓기 위함이었다. 과거의 패턴을 보면 핵실험 이전에 운반수단인 미사일 실험을 했다. 북한은 2012년 4월 장거리 로켓인 은하3호를 발사했으나 지구 궤도에 올리는 데 실패했다. 이후 같은 해 12월 재발사하여 인공위성인 광명성3호를 지구궤도에 안정적으로 올리는 데 성공했다.

은하3호의 주행거리는 10,000km인 것으로 추정하며, 로켓이라고 하지만 실제로는 미사일이다. 참고로 북한에서 미국 워싱턴은 11,000km 정도다. 은하3호 기술로 북한의 대륙간탄도미사일을 개발 중인 것이 KN-8이다.

북한의 미사일 능력과 핵탄두의 경량화(소형화)와 관련 커티스 스캐퍼로티 주한 미군 사령관의 2014년 기자회견 발언을 다시 요약하면 "북한이 핵탄두 소형화 기술을 갖고 있고 미사일 만드는 쪽으로 가고 있는데 아직 실험하지 않아 소형화에 성공했는지 알 수 없다"였다. 그는 군인이라 북한의 핵능력을 전향적으로 판단할 수 있다.

대부분의 전문가들은 3차 실험 후 수년 정도면 4차 핵실험을 통해 국내외에 진정한 핵보유국임을 과시할 수 있을 것으로 보고 있다. 3차 핵실험 후 수년이면 앞에서 언급한 2015~2017년 정도가 된다. 그런데 북한이 핵실험과 관련 기술적으로 준비된다 하더라도 국제사회의 제재를 받고 있다는 점에서 핵실험 명분을 쌓아야 한다. 4차 핵실험을 할 경우 미국을 중심으로 북한에 대한 제재가 가중될 것이다. 그런데 지금까지 미국 중심의 유엔 제재를 받아온 터라 유엔 제재에 북한은 익숙해져 있다. 2012년 12월 은하3호 발사로 2013년 1월 유엔안보리가 대북 제재를 결의했고 이에 반발하는 모양새로 다음 달인 2월에 핵실험을 했다.

● 중국의 반대에도 불구하고 4차 핵실험을 한다

문제는 중국이다. 중국은 3차 핵실험을 반대했고 4차 핵실험은 더 말할 나위도 없다. 그런데 북한은 명분을 만들기 적합한 시기에 중국의 반대에도 불구하고 4차 핵실험을 한다. 즉 중국과의 관계악화를 무릅쓰고 핵실험을 한다. 왜냐하면 4차 핵실험이야말로 북한 핵무기 체계의 완성을 의미하기 때문이다. 김정은은 일기가 좋지 않음에도 눈앞의 에베레스트 정상을 포기하지 못하는 산악인과도 같다. 물론 그 산악인은 하산하다가 사고를 당한다.

북한이 4차 핵실험을 통해 얻을 수 있는 또 하나의 매력은 북한이 군사직으로 중국으로부터의 독립 기반을 마련할 수 있다는 점이다. 핵무기를 가진 북한을 공격할 어리석은 국가는 없기 때문에 군사적 목적에서 북한은 중국에 기대지 않아도 된다고 생각할 것이다.

한편 북한지도부는 북·중 관계 악화에 따른 만일의 사태에도 대비할 것이다. 예를 들어 중국의 제재, 즉 제한적 송유관 봉쇄 등을 염두에 둘 것이다. 김일성 시대에 중국과 소련 사이에서 실리 외교를 펼쳤던 것처럼 북한은 중국과의 관계 악화에 대비 러시아 등 다른 나라와의 관계를 강화할 것이다.

· 4장 ·

미국과 중국의 패권싸움

북한이 핵무기를 보유할 수 있게 된 배경에는 중국의 방임이 있었다고 해도 과언이 아니다. 중국은 미국과 유엔의 제재조치에 실효성 없는 시늉만 냄으로써 많은 사람들이 중국이 북한 핵무기를 위한 방패 역할을 했다는 의구심을 가지고 있다. 북한의 핵무기는 미국과 중국의 패권싸움 중에 콩나물시루에서 콩나물이 무럭무럭 자라듯 이제 제 모습을 갖추게 되었다.

중국은 등소평 시대부터 이어 온 외교정책인 도광양회(韜光養晦), 즉 '빛을 감추고 어둠 속에서 힘을 기른다'는 기본 노선을 떠오르는 강대국으로서 화평굴기(和平崛起), 즉 '평화롭게 우뚝 선다'로 바꾸었다. 즉 외교의 기본 노선이 현상유지에서 현상변경으로 바뀐 것이다. 중국은 미국이 만들어 놓은 국제질서의 틀을 깨려고 하고 미국은 기존 질서를 고수하려고 한다. 이런 상황에서 북한이 4차 핵실험을 하면 동북아 정세를 크게 흔들어 놓는다. 그러면 미국과 중국은 북한에 대하여 어떤 자세를 취하게 될까? 두 강대국의 패권싸움 연장선상에서 긴장의 강도가 높아질까? 아니면 두 나라가 타협을 모색할까?

이들이 어떻게 대응하느냐에 따라 북한 핵문제와 한반도 통일문제가 결정된다. 120년 전 청일전쟁으로 조선의 운명이 결정되었는데 이제 일본을 대신한 미국과 중국의 이해관계에 의하여 한반도 통일의 향방이 정해진다. 따라서 북한의 4차 핵실험에 대한 두 나라의 대응방향을 생각하기 전에 지금 두 강대국의 패권싸움이 어떻게 진행되는지 또는 어떻게 진행될지 먼저 알아볼 필요가 있다.

4-1 미국의 '아시아 중시' 정책

2011년 가을, 오바마 행정부는 아시아−태평양 지역에서의 역할을 증대할 것이라고 선언했다. 즉 미국의 군사, 외교 그리고 경제적 측면에서 아시아−태평양 지역에 우선권을 둔다는 의미다. 이를 '아시아−태평양 중심축 전환'(Rebalancing to Asia-Pacific) 또는 줄여서 '아시아 중시'(Pivot to Asia) 전략이라 부른다. '아시아−태평양 재균형' 또는 '아시아로의 회귀'로 사용하기도 하는데 이 책에서는 '아시아 중시'라고 번역한다.

미국이 아시아로 전환하는 배경에는 몇 가지 요인이 있다. 우선 미국은 지난 10여 년 동안 아프가니스탄과 이라크에서 전쟁을 치렀다. 그런데 이라크에서는 2011년 12월 미군이 전면 철수했고 아프가니스탄에서는 2016년(애초 계획은 2014년) 말까지 미군이 철수하기로 계획되어 있다. 따라서 미국이 군사 외교 정책을 다른 곳으로 돌릴 수 있는 여력이 생겼다.

둘째, 아시아−태평양 지역은 경제적으로 고도성장하고 있어 미국의 경제적 이익을 위해서는 이 지역과 긴밀한 협력이 필수불가결하다.

셋째, 중국이 군사력 현대화에 박차를 가하고 있으며 이를 바탕으로 이 지역에서 영향력을 확대하려고 노력하고 있다. 예를 들면 남중국해에서의 영유권 주장과 센카쿠 열도에서 긴장을 고조시킨다. 이에 대한 대응책이 있어야 한다.

마지막으로 미국의회가 국방예산을 삭감함에 따라 아시아 국가들은 미국이 이제 여기서 한 발 뺄 수도 있다는 우려를 하면서 중국 쪽으로 가까워질 가능성이 크다는 점이다.

〈아시아-태평양에서의 미군배치[1]〉

미국의 아시아-태평양에 대해 새로운 정책의 세부 내용은 군사정책

과 외교정책 그리고 경제정책으로 구체화하고 있다.

우선 군사정책의 변화를 보면 미국은 호주와 긴밀한 군사협력을 추진한다. 미국은 2016년까지 호주에 2,500명의 해병대를 순환배치하고 호주 서부 해안의 퍼스(Perth)에 있는 호주 해군기지를 이용한다. 싱가포르 해군기지에 4척의 연안전투함(Littoral Combat Ship)을 순환배치하기로 했는데 2013년 4월 유에스에스 프리덤(USS Freedom)이 처음으로 8개월 주둔에 들어갔다.

또한 미국은 필리핀과 군사협약을 맺고, 미군 함정과 항공기 및 군대가 순환배치될 예정이다. 미군은 1991년 수비크만에서 철수한 지 24년 만에 다시 돌아오는 셈이다. 그리고 인도, 인도네시아, 베트남과 새로운 군사협력 관계를 도모한다. 한편 국방예산이 감축되더라도 동아시아 지역의 예산은 오히려 늘린다. 마지막으로 동아시아의 방위계획을 새로이 수립한다.

외교정책과 관련하여 미국은 이미 2011년 11월 동아시아정상회의(EAS: East Asia Summit)에 참여했다. EAS는 모두 18개국이 참여하는데 아세안 10개국 +8이다. 여기에 8개국은 한국, 중국, 일본, 인도, 호주, 뉴질랜드 그리고 미국과 러시아다. 동아시아의 평화와 안정 및 경제적 번영을 도모하기 위한 협의체다.

중국은 미국의 참여를 반대했었는데 기존 회원국인 일본과 인도가 적극적으로 나섰고 아세안이 이를 받아들였다. 미국의 참여로 점증하는 중국의 영향력을 저지할 것으로 전문가들은 보고 있다.

끝으로 경제정책과 관련하여 브루나이, 칠레, 뉴질랜드 그리고 싱가포르 등 4개국이 참여한 TPSEP(Trans-Pacific-Strategic-Economic Partnership: 환태평양경제전략동반자협정)를 TPP(Trans-Pacific Partnership: 환태평양경제동반자협정)로 확대하는데 미국이 주도했다.

TPP는 다자간 자유무역협정(FTA: Free Trade Agreement)으로 호주, 브루나이, 칠레, 말레이시아, 뉴질랜드, 페루, 싱가포르, 캐나다, 멕시코, 베트남, 일본 그리고 미국 등 12개국이 참여하고 있다.[2]

한편 중국은 이에 맞서 아세안 10개국과 중국, 일본, 한국, 호주, 인도, 뉴질랜드 등 16개국의 RCEP(Regional Comprehensive Economic Partnership: 역내포괄적 경제동반자협정)를 주도하고 있다.

미국의 '아시아 중시' 정책으로 아시아에서 중국은 숨이 막힐 지경이다. 동북아에서는 한국과 일본에 의해 봉쇄당하고 있다. 남쪽으로 대만이 가로막고 있으며 아래로 더 내려오면 필리핀, 말레이시아 그리고 맨 뒤에서 호주가 가로막고 있다. 여기에 미국은 인도, 베트남과 군사적으로 유대를 강화하려고 하고 있다. 지도를 보면 중국이 센카쿠와 남중국해에 대한 영유권 주장을 필사적으로 하는 이유를 알 수 있다. 또한 외교적·경제적으로 미국은 중국을 견제하고 있다.

한편 미국의 '아시아 중시' 정책에 대한 부정적인 면도 있다. 첫째, 미국은 북한 핵문제를 해결하려면 중국의 협조가 필요하다. 그런데 중국과의 관계가 악화되면 미국은 핵문제와 관련 중국의 협력을 얻을 수 없게 된다.

둘째, 중국은 세계 2위의 경제력을 가지고 있고 미국의 두 번째 교역국이다. 또한 미국의 세 번째 수출시장이기도 하다. 무엇보다 중요한 것은 중국이 미국의 국채를 가장 많이 보유하고 있는 나라라는 점이다. 즉 중국은 가장 큰 미국의 채권국이다. 따라서 경제적 측면에서 미국은 중국과 협의해야 할 사항이 많다. 그런데 중국과의 관계 악화는 미국이 경제적으로 불리할 수 있다.

마지막으로 아시아 지역 국가들이 미국과 중국의 관계가 악화되어 두 나라 가운데 한 나라를 선택하도록 강요받을 때 중국을 택할 가능싱이 크나는 사실이다. 왜냐하면 내부분의 아시아 국가들은 중국이 최대 교역국이기 때문이다.

4-2 중국과 미국의 신형대국관계

중국이 정치·경제적으로 대국화되면서 아시아−태평양지역에서 영향력을 확대하려 하는 한편 미국은 기존 질서를 유지하기 위해 중국의 이런 움직임을 봉쇄하려 한다. 이런 상황에서 중국이 상호 견제를 자제하자는 의미에서 새로운 미·중 관계를 제시했는데 이것이 '신형대국관계'(新型大國關係: New type of Relationship between Major Powers)다.

미국은 중국에 대해 "강한 중국, 번영된 중국 그리고 성공적인 중국이 국제사회에서 큰 역할을 하기를 환영한다"고 항시 말하는 반면, 중국은 미국이 "아시아−태평양 국가로서 이 지역의 평화와 안정 그리고 번영에 크게 기여하고 있다"고 한다. 그런데 이는 외교적인 수사고 실질적으로 두 나라는 서로 불신한다. 중국은 미국이 '아시아 중시' 정책을 통해 자기 나라를 봉쇄하려고 시도하고 견제한다고 생각한다.

이와 관련 중국의 학자와 싱크탱크는 중국과 미국의 관계를 어떻게 설정해야 할지 오랜 기간 연구했다. 미국 시카고대학교 정치학과 존 미즈하이머(John J. Mearsheimer) 교수는 저서인『초강대국 정치의 비극(The Tragedy of Great Power Politics, 2001년)』에서 초강대국은 근본적으로 그 지위를 유지하려는 동기가 강해 공격적인 자세를 취하며 더욱 강대해지고자 하고, 또한 자신과 경쟁하는 다른 패권국가가 부상하지 못하게 한다고 주장했다.

그의 이론을 현실에 적용해 보면 미국은 중국의 부상을 용납하지 않는다는 것이다. 한편 미즈하이머 교수는 역사적으로 기존의 패권국가와 신흥패권국가가 전쟁을 통해 패권이 전이되는 경우가 대부분이었다고 분석했다. 이는 미국과 중국이 향후 패권을 놓고 전쟁을 할 수도 있다는 의미다. 중국의 연구진들은 중국과 미국은 이러한 역사적 전철을 밟지 않는 것이 현시점에서 중국의 이익이라고 결론 내렸다.

즉 중국이 막강한 경제력을 바탕으로 정치적으로 급부상하면서 미국과의 충돌을 피하는 것이 중국의 장래를 위해서 옳은 선택이라는 것이다. 이런 배경으로 나온 것이 신형대국관계다.[3]

2013년 6월 하순 오바마 대통령과 시진핑 주석이 캘리포니아에서 열린 '란초 미라지' 정상회담에서 신형대국관계를 확인했다.

시진핑은 신형대국관계를 세 가지로 요약했는데 첫째는 분쟁과 대결 금지(Seek No Conflict and No Confrontation), 둘째는 상호존중(Have Respect for Each other), 셋째는 윈−윈을 위한 협력(Conduct Corporation for win-win Results)이다. 그리고 대표적 의제로 사이버 안보와 북핵 문제가 포함되었다. 사이버 안보에 대하여는 합의가 이루어지지 못했으나 북핵 문제에 대하여는 첫째 북핵 불인정, 한반도 비핵화 그리고 세 번째는 이를 추진하기 위해 긴밀한 협조를 하기로 합의했다. 물론 이를 추진하는 방법론에서 중국은 조속한 6자회담 재개를 주장한 반면, 미국은 북한의 비핵화에 대해 진전된 어떤 조치가 없으면 대화가 의미 없다고 주장하여 방법에서는 합의하지 못했다.

정상회담이 끝난 후 시진핑 수행 일원 중 한 사람인 중국의 외교담당 국무위원인 양제츠가 시진핑의 신형대국관계 세 가지 핵심을 부연 설명했다. '상호존중'은 상대방의 핵심이익을 훼손하지 않는 것인데 중국의 핵심이익에는 센카쿠, 남중국해, 대만 문제 그리고 중국의 민주화와 인권문제가 포함된다고 했다.[4]

이는 중국의 핵심이익에 미국이 나서지 말라는 중국의 의도를 외교적인 수식어로 상호존중이라는 표현을 사용한 것이라고 해석한다. 결국 중국이 내세우는 '신형대국관계'는 미국의 '아시아 중시' 전략에 맞서는 개념이다.

4-3 센카쿠(댜오위다이)를 둘러싼 미·중 대립

센카쿠(중국 명칭: 댜오위다이) 열도는 다섯 개의 섬으로 구성된 무인도로서 중국, 대만 및 오키나와 사이에 있다.

〈센카쿠(댜오위다이) 열도[5]〉

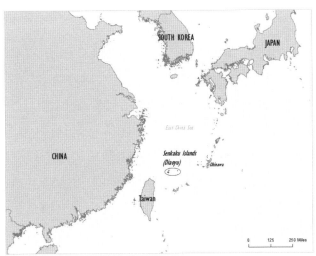

1895년 4월 청일전쟁에서 패한 후 청나라는 일본과 시모노세키 조약을 체결했다. 이 조약에 의거해서 청나라는 당시 대만과 이에 부속

된 모든 섬을 일본에 양도했다. 이후 일본은 1945년 세계 2차 대전에서 미국에 패한 후 미국과 샌프란시스코 조약을 체결했다. 이 조약에서 일본은 대만을 비롯한 부속 열도를 포기하기로 하였다. 이후 이 섬들은 1972년까지 미국이 관리해 오다가 1972년 5월 오키나와와 함께 이 섬들을 일본에 넘겨줬다. 이때 중국이 이의를 제기했고 중국과 대만은 영유권을 주장했다. 센카쿠 해역은 주요 해상로에 인접해 있고 풍부한 어족 자원이 있다. 또 유전이 있을 가능성도 크다.

일본은 19세기에 이 섬들을 탐사했는데 당시 어느 나라에도 속해 있지 않았으며, 또한 1970년대까지 중국이 이에 대해 이의를 제기하지 않았다고 일본은 주장한다. 그러나 중국과 대만은 옛 자료에 중국영토로 되어있었고 1945년 일본이 패망한 이후 일본제국이 점령했던 모든 영토를 반환했듯이 이 섬들도 반환해야 한다고 주장한다. 쟁점은 시모노세키 조약에서 센카쿠가 대만의 부속된 섬인지의 여부다.

이로 인한 분쟁이 2006년부터 시작되었다. 중국, 대만, 홍콩의 선박들이 인근 해역으로 진입했고 같은 해 홍콩에 본부를 둔 댜오위다이 수호대가 상륙을 시도하다 일본 경비정에 의해 제지당했다. 2008년 6월에는 대만의 수호대가 중국의 해안경비정의 보호아래 그 섬으로부터 740m까지 접근했다. 이런 와중에 2010년 4월 도쿄 도지사인 이시하라 신타로는 5개 섬 중에서 일본인 개인이 소유하고 있던 3개의 섬을 향후 매수할 계획이라고 워싱턴의 헤리티지 재단에서의 연설에서 언급했다. 이로 인해 이 지역에서의 긴장은 한층 고조되었다. 2012년 8월에는 중국 수호대가 수영으로 접근하자 일본 해상경비정이 그들을 이틀간 구금한 후 본국으로 송환했다.

센카쿠를 둘러싸고 긴장이 고조되자 일본 정부는 2012년 9월 이 섬들을 사들여 국유화해버렸고, 이로 인해 양국 간의 분쟁이 본격화되었다. 중국과 일본의 군사 충돌이 우려되는 상황이 되었다. 2012년 12월 중국 전투기가 해당 해역 상공으로 진입했고 일본은 8대의 F-15 전투기를 파견했다. 2013년 들어서도 이 지역을 둘러싼 중국과 일본의 긴장이 고조되었고 이후 계속되고 있다.[6]

중국은 2013년 11월 센카쿠 상공을 '방공식별구역'(ADIZ: Air Defense Identification Zone)으로 선포했는데 일본의 '방공식별구역'이 대거 포함된 대만-오키나와-규슈를 잇는 '제1 열도선'까지로 구역을 확장했다. '제1 열도선'은 중국이 미국을 방어하는 한편 태평양에 진출하는 교두보이다. 방공식별구역은 하늘의 방어선이라고 할 수 있는데 외국 항공기가 들어오려면 통제를 받아야 한다. 미국은 중국의 일방적인 선포 이후 B-52 전폭기를 그곳에 보냈고 인근 해역에서 항공모함 조지워싱턴함을 동원 일본 전함과 합동훈련을 실시했다. 이후 일본 항공자위대 F-15 전투기가 그 구역을 비행하여 중국공군기에 접근하기도 하였다. 즉 일본과 미국은 중국의 일방적인 선포를 받아들이지 않고 있다.

미국 정부는 센카쿠가 일본 영토인지 또는 중국 영토인지에 대하여 중립적인 입장이다. 다만, 미국과 일본의 상호방위조약에서는 해당 섬들이 조약의 대상이 된다고 미국은 밝혔다. 즉 이 문제로 일본이 중국 등의 나라로부터 공격을 받으면 미국은 자동 개입하게 된다. 2014년 4월 오바마 대통령의 일본 국빈방문 시 이를 재확인했고 이어 2015년 4월 아베 총리의 미국 방문에서 오바마 대통령이 이를 또다시 확인했다.

중국은 미국이 중국의 앞마당에서 긴장을 조성하고 있다고 비난한다. 중국은 미국의 지원이 예상되지 않았으면 일본 정부가 직접 나서 섬을 매수해 버리는 그런 과감한 조치를 취할 수 없었을 것이라고 생각한다. 중국은 이 문제와 관련해 미국이 중국과 일본 사이에 시한폭탄을 장치해 놓았다고 생각한다.

후일 중국과 미·일 분쟁의 발단이 될 수 있는 사안이 되었다.

4-4 남중국해 분쟁과 미·중 관계

다음은 남중국해 분쟁을 보자. 남중국해 분쟁은 시사군도(西沙群島, Paracel Islands)와 난사군도(南沙群島, Spratly Islands)에 대한 영유권 분쟁이다. 시사군도는 베트남 동쪽과 중국 하이난 섬 남쪽에 있는데 이 지역에 대한 분쟁 당사국은 중국과 베트남이다.

1974년 1월 중국과 당시 북베트남이 이 지역의 영유권 때문에 해상충돌이 있었다. 중국 해군이 북베트남 해군을 격퇴했는데 이후 지금까지 중국이 실효지배하고 있다. 중국의 실효지배에 대해 베트남은 자신들의 영유권을 주장하고 있다.

2014년 5월 중국이 시사군도 인근 해역에 석유시추선을 보내 석유를 시추하려다 베트남의 완강한 반대에 부딪혀 두 달 만인 7월에 철수했다.

한편 난사군도는 동쪽으로는 필리핀, 서쪽으로는 베트남 사이에 걸쳐있으며 필리핀, 베트남, 중국, 대만, 말레이시아 그리고 브루나이 등 6개국이 서로 영유권을 주장하고 있어 시사군도보다 분쟁의 강도가 높다. 이 지역은 해상교통의 요지이면서 원유와 가스의 매장량이 풍부한 것으로 알려졌다.

이 지역에 대한 분쟁의 역사는 비교적 오래되었다. 1974년과 1988년 중국과 베트남이 이 섬들의 영유권 문제로 무력 충돌하기도 하였다. 1995년에는 중국이 미스칩 암초(Mischief Reef)에 어민 대피시설을 설치하면서 필리핀과 긴장이 고조되었다. 2011년 3월에는 난사군도 주변

수익을 소사하는 필리핀 선박에 중국 군함이 접근하기도 했다.[7]

〈남중국해 분쟁지역[8]〉

필리핀은 2012년 4월 자국이 영유권을 주장하는 난사군도의 스카보로 암초(Scarborough Reef) 해역에서 조업하던 중국어선 여덟 척을 나포했다. 이에 대해 중국은 그 군함이 미국에서 퇴역한 후 필리핀에 인도된 함정이라는 사실에 대해 미국 측에 분노했다. 이후에도 이 지역에서의 긴장이 고조되자 중국은 필리핀으로 하여금 더욱 도발적으로 행동하도록 부추긴다고 미국을 비난했다.

2012년 4월 미국은 필리핀과 합동군사훈련을 했고 5월에는 수비크만에 미국의 유에스에스 노스캐롤라이나 잠수함이 정박했으며 6월에는 베니그노 아키노(Benigno Aquino) 대통령이 미국을 방문했다.[9]

중국은 난사군도의 암초 여러 군데에서 매립공사를 하고 군용 시설을 건설하고 있다. 2015년 5월 미군 초계기가 난사군도 상공을 정찰하는 중 중국 해군의 경고를 받기도 했다. 이 사건과 관련 2015년 4월 오바마 대통령은 미·일 정상회담에서 미국과 일본은 남중국해의 자유로운 항해, 국제법 준수 그리고 분쟁의 평화적 해결을 위해 노력할 것이라고 말했다. 2015년 10월에는 미국 군함이 난사군도 해역에 진입하여 중국과의 긴장이 고조되었다.

난사군도 해역은 일본과 한국의 원유수송로이고 수출화물 통로이기도 하다. 미국입장에서 군사적으로 요충로이기도 하다. 따라서 자유로운 항해 문제를 놓고 미국과 중국의 긴장은 높아질 가능성이 크다.

한편 베트남과 필리핀의 노력으로 남중국해 분쟁의 해결을 위해 아세안(ASEAN)이 나섰다. 중국도 미국이 개입하지 않는 한 아세안과 협의를 하고자 한다.

남중국해 분쟁은 어제오늘의 이야기가 아니다. 그런데 중국이 근년에 들어 물리적 조치까지 감수하는 이유는 바로 석유자원 확보다. 중국은 세계 최대의 에너지 소비국가가 되어 에너지 자원 확보를 위해 온갖 노력을 다하고 있다. 또한 중국의 일부 강경지도부는 미국을 지는 해로 간주하고 중국의 이익을 위해 미국과의 충돌도 불사한다는 단호한 입장을 취하고 있다.

중국의 강경태도로 베트남이 미국과 가까워지고 있다. 2011년 9월 미국과 베트남은 양해각서를 체결해 상호방위를 위한 협력을 하기로 하였다. 2013년 7월에는 베트남의 쯔엉떤상(Truong Tan Sang) 국가주석과 오바마 대통령은 경제, 과학, 군사 등 많은 분야에서 협력하기로 하였다.

중국과 베트남 관계가 악화될 경우 미국이 베트남에 무기를 공급할 가능성도 있다. 한편 필리핀은 미국과 상호방위조약을 체결한 나라다.

필리핀과 미국의 군사협력을 강화하고 미국의 순환배치 병력이 필리핀에 주둔하기로 합의했다.

미국은 센카쿠나 남중국해에서의 분쟁이 중국이 경제적·군사적으로 부상하면서 발생했다고 분석한다. 반면 중국은 남중국해의 분쟁에 미국이 끼어들어 베트남과 필리핀이 군사적으로 미국에 더욱 의존하게 만든다고 보고 있다. 중국은 미국을 향해 이 지역에서의 분쟁에 미국은 관여하지 말라고 경고한다. 그런데 미국은 중국과 직접적인 충돌을 피하면서 동맹국들에 대한 안보보장은 필요하다는 입장이다. 만일 미국이 남중국해 분쟁과 관련 베트남과 필리핀에서 손을 떼면 동북아 국가들 즉 일본, 한국 그리고 대만에 대한 안보 공약의 신뢰도에도 치명적인 상처를 준다. '아시아 중시' 정책에 정면 배치됨은 말할 나위도 없다.

중국이 거세게 나오면서 아시아 국가들은 중국의 패권주의를 경계한다. 따라서 아시아 국가들은 미국이 중국을 견제해 주기를 바란다. 그러나 두 나라 가운데 한나라를 선택하도록 강요받기를 바라지 않는다. 아시아 국가들의 경제가 중국경제와 밀접해졌기 때문이다. 이 지역에서 중국의 태도가 강경해지면 미국과의 마찰은 불가피하다.

4-5 중국의 맹방 미얀마가 미국과 손잡다

미얀마는 1949년 12월 중화인민공화국을 주권국가로 인정한 최초의 나라다. 그러나 중국의 문화혁명 시기에는 미얀마에서 반 중국 시위가 일어나 양국관계가 악화되기도 하였다. 그러나 중국은 미얀마의 군사 독재 체제를 계속 옹호해 두 나라의 깊은 우호관계는 계속 유지되었다.

1988년 미얀마에서 대규모 반정부 시위가 일어나 학생과 승려 그리고 주부들까지 가세하여 군부독재에 항거하였다.

중국도 1989년 천안문 사태 때 학생, 노동자, 시민들이 공산당 독재 체제에 반기를 들었으나 미얀마와 마찬가지로 군사력으로 진압했다. 이런 일련의 사태로 두 나라는 더욱 가까워졌고 군사적인 협력 체제도 이룩했다. 중국은 미얀마의 혹독한 군사정부 압제에 대한 유엔안보리 제재에 대하여 비토권을 행사했다.

1989년 이후 중국은 미얀마에 전투기, 장갑차, 해군 함정을 제공했고 육해공군의 훈련을 중국이 담당하기도 하였다. 대신 중국은 미얀마에 해군기지와 항구를 개발하였고 이를 통해 중국은 인도양으로 진출할 수 있었다. 중국은 미얀마의 주요 도로건설도 지원했고 수력발전과 석유가스 개발 프로젝트에 참여했다.

그런데 2009년 8월 미얀마 북부지역에서 미얀마 군과 미얀마에 거주하는 중국인 소수민족 간의 충돌이 있었다. 이로 인해 미얀마의 중국 소수민족 3만여 명이 이웃 지역인 중국의 윈난성으로 난민자격으로 도피했다. 이 사건으로 인해 미얀마와 중국과의 관계가 악화되기도 했었다.

미얀마 군사정부는 군사적 그리고 경제적으로 중국에 너무 의존하고 있다고 판단하고 이를 개선하려고 했다. 또한 미얀마 국민들도 과도한 중국 의존에 우려하기 시작하였고 반 중국 감정이 나타나기 시작했다.

여기에 미얀마 군사정부는 민주화 방향으로 전환하기 시작했다. 2011년 11월 말 당시 미국 국무장관 힐러리가 1955년 이래 국무장관으로서는 처음으로 미얀마를 방문했다. 2012년 1월에는 미국과 미얀마가 대사를 교환하기로 합의했다. 같은 해 7월에는 미국이 미얀마에 대한 제재를 풀어 미국 기업들도 미얀마에 투자할 수 있도록 하였다. 11월에는 미국의 오바마 대통령이 미얀마를 방문하였고 다음 해인 2013년 5월

세인 미얀마 대통령이 미국을 방문해 오바마 대통령과 회담을 가졌다. 중국 입장에서는 중국 남부지역의 맹방인 미얀마가 이제 중국에서 벗어나 미국을 비롯한 서방 쪽으로 기우는 것이 외교적으로 큰 손실이다.

미국 입장에서 미얀마는 아주 중요하다. 우선 지정학적으로 미얀마는 중국 아래에 있고 떠오르는 대국인 인도와 중국 사이에 있다. 미얀마와 중국이 밀월관계에 있을 때 지역 균형의 중심축이 중국에 있었다. 그러나 미얀마가 중국과 일정 거리를 두면서 그 지역이 균형을 찾아가고 있다. 또한 미국의 '아시아 중시' 전략 이후 아세안(ASEAN)과의 협력을 강화하고 있는데 회원국 어느 나라와도 적대관계에 있으면 커다란 장애가 된다.

미국은 미얀마와의 관계개선 이전에 정치적 및 경제적 제재를 가했었다. 그러던 미국이 미얀마와 관계 정상화를 꾀한 것은 미국의 '아시아 중시' 정책의 일환으로 중국은 판단하고 있다. 즉 미국의 중국 봉쇄 정책의 일환으로 중국과 미얀마 상호 간의 기존 우호 관계를 크게 훼손하고 있다고 중국은 인식한다.[10]

그런데 2015년 11월 미얀마 총선에서 앙 상 수키 여사가 압승을 거둠에 따라 전문가들은 미국과의 관계가 더 가까워지리라 예상한다.

4-6 대만과 티베트

대만과 티베트 문제와 관련 미국과 중국의 갈등은 현재로써는 그리 심각하지 않으나 미·중 관계의 한 부분이라는 점을 고려하여 여기에서 언급한다.

중국 최대의 역점사업은 대만과의 통일이다. 이와 관련 중국은 오래 전부터 '하나의 중국'(One China)을 천명해 왔다. 그런데 미국 입장에서는 경제적 측면뿐 아니라 남태평양에서 대만의 위치를 고려하면 군사적으로도 아주 중요하다. 1995년에서 1996년 대만해협에서 중국과 대만 사이에 긴장이 최고조로 올랐을 때 클린턴 대통령은 대만을 지원하기 위해 항공모함 2척을 대만 해협에 파견한 일이 있었다.

2008년 5월 마잉주(馬英九)가 대통령으로 당선된 후 취임식에서 '3불(Three Noes) 정책'을 선언했다. 즉 통일 불가(No Unification), 독립국가 불가(No Independence) 그리고 군사력 사용 불가(No Use of Force)다. 특히 독립국가 선언을 하지 않겠다는 선언은 중국 입장에서 열렬히 환영할 일이었다. 이로 인해 중국과의 경제협력이 강화되었고 양국 간의 긴장이 완화되었다. 지금 다른 아시아 국가들과 마찬가지로 중국은 대만의 최대 무역파트너가 되었다.

대만 문제와 관련 미국이 대만에 무기를 판매함으로써 미국과 중국의 갈등이 컸었다. 2004년에서 2007년까지 4년 동안 대만은 미국으로부터 43억 달러의 군사 장비를 도입했다. 그런데 2008년에서 2011년까지는 29억 달러로 감소하였고 2011년에는 8억 달러에 그쳤다. 그러나 2012년 7월 미국은 2021년까지 37억 달러의 군사장비(전투기 포함)를 대만에 제공하기로 합의했다. 이에 대해 중국은 미국에 대해 비난을 퍼부었다.[11]

그런데 2010년 이후 대만의 국방비는 계속 감소추세에 있다. 2010년에서 2014년까지 2012년에 예외적으로 소폭 증가한 것 이외에는 국방비가 줄어들었다. 2014년에는 미국이 권장하는 GDP의 3%에도 못 미치는 2%였다.

미국은 공식적으로 중국과 대만의 통합을 지지한다고 천명했다. 다만 그 방법으로 중국의 무력 사용을 반대했다. 대만과 중국과의 경제

석 협력과 인석교류가 승가하면서 미국이 대만 문제에 대해 개입할 여지가 지금으로써는 별로 없다. 다만 대만인들의 71%가 중국과의 통합을 반대하고 있다.[12]

반면 시진핑은 "중국과 대만의 정치적 갈등을 다음 세대로 넘기지 말아야 한다. 대만도 홍콩처럼 1국 2체제를 시스템으로 가야 한다."라고 천명했다. 중국이 대만 통합문제를 서두르지 않는다면 미국과 중국이 대만 문제로 부딪칠 가능성은 낮다.

● 미국 대통령 달라이라마 만난다

티베트는 청나라가 망하면서 1912년 독립하였다. 이후 자치정부였으나 1959년 중국 공산정권이 군대를 보내 병합하였다. 티베트가 역사적으로 중국의 일부인지 여부는 논란이 많다. 몽골의 지배를 받던 원나라 시대에는 티베트가 중국 일부가 아니었다는 주장도 있다. 티베트는 언어, 종교 그리고 문화 측면에서 독자적이며 단일 민족이다.

미국은 세계 2차 대전과 한국전쟁에 몰두하느라 한동안 티베트에 대하여 신경 쓸 여유가 없었다. 세계 2차 대전 중 미국은 장제스 정부를 지원하여 중국 본토에서 일본을 몰아내려고 하였다. 1946년 장제스 정부는 티베트가 중국 일부라고 선언했다. 이후 1978년 미국은 중국과의 관계개선을 위해 티베트는 중국 일부라고 인정했다.

한편 티베트인들의 독립을 위한 저항은 계속되었다. 2008년 사상 최대 규모의 시위가 발생했다. 처음에는 수도인 라사에서 시작했으나 과거에 잠잠했던 동부 내륙지방으로 확산되었다. 이 지역에서 2009년 2월에서 2012년 7월까지 44명이 중국에 항거하여 스스로 목숨을 끊었다. 그리고 2012년 5월에는 두 사람의 티베트인이 분신자살하였는데 중국 당국은 수백 명의 시위대를 억류시키고 외국인의 티베트 관광을 금지했다.

중국은 티베트의 정신적인 지주이자 정치적 리더인 달라이라마가 고령인 점에서 그가 죽으면 새로운 지도자를 내세우려 하고 있다. 이에 대해 달라이라마는 중국이 내세운 사람은 티베트의 대표가 될 수 없다고 공개적으로 강조했다.

현재 티베트 망명정부는 인도 영토인 다람살라(Dharamsala)에 있다. 2010년에 동남아, 유럽, 북미에서 거주하는 티베트인들이 전 하버드 법과대학 연구원으로 있던 롭상 상가이(Lobsang Sangay)를 임기 5년의 수상으로 선출했었다. 달라이라마는 2011년 3월 그의 정치적인 권한을 망명정부에 넘겼다.

미 행정부는 티베트가 중국의 일부라고 선언했기 때문에 중국과 티베트 사이에 끼어들 여지는 없다. 그러나 티베트인들의 인권과 자유와 관련하여 개입하고 있다.

2002년 미국의회는 티베트의 고유한 종교와 문화유산이 훼손되지 말아야 한다는 결의안을 채택했다. 그리고 조지 H.W. 부시 대통령 이래 미국 대통령들은 임기 중 달라이라마를 면담한다. 클린턴이 그랬고 아들 부시 대통령 그리고 오바마 대통령도 그를 백악관에서 만났다. 이때마다 중국은 미국에 대하여 비난성명을 냈다. 한편 1988년에 '티베트를 위한 국제운동'(International Campaign for Tibet)이 미국 워싱턴에서 설립되었다. 이 기관은 독립을 쟁취하기 위한 단체는 아니나 티베트인의 인권과 자유를 촉진할 것을 목적으로 하고 있다. 그리고 이 단체는 미국 의회와 국무부의 지원을 받는다.

한편 중국은 티베트에 대한 외국의 간섭에 대하여 극도로 예민하다. 미국은 티베트에 대하여 직접적인 개입은 자제하고 있으나 인권 문제 등으로 간접적으로 개입하고 있다.[13]

4-7 아시아인프라투자은행(AIIB)

역사가들은 2015년 3월을 중국이 미국을 제치고 부상한 중대한 사건이 일어난 달로 기록할 것이다. 세계 2차 대전 이후 미국이 주도한 국제금융기관인 세계은행(World Bank)과 아시아개발은행(ADB)에 대항하여 중국이 주도하는 아시아인프라투자은행(AIIB: Asia Infrastructure Investment Bank)이 글로벌 경제지배에 한 걸음 나아가게 되었다.

미국의회는 세계은행과 IMF에서 중국의 의결권을 높이는 안을 2010년 부결했다. 중국의 지분율은 세계은행 5.17% 그리고 IMF가 3.81%에 불과하다. 또한 중국이 세계 2위 경제 대국이며 아시아 최대 경제 대국인데 아시아개발은행에서 일본의 지분율은 중국의 2배이고 총재는 일본 사람이 된다. 중국의 ADB 지분율은 6.47%다.

중국은 이에 반발하여 2015년 3월 아시아 인프라투자에 자금을 지원하는 금융기관인 아시아인프라투자은행을 중국 주도로 설립하기 위해 창립회원 국가를 타진했다. 은행의 설립자본금은 500억 달러로 세계은행 2,230억 달러 그리고 아시아개발은행의 1,600억 달러보다 작으나 500억 달러가 설립 자본금임에 따라 향후 늘어나게 될 것이다.

미국은 중국 주도의 국제금융은행 운영의 투명성에 문제를 거론하며 동맹국들에 참여하지 말 것을 간접적으로 종용했다. 미국이 주도하는 세계은행과 IMF에 큰 도전이 될 것이기 때문이다. 그런데 영국이 갑자기 참여를 발표했다. 미국은 영국의 창립회원국으로서의 참여에 놀랐는데 영국은 발표 전 미국과 사전 협의를 했다고 주장했다. 영국이 나서자 독일, 프랑스, 이탈리아가 바로 참가 선언을 했고 이어 룩셈부르크와 스위스가 참여를 선언했다. 미국 눈치를 보던 한국도 이들 나라의 뒤를 이어 참여를 발표했다.

2014년 중국은 영국에 100억 파운드를 투자했는데 중국의 국가별 투자로는 가장 큰 규모였다. 중국은 영국 최대의 상하수 처리 회사인 '테임즈 워터'(Thames Water)에 10% 지분 그리고 히드로공항 소유회사의 지분도 10% 가지고 있다.

영국 총리인 데이비드 캐머런(David Cameron)은 2013년 12월 중국의 해외투자를 겨냥해 "영국만큼 중국이 투자하기에 적합한 나라가 없다"고 강조하기도 했다. 독일, 프랑스를 포함한 유럽 국가들은 중국의 투자를 끌어들이려고 온갖 노력을 다하고 있다.

결국 중국은 아시아인프라투자은행을 통해 서방세계를 분리하는 데 성공한 셈이다.[14]

4-8 미국은 중국에 빚이 많다

미국인들은 자신들이 버는 것에 비해 더 많이 쓴다. 이로 인해 미국은 정부 재정도 그렇고 무역에서도 만성적인 적자를 기록한다. 미국과 중국의 무역관계를 보면 중국에서 미국으로 상품이 가고 그 대가로 미국에서 중국으로 달러가 흘러들어 간다.

중국이 무역으로 쌓인 달러로 미국 정부가 발행한 국채를 사면서 미국 달러가 다시 미국으로 들어간다. 다르게 말하면 상품시장에서 달러가 중국으로 나갔다가 금융시장을 통해 달러를 다시 가져온다. 물론 미국은 중국에 이자를 지급한다.

IMF에 따르면 미국정부의 채무는 2014년 말 기준 18.2조 달러에 이른다. 이 중 외국인이 6조1천억 달러를 보유하고 있는데 중국이 1조2천5백억 달러를 가지고 있어 최대 보유국이다. 참고로 일본이 중국과 비

숫한 1조2천4백억 달러를 보유하고 있다.[13]

2012년 민주당 오바마와 공화당 미트 롬니(Mitt Romney)의 대선전에서 롬니가 중국의 미국 국채 보유문제를 이슈화했다. 그는 중국이 가지고 있는 미국 국채를 금융폭탄(Financial Weapon)에 비유했다. 미국이 대만과의 우호정책 일환으로 대만에 무기를 계속 판매하면 중국이 금융폭탄을 사용할 수도 있지 않겠느냐는 우려를 표명했다.

금융폭탄을 사용한다는 말은 중국이 금융시장에서 미국 국채를 한꺼번에 매도한다는 것이다. 그러면 미국 국채가격이 폭락하고 미국 금리가 올라가게 된다. 금융시장에 대혼란이 온다. 중국이 한꺼번에 매도하지 않고 상당량의 국채를 매도할 것이라는 소문만 시장에 돌아도 미국 국채가격은 폭락하게 된다.

금융폭탄 문제는 오랜 기간 미국 정계에서 우려하는 이슈 가운데 하나였다. 2012년 당시 미국 국방장관이었던 리온 파네타(Leon Panetta)는 의회에 보낸 보고서에서 "만일 중국이 미국 국채를 대규모로 내다 팔면 미국보다 중국이 더 큰 손실을 입을 것이다"라고 밝혔다.

이는 중국의 매도로 국채가격이 하락하면 중국은 가격이 하락하는 와중에 채권을 계속 매도하면서 매매손실이 생길 뿐만 아니라 팔지 않고 가지고 있는 채권에서도 평가손실을 보게 된다는 것이다. 전문가들은 중국이 정치적 목적을 달성하기 위해 채권 손실, 즉 경제적 손실을 감수할 경우 이를 감행할 수도 있다고 판단한다. 핵심은 중국이 팔 때 다른 투자자들의 태도 여부다. 만일 그들도 매도에 가담하면 미국 채권시장은 패닉상태에 빠지게 된다. 이런 상황에서는 금융폭탄이 될 수 있다.

● 영국 국채 매각 위협으로 미국이 영국을 굴복시켰다

역사적으로 유사한 사례가 있었다.

1956년 7월 26일 이집트의 가말 압델 나세르(Gamal Abdel Nasser) 대통령은 영·불 합작기업이 운영하던 수에즈 운하를 국유화했다. 이를 계기로 이스라엘이 이집트를 침공했고(2차 중동전쟁) 이어 영국과 프랑스가 가담했다. 그러나 미국을 비롯한 국제사회가 이집트 침공을 반대했고 유엔총회는 즉각적인 철군을 결의했다. 미국은 당시 소련의 중동 진출을 적극적으로 저지하고 있었다. 결국, 1956년 12월 23일 영·불 연합군은 그들이 점령하고 있었던 운하의 관문인 포트사이드(Port Said)에서 철군했다.

미국의 아이젠하워 정부는 영국이 유엔결의에 따른 즉각적인 철수를 하지 않으면 미국이 보유하고 있는 영국 국채를 시장에서 매도하겠다고 위협했다. 당시 영국 파운드 대 미국 달러는 1파운드 대 2.80달러로 고정되어 있었다. 그런데 수에즈 운하가 국유화로 폐쇄되면서 영국의 석유수입 비용이 크게 증가할 것으로 예상하였다. 수에즈 운하가 막히면 영국은 중동산 원유 유조선이 남아공을 돌아와야 한다.

여기에 당시 영국 중앙은행은 미국 달러 보유 잔액이 20억 달러로 당시 기준으로 아주 적은 규모였다. 만일 미국 정부가 영국 국채를 시장에서 매도하면 국채 가격이 폭락하고 영국 파운드의 대 미국 달러 환율이 크게 하락하게 된다. 즉 1파운드에 2.8달러에서 2.0달러 또는 그이하로 갈 수 있었다(주: 모든 통화의 국제 환율은 미국 달러를 기준으로 하나 파운드와 달러는 파운드를 기준으로 한다).

이런 상황에 편승해 금융시장의 투기세력이 가담할 조짐을 보였다. 영국 재무부는 보유하고 있던 달러로 파운드를 계속 매수하여 2.80달러 수준을 유지하려고 안간힘을 썼다. 만일 2.80달러가 깨져 2.0달러 또는 그 이하로 산다면 당시 긴축통화 억압을 했던 파운드의 신뢰도가 크게 떨어지고, 또한 영국은 유가 상승과 환율하락으로 극심한 인플레가 예상되었다.

1956년 12월 3일 영국내각은 유엔결의를 조건 없이 받아들이기로 결의했고 그해 12월 23일 철군했다. 영국은 철군 이후에 미국의 협조로 IMF에서 금융지원을 받아 파운드 위기를 모면할 수 있었다. 이로 인해 강대국인 대영제국의 힘은 급격하게 쇠퇴했다.[16]

● 구매력평가 GDP 중국이 미국을 앞섰다

한 나라의 국력은 경제력이다. IMF 데이터에 의하면 2014년 기준 미국의 GDP(국민총생산)는 17.4조 달러이고 중국은 10.3조 달러다. 중국이 미국의 59.2%다. 그런데 2019년에는 미국이 22.1조 달러, 중국이 15.5조 달러로 70%가 된다. 일부 전문가들은 2025년, 즉 10년 후에는 중국이 미국을 따라잡을 것이라고 예상한다.[17]

그런데 구매력평가(Purchasing Power Parity) GDP가 있다. 이는 그 나라의 물가수준을 고려한 국민총생산을 기준으로 하는데 이미 2014년에 중국이 미국을 앞질렀다.

2014년 7월 기준 미국에서 빅맥 가격 평균은 4.80달러였는데 중국에서는 17위안(2.73달러: 당시 달러당 6.2위안)이었다. 미국에서 빅맥 하나 살 돈으로 중국에서는 1.76개(4.8/2.73)를 살 수 있다. GDP를 계산할 때 빅맥 소비와 관련 미국에서는 4.80달러로, 중국에서는 2.73달러로 계산된다. 그러나 구매력평가 GDP를 계산할 때는 국제적 평균 빅맥가격(중국 가격보다 높다)을 기준으로 하기 때문에 중국에서의 빅맥은 2.73달러보다 높은 가격으로 계산된다. 따라서 중국의 구매력평가기준 GDP는 높아진다.

IMF는 구매력평가 기준으로 2014년 중국의 GDP는 17.6조 달러, 미국은 17.4조 달러로 추정하여 중국이 미국을 능가했다고 발표했다.[18] 이는 물가수준을 고려할 경우 중국의 경제력이 미국보다 크다는 의미다.

한 나라의 경제력을 평가할 때 나랏빚도 기준 중의 하나가 된다. 2015년 2월 12일 기준 미국의 국가부채가 GDP에서 차지하는 비중이 87.6%인데 비해 중국은 17.2%에 불과하다. 중국의 나랏빚이 그만큼 적다는 것이다.[19]

· 5장 ·

한반도 비핵화의 유일한 길은 통일

북한이 4차 핵실험을 하고 나면 중국은 북한을 어떻게 해야 할지 상당히 곤혹스러운 처지에 처한다. 이는 미국도 마찬가지다. 핵무기를 보유하고 있는 미국 외 안보리 4개국과 인도, 파키스탄, 이스라엘 모두 미국을 당장 위협하지 않는다. 그러나 북한 핵무기는 현실적으로 미국과 동맹국에 위협적이다.

이런 상황에서 4장에서 언급한 바와 같이 미국과 중국은 아시아 패권을 두고 치열한 싸움을 벌이고 있다. 중국은 미국이 북한 핵을 빌미로 동북아에서 군사력을 강화하고 있다고 생각한다. 미국은 중국의 협력이 필수적이다.

북한의 핵위협으로 미국과 중국의 패권싸움이 동북아에서 심화될까? 아니면 미국과 중국이 타협할까?

5-1 북한의 4차 핵실험 이후 중국의 딜레마

북한의 4차 핵실험으로 중국에 가장 충격적인 사실은 북한이 이제 중국말을 듣지 않는다는 점이다. 즉 중국의 북한에 대한 영향력이 크게 떨어진다는 것이다. 그러나 중국은 북한의 4차 핵실험으로 인한 부정적 파급효과와 영향력 감소에도 불구하고 북한을 그대로 껴안을 수밖에 없다.

북한체제의 붕괴는 미국 영향권역에 있는 한국과의 통일을 의미한다. 중국은 미국과의 완충지역을 상실할 뿐 아니라 60여 년 전 전쟁으로 수많은 중국 인민군들의 희생한 보람을 한순간에 잃어버리게 된다. 무엇보다 아시아에서 중국이 미국과 패권경쟁을 하는 상황에서 북한마저 미국에 넘겨준다면(한반도 통일) 중국은 새장에 갇힌 새와 같은 신세가 되어 아마 시진핑도 그 자리에 오래 있지 못하게 될 것이다.

이것이 북한이 4차 핵실험을 하더라도 중국 입장에서는 북한이 거기에 그대로 있어야 하는 '현상유지'(Status Duo) 정책을 선택할 수밖에 없는 이유다. 따라서 중국은 북한의 4차 핵실험에도 불구하고 북한체제가 붕괴될 수 있는 미국과 유엔 제재에 실질적으로는 동참하지 않을 것이다. 3차 핵실험 후 북·중의 정치적 관계는 악화되었으나 경제적 측면에서 무역은 오히려 늘어났다. 2012년 북한의 총무역 규모 대비 중국 비중이 88.3%이었으나 2013년에는 89.1%로 오히려 증가했다.[1]

북한 주민들은 중국과의 무역이 늘어나고 장마당이 활성화되어 체감경제는 나아졌다. 또한 북한에 대한 제재 중 가장 위협적인 송유관 밸브를 본격적으로 잠그지 않았다. 이는 중국이 북한을 궁지에 몰아넣지 않는다는 의미로 해석된다.

● 4차 핵실험으로 중국이 감수해야 하는 불이익이 너무 크다

그러나 중국이 북한을 계속 붙들고 있다고 하더라도 정치·군사적인 실리는 크지 않다. 미국, 일본, 한국이 미사일 방어체제를 강화해 중국이 핵심적으로 키운 미사일 전력이 크게 약화되는 등 부정적인 효과가 크다. 북한이 4차 핵실험을 성공적으로 마치면 미국의 수도 워싱턴이 북한 핵의 사정거리 안에 있게 된다. 미국은 북한 핵을 막을 미사일 방어체제를 한 단계 격상시킬 것이다.

2015년 상반기 한국과 중국 사이에서 논란이 되었던 사드(Thaad)가 주한미군에 배치된다. 사드가 배치되면 미국, 일본, 한국이 같은 미사일 방어체계를 갖게 된다. 이런 이유로 중국의 주요 인사들은 한국이 사드를 배치하면 한·중 관계에 매우 나쁜 영향을 줄 것이라고 위협했다.

사드(THAAD: Terminal High Altitude Area Defense)는 40~150km의 고고도 미사일 방어체계다. 한국은 고도 15km 이하의 저고도 한국형 미사일 방어체계(KAMD: Korea Air Missile Defense)를 준비하고 있다. 한국은 북한에서 날아오는 낮은 고도의 미사일을 방어하겠다는 것이다. 그러나 북한은 고고도를 비행하도록 미사일 궤도를 수정할 능력이 있다. 2014년 한 해 동안 동해안에서 아홉 번 노동미사일과 스커드 미사일을 시험 발사했는데 최대 고도는 130~150km, 실비거리는 250~650km였다.[2]

만일 북한이 핵탄두를 소형화(경량화)에 성공하여 핵탄두를 노동미사일이나 스커드미사일에 장착하면 한국의 저고도 미사일 방어체계는 무용지물이 된다. 그런데 사드의 AN/TPY-2 레이더는 중국 베이징뿐만 아니라 내륙지역에서 발사되는 미사일도 탐지할 수 있는 것으로 알려졌다.

이로 인해 중국은 한국의 사드 배치를 강력하게 반대한다. 중국은 한국이 사드를 배치하면 중국의 공격목표가 될 수도 있다고 위협한다. 중국은 미국의 주한미군 사드 배치는 중국 미사일을 겨냥한다고 주장한다. 미국이 알래스카에서 타이완까지 중국 미사일 방어체계를 확립하려고 한다고 판단하고 향후 미국과 인도의 미사일 방어체계 협력에 촉각을 곤두세우고 있다.[3]

● 핵보유 북한이 미국에 붙으면 중국에는 재앙

한편 북한이 완전한 핵무기 체계를 갖춤에 따라 중국에도 위협이 될 수 있다. 평양에서 북경까지 거리는 800km 정도밖에 되지 않으며 상황에 따라서는 중국도 이를 방어하기 위한 방어 미사일 체계를 갖춰야 한다.

중국의 맹방이었던 미얀마도 미국과 손잡았는데 핵을 가진 북한이 미국과의 관계를 개선하여 가까워진다면 중국으로서는 재앙이다.

북한경제가 중국에 종속되어 중국과의 관계에서 북한은 미얀마가 될 수 없다고 생각할 수도 있다. 그러나 북한경제가 중국에 구조적으로 의존하고 있는 것은 아니다. 북한이 중국에 의존하고 있는 유류, 식량 그리고 소비재는 돈만 있으면 다른 나라에서 살 수 있다. 아니면 미국 및 한국과 관계가 개선되어 원조를 받을 수도 있다. 이렇게 되면 북한경제의 중국 의존도는 크게 낮아지면서 북한은 중국에 할 말을 하게 된다. 이럴 경우 중국 입장에서 핵무기를 가진 북한은 골칫거리가 된다. 중국 지도부가 이런 사실을 간과하지 않을 것이다.

● 한국과 일본에 미국 전술핵무기 배치

중국에 가장 심각한 문제는 일본과 한국이 중국의 코앞에 핵무기를 배치하려고 한다는 점이다. 한국과 일본은 북한의 핵위협을 실질적으로 느낌에 따라 이 위협을 제거할 조치를 강구할 것이다.

한국의 경우를 보자. 한국 땅에 핵무기를 배치하는 것과 한반도 인근 지역에 핵미사일을 탑재한 미국 잠수함이 순항하면 북한 핵 방어 측면에서 큰 차이가 없을 수 있다. 그러나 중요한 점은 남한 땅에서 핵미사일이 북한을 겨누고 있으면 핵 공격을 받았을 때 즉시 보복할 가능성이 잠수함의 경우보다 높다. 왜냐하면 잠수함에 의한 핵우산의 경우 북한이 시작한 핵전쟁에 미국이 끼어들지 않을 가능성도 있기 때문이다.

북한 역시 남한 땅에 핵미사일이 배치되어 있으면 핵보복 가능성이 높아 섣부른 공격을 자제하게 될 것이다. 주한미군이 남한 땅에 주둔하여 유사시 대응하는 것과 주일미군 또는 괌의 미군이 유사시 북한에 대응할 경우의 효과와 비교될 수 있다.

한국의 경우 1958년부터 미군의 전술핵무기가 배치되기 시작하여 한때 탄두 수가 950개에 달했다. 그러나 조지 부시 대통령 시절 나토를 제외한 해외 전술핵무기 전체를 철수하면서 한국에서도 철수했다. 한국이 나토와는 다르게 제외 대상에서 탈락한 것은 북한과의 비핵화 협상 때문이었다. 한국의 전술핵은 33년간 배치되어 있다가 1991년 12월에 철수했다.[4]

한국과 일본에 배치하는 핵무기는 단거리용으로 비행기에서 투하하는 전술핵무기일 수도 있고 경우에 따라 핵탄두미사일인 전략핵무기일 수도 있다. 북한 핵위협에 가장 효율적으로 대처하는 방법을 택하게 될 것이다.

한국과 일본에 핵무기를 배치하는 문제와 관련 국내외에서 논란이 있을 수 있다. 일본 국내에서는 아직 핵무기 배치에 대하여 국민들이 반대하고 있으나 북한의 실질적 위협에 국민정서가 변할 것이다. 한국의 경우 사드(Thaad) 배치의 경우에서 보았듯이 논란이 있겠으나 북한의 핵위협에 결국 배치하는 방향으로 결론이 날 것이다. 한편 한국에 핵무기를 배치하면 북한의 핵무기 보유를 정당화시키게 되어 북한 핵 해결을 위한 협상은 끝나버리게 된다.

그러나 이 경우도 일정 기간을 정해 그 기간 안에 북한의 핵무기를 폐기하지 않으면 한국도 핵무기를 배치한다는 조건을 내세울 수 있다.

그러면 미국은 어떤 반응을 보일까? 미국은 '아시아 중시' 정책에 따라 중국을 봉쇄한다는 측면에서 한국과 일본에 자신의 핵무기를 배치하는 것에 반대하지 않을 것이다. 특히 미국은 중국이 북한 핵문제 해결에 적극적이지 않았던 점을 감안할 것이다. 일본과 한국에 핵무기를 배치하면 중국이 북한 핵 해결에 적극적으로 나설 가능성도 미국은 염두에 둘 것이다.

중국은 어떤 태도를 취할 것인가? 일본과 한국에 핵무기가 배치되면 중국의 대미 대일 핵전력 균형에 큰 구멍이 생긴다. 무엇보다 중국의 코 앞에 적의 핵무기가 배치된다는 점에서 치명적이다.

● 일본이 자체 핵무기 보유를 추구할 수 있다

원래 핵무기의 유용성은 주변국에 비해 재래식 군사력이 열등한 경우에 있다. 군사력이 떨어지는 나라가 핵무기를 보유함으로써 국가안보를 보완하는 것이다.

중국의 급증하는 군사비를 고려하면 가까운 장래에 중국의 재래식 군사력이 일본을 능가하게 된다. IMF 추정에 의하면 일본과 중국의 국내총생산(GDP)은 2014년 일본이 4조7천억 달러, 중국은 10조3천억 달러이며 5년 후인 2019년에는 일본이 5조4천억 달러, 중국은 15조5천억 달러로 약 세 배가 된다.

이 경우 일본이 핵무기를 가짐으로써 자국의 안보를 보장받을 수 있다. 그런데 북한이 핵무기를 실전 배치함으로써 일본은 이를 계기로 핵무기 보유를 위해 한 단계 나아가려고 최대한 노력할 것이다. 즉 일본은 중국의 위협으로 핵무기를 가져야 하는데 북한이 계기를 만들어 주는 역할을 하게 된다. 중국 입장에서 아시아 패권 추구에 심각한 악재가 된다.

끝으로 중국이 미국에 내밀 북한카드의 약발이 떨어진다는 것이다. 미국의 '아시아 중시' 정책과 중국의 '신형대국관계'가 충돌하여 중국은 아시아 곳곳에서 미국과 부딪치는데 북한카드는 미국의 양보를 받아낼 중요 수단이다.

사실 북한이 핵무장을 할 수 있게 된 이면에는 중국의 방임적인 태도가 큰 역할을 했다고 할 수 있는데 중국이 이를 통해 미국에 대하여 북한카드의 유용성을 증대시키고자 하는 의도가 있었다. 그런데 4차 핵실험 종료 후 북한이 핵무기를 실전 배치하면 미국이 중국의 협조를 얻어야 할 일이 별로 없게 된다. 이는 중국의 북한에 대한 영향력이 떨어지기 때문이다.

5-2 미국만의 대북제재 실효성 떨어진다

2012년 12월 북한의 미사일 발사와 2013년 3월 핵실험 이후 과거와 마찬가지로 「유엔 제재조치 2094」가 나왔다. 이때는 중국도 찬성함으로써 만장일치로 채택됐다.

「유엔 제재조치 2094」는 미사일과 핵무기 개발에 필요한 물품의 수출입 금지와 이들 물품을 실었다고 판단되는 선박에 대하여 화물을 의

무적으로 검사하며 핵과 미사일 개발에 관련되는 현금 등 금융서비스 금지를 골자로 하고 있는데 이 중 금융제재가 핵심이다. 그러면 금융제재의 실효성은 어떤가? 실효성 면에서 유엔이 북한에 가한 제재조치보다 더욱 광범위하고 강력했던 미국 단독의 제재조치가 있었다.

2003년 부시 행정부는 북한의 마약거래, 달러위조지폐 발행, 자금세탁으로 인한 자금 흐름을 보기 시작했다. 이후 2005년 9월 마카오에 소재한 '방코델타아시아은행'(BDA)이 북한의 불법자금 세탁 창구 역할을 한다고 발표했다. 이 은행은 1930년대에 설립되어 마카오에 9개 지점이 있는 가족단위의 작은 은행이었으며 3만여 명의 고객과 예금 총액이 3억8천9백만 달러에 불과했다. 미국 정부가 발표한 다음 날 예금자들이 놀라서 은행에 몰려와 4천만 달러를 인출하는 사태가 벌어졌다.

고객의 예금 인출사태에 놀란 마카오 금융당국은 이 은행을 조사한 결과 북한 명의의 계좌 40개를 찾아냈다. 이 중에서 20개가 북한 국영은행 명의의 계좌이고 11개가 무역회사 그리고 9개가 개인 명의의 계좌였다. 그리고 이 계좌에 있었던 2천5백만 달러를 동결했다. 며칠 후 중국은행[중국은행(Bank of China)은 민간은행이고 중국인민은행(People's Bank of China)이 중국 중앙은행이다]도 마카오에 있는 지점의 북한 계좌를 찾아내 동결했다. 베트남과 몽골은 북한과의 금융거래를 제한하기 시작했다.

2006년 2월 몽골 정보당국은 북한 대동은행이 현금 1백만 달러와 2천만 엔의 현금꾸러미를 울란바토르에 있는 한 은행에 예금하려는 것을 적발했다. 정보당국은 대동은행이 컴퓨터로 송금할 수 없어 현금다발로 입금하려 했다는 사실을 확인했다. 베트남과 몽골은 북한 계좌를 폐쇄했다.

북한은 이에 반발하여 2006년 7월 미사일 발사 실험과 10월 1차 핵실험을 했다. 이후 2007년 3월 6자회담이 재개되었고 6월에 2천5백만 달러를 해제했다. 2008년 11월 북한은 영변 원자로의 냉각탑을 제거했고 미국은 북한을 테러지원국에서 제외했다.[5]

BDA 사건에서 볼 수 있듯이 미국으로부터 불법금융기관으로 지정된 은행은 업무에 막대한 지장을 초래한다. 각국의 은행은 국제네트워크에서 미국은행과 연결되어 있다. 따라서 베트남과 몽골은행이 그랬던 것처럼 북한과 거래를 하지 않거나 하더라도 제재의 내용으로부터 안전한 거래만 한다. BDA 관련해서는 북한의 무기 관련 거래뿐 아니라 북한과 거래한 세계 모든 은행을 대상으로 했다.

그런데 2006년 이후 북한과 중국, 한국, 인도, EU 등과의 무역이 크게 늘었다. 모든 무역은 은행을 통한 신용장 개설로 이루어지는데 자금흐름을 통제하고 있는 상황에서 어떻게 무역이 늘어날 수 있었을까?

북한은 BDA 사건 이후 철저히 준비했다. 우선 자금을 가능한 많은 은행에 소액 계좌로 분산 예치하고 중국의 경우 규제가 덜 한 지방은행은 이용하는 것으로 추정하고 있다. 또한 가능하다면 현금거래를 하고 현금이 수반되지 않는 물물교환 방식으로도 거래한다. 그리고 무슬림 인구가 많은 말레이시아, 인도네시아, 레바논 등에서 무슬림 방식의 거래, 즉 기록이 남지 않는 거래를 한다. 따라서 「유엔 제재조치 2094」와 같은 금융제재는 이제 북한에 충격을 줄 수 있는 제재가 될 수 없다.[6]

5-3 미국과 중국의 신뢰회복이 관건이다

미국은 북한의 4차 핵실험으로 본토가 북한 핵미사일의 사정거리에 들어오면 대외 문제에서 북한 핵이 최우선 과제가 된다. 북한 핵문제를 해결하기 위한 6자회담은 2007년 9월 이후 개최되지 않았다. 미국은 북한이 핵 폐기를 위한 어떤 조치가 선행되어야 회담을 계속한다는 입장이다. 오바마 행정부의 '전략적 인내'(Strategic Patience), 즉 북한의 진정성 있는 조치가 없으면 협상은 없다는 것인데 이 정책은 비판을 받아왔다. 왜냐하면 인내하고 있는 동안 북한이 미사일과 핵무기 체계를 고도화했기 때문이다.

그런데 미국이 이란 핵문제를 우선시함으로써 북한 핵문제가 다소 소홀히 다루어졌다는 이야기도 있다. 이란 핵문제는 북한 핵문제보다 미국 입장에서 더 민감했다.

이란이 핵무장하면 사우디아라비아도 핵무장을 하겠다고 공언하고 있었고 이스라엘이 가만히 있지 않을 태세였다. 자칫 대규모 중동전이 발발할 수 있는 위험을 가지고 있었다. 어쨌든 이제 이란 핵문제는 일단락되었다.

미국은 북한이 4차 핵실험을 한 후 한 발자국 물러나 북한 핵을 인정하고 핵확산 방지에 주력할 수도 있다. 그러나 이 경우 미국의 맹방인 일본과 한국이 거세게 반발할 것이고 미국의 한국과 일본에 대한 방위공약에 신뢰를 잃는다. 또한 이는 미국의 '아시아 중시' 정책에 정면으로 배치된다. 따라서 미국은 북한의 비핵화를 위해 그 어느 때보다 더한 노력을 경주하게 된다.

북한이 미사일 발사에 이어 4차 핵실험을 하면 과거보다 강도가 높은 유엔 제재조치가 나올 것이다. 여기에 미국은 유럽연합과 연합해서 별도의 제재조치를 강구할 것이다.

그런데 '방코델타아시아은행'에 가했던 효율적인 금융제재도 이제 실효성이 크게 떨어졌다. 또한 과거의 각종 제재조치도 중국이 적극적으로 협력하지 않아 실효성이 떨어섰나. 따라서 북한이 피부에 느끼는 제재조치를 취하려면 중국의 협력이 필수적이다.

북한 핵무기 문제는 미국이 해결해야 할 톱 어젠다(Top Agenda), 즉 최우선 과제인데 이는 중국도 마찬가지다. 6자회담의 의미가 없어져 미국과 중국은 진지한 대화를 할 새로운 채널을 열 필요성을 절감하게 된다. 그런데 미국과 중국이 치열한 패권싸움을 하는 와중에 과연 솔직한 대화채널이 가동될 수 있을까?

상호 간의 신뢰 확보가 우선되어야 한다. 중국이 대북한 정책에서 가장 두려워하는 것은 만일 중국이 북한에 제재를 가할 경우 북한이 미국에 손짓하면서 미국 쪽으로 붙는 시나리오다.

중국이 그만큼 미국을 믿지 않는다는 증거이기도 하다. 미국도 마찬가지다. 중국은 대국으로 인정하라고 요구하면서 그에 따른 국제적 책임은 존중하지 않는다고 미국은 중국을 비판한다.

● 인도 핵실험과 중국의 미국에 대한 불신

인도의 핵실험 이후 핵 국가가 되는 과정에서 인도와 미국이 밀착하고 중국이 소외된 경험이 있다. 2012년 4월 19일 인도는 최초로 애그니5호(Agni V) 대륙간탄도미사일을 성공적으로 발사했다. 이 미사일의 비행 거리는 5,000km 이상이며 중국의 주요 도시가 사정거리 안에 있다. 미사일 발사에 대하여 미국 국무부의 마크 토너(Mark Toner) 대변인은 논평을 통해 "인도는 핵확산 금지 노력을 충실히 해왔다"고 긍정적인 논평을 했다. 일주일 전인 4월 13일 북한의 은하3호 로켓 발사(1차 발사 실패)에 대한 미국의 태도와는 아주 달랐다.

그러나 인도가 핵무기를 개발하는 초기 과정에서 미국 등 국제사회의 반발이 컸다. 인도는 1974년 5월 첫 번째 핵실험을 했다. 인도는 평화적 목적의 핵실험이라고 주장했지만, 미국은 이로 인해 인도에 핵 관련 기술전수 금지 등 제재를 가했다. 이후 20년이 지난 1998년 5월 인도는 두 차례에 걸쳐 핵실험을 했다. 미국과 유엔을 중심으로 비난과 제재를 받았다.

미국을 중심으로 한 G-8 국가들은 인도가 국제금융기관에서 차관을 받지 못하도록 조치했고 유엔은 군수물자와 핵 관련 기술의 인도 반입을 철저히 통제하는 조치를 내렸다. 특히 중국은 핵무기를 폐기해야 한다고 주장했다.

인도와 중국은 전쟁을 한 적이 있었다. 그런데 인도는 1990년대부터 경제가 활성화되었고 중국을 견제할 수 있는 세력으로 부상했다. 이를 배경으로 2005년 미국은 인도와 '민간핵협정'(Civil Nuclear Agreement)을 체결했다.

이 협정에 따라 인도는 민간용과 군사용 핵시설을 구분하고 민간용 핵시설은 국제원자력기구(IAEA)의 사찰을 받도록 했다.

2008년 9월 핵확산을 통제하고 핵무기에 사용되는 핵물질의 이전을 감시하는 '핵물질공급자그룹'(Nuclear Suppliers Group)에서 인도를 승인했다. 이는 인도가 이 기구의 통제아래 핵물질을 공급받을 수 있는 자격이 주어진 것이다.

중국은 반대했으나 미국이 적극적으로 지원했고 영국, 프랑스, 러시아가 이에 동참했다. 결국 미국과 중국 모두 인도의 핵보유를 반대해오다 미국이 인도의 손을 들어준 것이다.[7]

● 러시아의 미국 불신 사례
미국과 러시아가 상호 불신하는 계기가 된 사건이 있었다.

2014년 4월 블라디미르 푸틴(Vladmir Putin) 러시아 대통령은 의회에서 크림반도 합병의 정당성을 설명하면서 서방이 소련과 러시아와의 약속을 저버려 우리가 수모를 당했다고 서방을 비난했다. 특히 나토(NATO)가 통일독일의 동쪽으로 확장하지 않겠다는 약속을 지키지 않았다고 함으로써 이 논란이 우크라이나 사태(러시아가 크림반도를 합병했음)로 다시 수면 위에 부상했다.

이 논란의 시작은 독일통일로 시작된다. 1989년 11월 베를린 장벽이 무너지고 1990년 7월 소련이 미국과 서독이 주장한 통일독일의 나토잔류를 받아들였다.

이 협상에는 미국, 서독 그리고 소련이 참가했는데 통일독일이 나토에 잔류하는 대신 소련은 상당한 자금지원을 받고 또한 동독지역에는 나토군대가 주둔할 수 없다는 조건으로 세 나라가 합의했다.

그런데 후일 서방 역사가들은 당시의 정치가들과 인터뷰를 했으나 정치적으로 또는 법적으로 구속되는 어떠한 약속도 찾지 못했다고 주장했다. 그러나 당시 소련 수상이던 미하일 고르바초프(Mikhail Gorbachev)와 협상 참가자들은 소련이 동유럽에서 군대를 철수시키는 대신 이와 관련 서방이 이를 악용하지 않기로 구두약속을 했다고 주장했다. 당시 외상이던 예두아르트 셰바르드나제(Eduard Shevardnadze)는 후일 "소련 연방과 바르샤바 조약이 해체된 후 나토가 바르샤바 국가들을 회원국으로 받아들인다는 것은 상상할 수 없는 일이다"라고 말했다.

러시아의 정치지도자들은 이에 덧붙여 당시 미국 국무장관이던 제임스 베이커(James Baker)와 독일 외상이던 한스-디트리히 겐셔(Hans-Dietrich Genscher)가 나토를 확대하지 않겠다고 약속했다며 1999년 체코, 헝가리, 폴란드가 나토에 가입할 때 약속을 어겼다고 특히 미국을 비난했다. 그러나 미국을 중심으로 한 서방측은 1990년 7월 통일독일이 나토잔류 협상을 승인하면서 이 문제를 거론하지 않았다고 반

박했다.[8]

이후 20년이 지나도 논쟁은 여전히 진행형이다. 러시아 외교관들은 미국이 동독에서 소련군이 철수하면 나토를 확대하지 않겠다는 약속을 파기하고 동유럽 12개 국가들이 나토에 가입하게 했다고 아직도 주장한다.

러시아의 한 외교정책 브레인은 푸틴이 2008년 조지아 그리고 2014년 우크라이나에서 군사개입을 한 배경에는 미국이 고르바초프와의 약속을 이행하지 않은 것이 크게 작용했다고 주장했다. 2008년 미국이 조지아를 나토에 가입시키려 했고 러시아는 이를 반대했다. 러시아는 조지아 내 친러시아 자치국인 '남오세티야'와 '압하지야'의 독립을 구실로 조지아에 군사행동을 했다.

● 미국과 중국의 신뢰회복 필요성 점증

미국과 한국은 중국에게 북한의 급변사태가 있을 경우, 북한이 보유하고 있는 핵무기와 생화학무기 등 대량살상무기를 어떻게 처리할지 협의하자고 제안했으나 중국은 거절했다. 이 문제에 대하여 중국이 참여할 경우 이 사실을 미국과 한국이 언론에 흘리게 된다면 북한과 중국의 우호관계에 심각한 균열을 초래하게 된다.

앞에서 언급한 바와 같이 중국이 대북제재에 적극적으로 동참하지 못한 여러 이유 중 하나는 북한이 중국의 제재에 반발하여 미국과 밀착할지도 모른다는 우려다. 그만큼 중국과 미국은 상호 불신하고 있다. 그러나 북한이 4차 핵실험을 하고 난 뒤에는 이야기가 좀 다를 수 있다. 북한을 두고 두 나라의 이해관계가 같아지기 때문이다.

중국도 북한을 더 이상 껴안기가 부담스러워져 미국과 진지한 대화를 통해 중국이 갖고 있는 '북한체제 붕괴 시 컨틴전시(비상) 플랜'을 보완할 필요성을 느끼게 된다. 만일 미국과 중국이 이에 대한 사전 준비가 없을 경우 한미연합군과 중국인민군이 북한 지역에서 조우할 수도 있어 서로가 원하지 않는 분쟁에 휘말릴 가능성이 크다. 따라서 북한이 4차 핵실험을 한 후 북한의 급변사태가 발생할 경우에 대하여 미국과 중국이 협의할 가능성이 높아진다.

5-4 미국과 중국의 한반도 빅딜

미국의 전 국무부 동아시아차관보이며 6자회담 미국수석대표를 지낸 크리스토퍼 힐(Christopher Hill)은 2015년 초 미국 언론과의 인터뷰에서 "미국이 북핵 문제를 해결하기 위해 중국과 전략적 협의를 할 시기가 도래했다"고 주장했다. 그리고 "북한체제가 붕괴되어 한국 주도의 통일이 되면 중국은 '미국 승리, 중국 패배'라고 인식할 것임에 따라 미국은 통일한반도가 어떻게 될지 미국의 의중을 중국에 알릴 필요가 있다"고 했다.[9] 이는 미국과 중국 사이에 북핵 문제 해결을 위해 속 털어놓고 대화하지 않음을 시사한다.

힐 수석대표는 인터뷰에서 "남중국해 분쟁은 중국이 아세안(ASEAN)을 통해 해결하려고 하고 센카쿠(댜오위다이) 문제도 갈 때까지 갔으며 긴장이 지속되면 중국뿐 아니라 어느 나라도 이롭지 않다"고 했다.

중국이 베트남 그리고 필리핀과 개별적으로 문제를 해결하려 하지 않고 아세안을 통해 해결책을 모색하려는 것은 아세안 회원국인 두 나라의 반감이 자칫 아세안 전체국가의 반감으로 작용할 우려가 있기 때문이다. 또한 중국은 아세안과 해결책을 모색함으로써 미국을 배제시킬 수 있다. 베트남과 필리핀은 중국이 위협적으로 나오면 미국을 끌어들이려 하겠으나 아세안이 나서는데 굳이 미국의 지원을 받으려 하지 않을 것이다.

힐 수석대표가 언급한 바와 같이 센카쿠(댜오위다이)를 둘러싼 중국과 일본-미국의 긴장도 이제 가라앉고 있고 향후 간헐적으로 이슈가 되겠으나 상당 기간 크게 부각되지 않을 것이다.

북한의 4차 핵실험으로 미국과 중국 두 나라 사이의 긴장은 고조되겠지만, 한편으로는 대화를 할 기회도 될 수 있다. 이는 두 나라의 지속된 대결구도가 두 나라 모두에게 이롭지 않다는 사실을 알기 때문이다.

따라서 북한의 4차 핵실험을 통해 두 나라의 신뢰회복과 대화라는 두 마리 토끼를 잡는 기회로 활용하고자 하는 기류가 형성될 수 있다.

● 한반도 통일과 주한미군 철수

힐 수석대표가 언급한 '통일한반도가 어떻게 될지 미국의 의중'은 무엇일까? 몇 가지 있겠으나 가중 중요한 것은 주한미군 철수에 관한 일일 것이다. 미국은 중국과의 대화 채널을 통해 중국에게 중국이 원하는 무엇을 줌으로써 북한 핵문제 해결에 한 걸음 나아갈 수 있다. 즉 한반도가 통일되면 주한미군이 철수할 수 있다고 미국은 중국에 제안한다. 또한 한걸음 더 나아가 미국은 핵무기에 매달리는 김정은을 대신할 온건 개혁주의자를 같이 지원하자고 제안한다.[10] 이는 미국과 중국이 김정은 정권교체를 위해 노력한다는 의미다.

중국공산당 기관지 쉐시시보(學習時報)의 부편집장인 덩(鄧) 위원은 2013년 2월 27일자 파이낸셜타임즈에 '중국은 북한을 버려야 한다

(China Should Abandon North Korea)'는 제하의 글을 실었다. 그는 북한을 버리고 한반도 통일을 허용해야 한다고 주장했다.[11]

중국입장에서 북한은 이제 더 이상 지정학적 가치가 없다는 등 몇 가지 이유에서였다. 북한의 3차 핵실험 직후에 중국공산당이라는 기관의 구성원이 놀랄만한 내용의 글을 실어 많은 사람이 주목했지만 결국 그는 이 기고문 때문에 해직됐다.

주한미군 철수, 김정은 정권 교체 그리고 중국이 북한을 버리는 시나리오는 아직 말 그대로 시나리오 수준에 머물러 있다. 그러나 북한이 4차 핵실험을 하면 공감대가 넓어진다. 북한이 4차 핵실험을 하면 미국과 중국이 대화를 통해 한반도 빅딜을 하게 되는데 그 이유는 그들이 자국의 이익이 되는 합리적 선택을 할 것이기 때문이다.

주한미군 철수는 한국에서는 터부(Taboo)시하는 주제다. 그러나 이 문제를 좀 더 깊이 따져보면 주한미군은 북한의 위협 때문에 주둔하고 있어 통일이 된다면 주한미군 주둔의 의미가 없어진다. 주한미군은 중국에 대응하기 위해 한국에 주둔하고 있지 않으며 한·미 작전계획 모두 북한을 대상으로 하고 있다.

미국 입장에서도 일본과 괌에 있는 미군으로 중국을 견제할 수 있고 국방비를 절감한다는 차원에서 반대할 이유가 없다. 또한 한국에서 미군이 철수한다 하더라도 미국과 한국과의 긴밀한 우호관계는 유지될 것이다.

여기서 한 가지 짚고 넘어가야 할 사안은 과연 미국이 한반도에서 2만8천5백 명 주한미군 전원을 철수하는 데 동의할지의 여부다. 미국은 독일 통일 시 통일독일이 나토회원국으로 잔류해야 한다는 것을 양보하지 않았다. 또한 한국전쟁 때 미군이 수많은 사상자를 냈다는 점에서 주한미군 전원철수에 대해 다르게 생각할 수도 있다. 그러나 미국은 통일한반도가 자유민주주의 체제라는 점에서 동의할 가능성이 크다.

존 케리 미국 국무장관은 2014년 10월 22일 독일 베를린에서 가진 기자회견에서 "북한이 비핵화를 논의할 준비가 된 대화에 복귀하고, 비핵화 등에서 진전이 이루어지면 위협 자체가 축소되기 때문에 아시아에서의 미군 주둔 수요를 감축하는 절차를 시작할 준비가 돼 있다"고 말했다.[12]

여기서 아시아는 한국을 의미한다. 이후 미국 국무부는 서둘러 이 발언을 진화하려 했다. 그러나 미국 국무장관의 발언 내용을 곰곰이 생각해 볼 때 북한이 비핵화를 하면 주한미군 지상군의 상당수가 철수할 수 있다는 의미다. 따라서 만일 통일이 된다면 주한미군 전체가 철수할 수 있다는 의미로 받아들인다 해도 무리는 아니다.

5-5 통일한반도 영세중립국

미국과 중국이 빅딜을 하여 중국은 북한을 버리고 미국은 한반도에서 미군을 철수한다. 두 나라는 이 빅딜에 대해서 대체적으로 만족하겠지만, 중국 입장에서는 다소 미흡하게 생각되는 점이 있을 수 있다.

이는 한국과 미국의 '상호방위조약'이다. 즉 통일한국이 미국과 방위조약을 체결하고 있다는 점이다. 미국은 이 조약에 의거 유사시 한국영토에 군사시설을 설치할 수도 있고 항만 등 기존 한반도의 시설을 이용할 수도 있을 것이다. 또한 통일한반도가 군사적으로 미국과 여전히 연결 고리를 유지하고 있다는 점이 중국에게는 장래의 위협으로 간주될 수 있다.

이를 해결할 수 있는 방안은 통일한국이 영세중립국이 되는 것이다. 통일한국이 영세중립국이 되면 당사국들의 이해관계는 어떻게 될까?

중국은 혈맹이었던 북한을 버리고 중립국 한반도를 얻는다. 중립국인 한국에는 미군도 없고 미국과 방위조약도 없다. 골치 아픈 북한을 버리면서 동북아에서 한반도를 완충지역으로 삼아 일본과 미국의 해양세력을 방어한다. 막강한 통일한국의 경제력으로 동북 3성의 경제가 살아날 수 있다. 중국으로서는 거절할 수 없는 제안이다.

그러면 미국은 어떤가? 미국입장은 북한 핵을 제거하는 대신 한반도에서 물러나야 한다. 미국이 한반도를 떠나면서 촉각을 세우는 것은 아시아의 우방들이 어떻게 생각할 것인가 하는 점일 것이다. 미국이 아시아 우방에게 중국의 힘에 밀려 한반도에서 철수한다는 인상을 줄 수는 없다. 그런데 미군이 한반도에 오게 된 것은 북한 때문이라는 사실임을 고려하면 그런 부정적인 영향은 제한적이다. 반면에 미국은 이란에 이어 한반도 비핵화라는 대명제를 실현하고 통일한반도가 자유민주주의 국가이기 때문에 미국과의 친밀한 관계는 계속 유지될 것으로 판단할 것이다. 또한 미국 국민들은 자신의 아들딸들이 전쟁위험 지역에서 나오는 것을 환영하고 거국적으로 추진하는 군사비 지출 삭감에 일조할 것이다.

일본과 러시아는 6자회담 참가국이다. 일본이 한반도 중립국에 반대할 이유가 없다. 우선 북한의 핵위협이 사라진다. 또한 중국의 재래식 군사력이 곧 자국을 능가할 것으로 예상되는 점에서 중립국인 한반도가 중국과 완충지역 역할을 한다면 환영할 것이다.

러시아도 과거 유럽 일변도에서 아시아로 눈을 돌리고 있다는 점에서 한반도 통일로 경제적 협력이 강화될 것이다. 또한 한반도가 일본 및 미국과의 군사관계에서 완충지역 역할을 함으로써 러시아에 긍정적인 효과가 있을 것이다.

결론적으로 미국과 중국의 빅딜은 한반도 통일 조건으로 미군철수와 한반도 중립국화가 된다.

● 통일은 한반도 중립화 절호의 기회

미국, 중국, 일본 그리고 러시아가 한반도 중립국화를 지지한다면 당사자인 통일한국은 어떤가? 우선 현재 영세중립국인 스위스와 오스트리아 그리고 과거 영세중립국이었던 라오스의 경우를 보자.

영세중립국은 상대국과 조약을 체결하든지 아니면 중립국임을 선언한 후 상대국에서 승인하면 된다. 중립국은 지리적 위치가 열강들에 둘러싸여 국가의 안전보장을 도모하기 위해 그 지위를 가지려 한다. 반면 중립국의 상대국들은 완충지역을 설정하면서 세력균형을 유지한다. 중립국은 군대를 유지하고 유엔에도 가입하고 있다. 중립국은 전쟁에 참가하지 말아야 하고 전쟁의 원인이 되는 어떤 관계도 맺지 말아야 한다. 즉 동맹조약, 안전보장조약, 외국군 주둔, 외국기지 설치 등이 금지된다.

스위스는 1803~1815년 나폴레옹 전쟁 당시 프랑스 동맹국이었는데 프랑스와 러시아/오스트리아 연합군의 격전지가 되었다. 스위스는 전쟁 후 주변 열강에 지배되지 않으려고 중립국을 선택했다. 1815년 나폴레옹 전쟁 수습을 위해 개최한 비엔나 회의에서 영국 등 승전국들이 영세중립국으로 승인하였다.

오스트리아는 1914년 사라예보 사건으로 세르비아에 선전 포고를 함으로써 세계 1차 대전이 시작되었다. 세계 2차 대전에서는 독일이 오스트리아를 강제병합하면서 독일과 함께 연합국에 대항해 싸웠다. 세계 2차 대전에서 패한 후 오스트리아도 독일과 마찬가지로 동서로 나뉘어 연합국과 소련 군대가 주둔했다. 따라서 독일과 한국처럼 분단국가가 될 가능성이 높았다.

이를 모면하기 위해 1955년에 중립국을 선언했고 세계 2차 대전의 연합국인 미국, 영국 등에 의해 인정받았다. 오스트리아는 중립국임을 선포하여 유럽의 동쪽과 서쪽의 완충국가가 됨으로써 분단을 모면했나.

라오스는 1962년 미국, 소련, 중국 등 14개국이 영세중립국으로 승인했다. 세계 2차 대전에서 일본이 항복한 후 프랑스가 베트남과 캄보디아를 비롯한 라오스에서 지배권을 회복하려다 베트남이 프랑스를 몰아냈다. 이때 공산 라오스 민족전선이 베트남을 도왔다. 프랑스가 베트남에 패한 후 1954년 라오스는 독립국가로 새로 탄생했다. 그러나 곧 라오스 내에서 친미파와 베트남 지원을 받는 친베트남파와 내전이 일어났다.

당시 미국의 아이젠하워 대통령은 라오스에 수백만 달러를 지원했지만 공산화 가능성이 커졌다. 이후 케네디가 대통령으로 당선되고, 소련과 협상하면서 미소와 관련국들은 라오스를 중립국가로 인정하기로 했다.

이후 라오스는 친미파, 친공산파, 친중립파 사이에 다시 내전이 발생하였다. 그리고 북베트남이 미국과 전쟁하면서 라오스는 베트콩에 군수물자 보급통로 역할을 했고 라오스 영토에 호치민 루트가 만들어졌다. 이로써 라오스는 중립국으로서의 역할을 못하게 되었다. 미국은 월남전 당시 약 10년간 라오스를 폭격했다. 1973년 월남전이 종결되었고 1975년 공산 라오스 민족전선이 정권을 잡았다.[13]

한반도 중립화는 대한제국의 고종황제가 시도했으나 일본 등 당시 열강들의 반대로 이루지 못했다. 한국은 지정학적으로 열강에 둘러싸여 영세중립국으로서 지위가 적합한 국가다. 문제는 주변 열강들이 인정해주느냐가 중요하다.

그런데 한반도가 통일이 되면 앞에서 언급한 바와 같이 열강들의 이해관계가 맞아떨어진다. 오스트리아는 동서로 분단될 위기에 중립국 카드로 모면했다.

라오스의 경우 중립국 지위가 당시 미국과 소련의 이해관계에 들어 맞았기 때문이다. 결론적으로 한반도는 통일을 이루면서 영세중립국가가 되어 꿩 먹고 알 먹는 결과가 된다.

벨기에는 1936년 주변 열강들로부터 영세중립국으로 승인받았는데 세계 1차 대전과 2차 대전 때 독일이 프랑스로 들어가려고 벨기에를 침공하는 바람에 지금은 영세중립국이 아니다. 통일한반도가 영세중립국이 되어 스위스와 같은 노력을 한다면 한반도의 평화는 오래 지속될 것이다.

5-6 중국의 대북한 직접제재

미국과 중국의 빅딜로 중국이 김정은 정권교체를 위해 취할 수 있는 제재로는 어떤 것이 있을까? 중국이 미국과 유엔이 취하는 제재에 적극적으로 동참하는 것 외에 별도로 중국의 직접제재가 가능하다.

북한은 경제적으로 중국 동북의 제4성이라 할 수 있다. 즉 랴오닝성, 지린성, 헤이룽장성 그리고 조선성이다. 전문가들의 추정에 의하면 중국은 북한 소비재의 80%, 식량의 45% 그리고 에너지의 90%를 공급하고 있다. 또한 중국은 전 세계 대북투자의 95%를 차지한다.[14] 또한 장마당에서는 북한 원화는 외면당하고 미국 달러와 중국 위안화가 유통되는데 위안화가 널리 사용된다.

중국이 북한에 제재를 가한다면 우선 경제재제 조치(에너지 제외)를 취할 수 있다. 즉 식량지원을 줄인다든지 수출입 통관절차를 까다롭게 함으로써 소비재 공급이 감소하게 된다. 그러나 이런 방법은 현명하지 않다. 중국이 실질적으로 북한경제를 장악한 마당에 이를 훼손할 이유가 없다. 또한 이런 조치를 취하면 북한의 일반 주민들만 고통을 받게 되어 제재로서 실효성이 떨어지며 북한과 접하고 있는 지린성과 랴오닝성의 경제도 위축된다.

또 다른 조치로는 대부분의 북한 전문가들이 말하는 중국에서 북한으로 들어가는 송유관을 잠그는 것이다. 중국의 대북한 원유수출이 중단된 사례가 있다. 2014년 1~6월까지 중국해관(한국의 세관) 총서에 의하면 대북한 원유수출이 '0'으로 잡혀있다. 과거에도 한 달 또는 수개월 원유공급이 중단된 경우가 있었으나 이렇게 장기간 공급이 끊긴 경우는 없었다.

이로 인해 국내 일부 언론에서는 북한의 3차 핵실험에 대한 중국의 제재조치 가능성을 제기했다. 그러나 2014년 상반기의 경우 원유공급은 중단되었으나 가솔린, 등유, 디젤과 같은 정제유의 수출이 급증했다. 이에 대해 북한의 정유시설에 문제가 발생했을 것이라는 추정이 설득력을 얻었다.[15]

한편 중국은 북·중 교역통계에 기록하지 않고 북한에 매년 8~10만 톤 규모의 항공유를 공급해 왔는데 2014년 공급이 중단되었다가 연말에 한꺼번에 공급했다. 이 조치는 북한이 3차 핵실험에 대한 제재의 일환이라고 알려졌다.[16]

그렇다면 북한이 4차 핵실험을 한 후 중국이 송유관 밸브를 전면적으로 또는 제한적으로 잠글 수 있을까? 만일 중국이 대북 송유관 밸브를 잠그면 북한은 오래 버티지 못할 것이다. 물론 4차 핵실험을 하기 전 러시아 등을 통한 원유공급 통로를 만들겠지만 그것으로 충분치 않아 타격이 클 것이다. 만일 중국이 김정은 체제를 붕괴시킬 동기가 생긴다면 제재조치로서 가장 효율적이다.

경제재제와는 다르나 효과 측면에서 경제재제 효과에 뒤지지 않는 중국의 정책 수단이 있다. 2014년 5월 4일 일본 교도통신은 중국군이 북한체제 붕괴 시 대응책을 내부문서로 정리했다고 중국군 고위소식통을 말을 인용 보도했다.

이 보고서는 북한이 2013년 2월에 행한 3차 핵실험 이후에 작성되었는데 주요 내용은 북·중 국경지대의 현마다 1천5백 명 규모의 난민수용소를 설치하고 북한의 정계와 군부의 유력인사들이 암살위험에 노출되지 않도록 이들을 보호할 특별수용소를 설치한다는 것이다.[17]

이 보고서는 북한이 외부공격을 받아 내부통제가 무너졌을 때를 가정하고 있다. 이 보고서의 진위는 확실하지 않다. 근거 없다는 설이 있고 북한의 4차 핵실험에 대비, 경고 의미로 중국 군부가 고의로 흘렸다는 설도 있다.

그러나 교도통신의 보도에서 관심이 가는 것은 1천5백 명을 수용할 난민수용소 설치 계획이다. 중국은 북한체제 붕괴 시 수많은 난민이 동북 3성에 유입되어 이들이 그 지역의 경제적·사회적 문제를 야기할 것을 우려하고 있다. 그러나 중국과 한국이 협의하여 한국정부가 탈북자를 받아주는 조건으로 탈북자에게 난민자격을 부여하는 문제를 생각할 수 있다. 만일 탈북자에게 난민자격이 주어지면 중국에 거주하는 기존 탈북자들을 포함해서 신규 탈북자 모두 한국으로 올 수 있게 된다.

중국은 탈북자를 난민이 아니라 불법으로 국경을 넘은 사람으로 취급해서 원칙적으로는 북한으로 돌려보내고 있다. 그 이유는 만일 중국이 탈북자를 난민으로 인정하면 탈북자 수가 증가하고 이는 북한체제의 붕괴로 이어지기 때문이다. 즉 북한체제의 안정을 위해 탈북자를 난민으로 인정하지 않는다. 따라서 중국이 김정은 교체를 위해 제재를 가하려 할 때 탈북자 난민인정 조치는 그 어떤 제재조치보다 북한체제에 주는 충격이 크다. 특히 난민인정으로 탈북자 수가 증가하면 한국이 받아주기 때문에 탈북자들로 인한 동북 3성의 사회경제적 불안 문제는 해결될 수 있다.

탈북자 난민인정 조치는 북한체제에 가하는 공개적인 제재조치다. 그러나 형식적인 탈북자 단속만 하고 실제는 방임한다면 그 효과는 난민인정 수준보다는 못하나 수많은 북한 주민들이 탈북행렬에 나설 것이다. 중국이 북한에 가하는 제재조치 가운데 가장 실현성이 높은 조치다.

5-7 통일한반도 중국 동북 3성 경제에 활력소

한반도가 통일되면 중국의 동북 3성 경제가 탄력을 받게 된다. 동북 3성은 랴오닝성(遼寧省), 지린성(吉林省), 헤이룽장성(黑龍江省)이다. 전체 인구가 1억1천만 명 수준이며 조선족 200만 명이 거주하고 있다.

중화학 공업이 발전했으나 설비가 노후화되고 국영기업이 상대적으로 많아 경제 활력이 떨어진다. 1978년 중국이 개혁개방 정책을 실시한 이후 30년간 공업생산량이 하락했다. 중국에는 일명 '동북현상'이라는 말이 있는데 동북 3성이 낙후의 대명사라는 것을 보여준다.

2013년 기준 랴오닝성, 지린성, 헤이룽장성의 GDP는 중국 전체 GDP의 4.7%, 2.3%, 2.5% 차지하는 데 그치고 있다. 동북 3성이 낙후된 이유는 여러 가지이나 그 가운데 다른 지역에 비해 낮은 대외개방 폭을 우선으로 친다. 2013년 기준 중국 전체의 대외무역 의존도는 45.3%인데 랴오닝성이 25.7%, 지린성이 12.1% 그리고 헤이룽장성이 16.5%를 기록해 전체 평균에 비해 훨씬 낮다. 특히 랴오닝성과 지린성은 북한과 1,300km의 국경을 접하고 있으면서도 북한과의 무역액은 60억 달러 수준에 불과하다.

　그런데 한반도가 통일되면 동북 3성은 유라시아 대륙과 태평양을 잇는 물류중심이 된다. 또한 인구가 1억 명이 넘고 자본과 기술이 풍부한 한국과 일본 경제와 협력하면 이 지역의 경제는 당연히 활력을 찾을 것이다. 낙후된 동북 3성의 발전에 한반도 통일은 큰 호재가 된다.[18]

· 6장 ·

체제를 위협하는 장마당

북한에서 시장경제(장마당)는 확대일로에 있고 북한체제가 이를 인위적으로 막기에는 시장의 힘이 너무 커졌다. 따라서 시장경제는 북한 정권의 의도와는 다르게 향후 더 커져 북한체제의 몰락을 촉발시키는 배경이 된다.

사실 시장이 이렇게 커지는 것은 배급제도가 무너졌기 때문이다. 시장경제가 확대되면서 부정부패와 빈부격차가 더욱 심화되고 있다. 이로 인해 북한체제의 주민통제력이 약화되고 있으며, 시장이 활성화되면서 한류를 비롯한 외부정보가 물밀 듯이 들어온다.

대다수 북한 주민이 그들의 몸에 밴 수령주의가 허상임을 깨닫게 되었고 시장에서 배우는 자율성은 수령사상과 공존할 수 없고 절대독재와 같이 갈 수 없는 새로운 조류임을 알게 된 것이다.

6-1 확대되는 장마당

자본주의 체제의 근간은 사유재산제도와 시장(경제)이다. 시장은 자원을 효율적으로 배분하는 역할을 한다. 생산된 재화와 용역은 가격을 통해 시장에서 수급이 조절된다. 생산요소인 노동 또한 요소시장에서 가격, 즉 임금을 매개로 수급이 결정된다.

그런데 북한과 같은 계획경제에서는 정부가 재화와 용역을 공급한다. 1990년대 중후반 *'고난의 행군' 이전 북한경제는 완전한 계획경제였다. 그러나 '고난의 행군' 기간 자연재해와 소련을 비롯한 동유럽 사회주의 국가들의 몰락으로 북한에 경제지원이 중단됨으로써 북한체제는 식량과 생필품을 주민들에게 공급할 수 없게 되었다.

*고난의 행군

1990년대 중후반 북한에 대기근이 왔다. 홍수와 가뭄으로 쌀 생산이 급격히 떨어지고, 소련을 비롯한 동유럽 사회주의 국가들의 몰락과 해체로 북한에 대한 경제지원이 중단되었다. 북한 사회주의 경제는 계획경제로 국가가 주민들에게 쌀 등의 식량을 배급해 주어야 하나 작황의 악화로 주민들에게 제대로 배급을 주지 못해 수많은 아사자가 생겼다. 아사자의 공식적인 통계는 없고 30만 명 수준에서 200만 명까지로 추정치의 차이가 크다.

이 시기에 어려움을 이겨나가자고 북한체제가 내건 슬로건이 바로 '고난의 행군'이다. 고난의 행군이라는 말은 1938년 말에서 1939년 사이 김일성이 이끄는 항일 빨치산이 만주에서 혹한과 굶주림을 겪으면서 일본군의 토벌작전을 피해 100여 일간 행군한 것에서 유래한다.

배급을 못 받은 주민들은 장마당을 통해 식량을 확보함으로써 생존할 수 있었다. 1990년대 중반 이전에도 규모가 작은 농민시장이 있었다. 농민들이 텃밭에서 생산한 농산품을 거래하는 작은 시장이었다. 그러나 '고난의 행군' 시기 이후 농민시장이 급성장했고 1980년대 후반부터는 농민시장에서 거래가 금지된 곡물뿐 아니라 가내수공업 제품 그리고 국영기업에서 생산된 소비재나 수입품이 유입되었다.[1]

식량을 비롯한 생활필수품에 대한 수요가 공급을 초과함에 따라 시장가격은 정부가 정한 국영가격보다 훨씬 비쌌다. 정부는 국영가격을 현실화할 필요성을 느꼈고 다른 한편에서는 이를 통해 농민시장을 국영유통망으로 편입시키려고 했다.

2002년 7월 1일 '7.1경제관리개선조치'를 발표하고 시행에 들어갔는데 핵심은 가격현실화였다. 쌀값의 경우 국영 판매가격이 kg당 0.08원(8전)에서 44원으로 무려 550배 인상되었다. 그런데 7.1조치 이후 잠시 시장가격이 안정세를 보이다가 다시 급상승하기 시작했다. 7.1조치 직전 평양의 쌀 시장가격은 kg당 48~55원이었는데 6개월 후 kg당 130~150원으로 급등했다.[2]

북한체제는 확대되는 이중가격의 현실을 인정하고 2003년 3월 종합시장을 개설했다. 종합시장에서는 농·토산물 이외에 식량과 공업제품이 공식적으로 거래됨으로써 시장기능이 크게 확대되었다.

6-2 화폐개혁이 오히려 장마당을 키웠다

북한체제가 주민들을 엄격하게 통제할 수 있었던 요인 가운데 하나는 체제가 주민들의 목줄을 쥐고 있었기 때문이다. 즉 체제가 배급을 통해 주민들의 의식주를 틀어쥐고 있어 주민들은 정부의 통제나 지시에 따를 수밖에 없었다.

김일성(1994년 11월 사망) 시대에는 물자가 풍부해 배급을 통해 주민들이 비교적 여유로운 생활을 할 수 있었다. 지금도 많은 북한 주민들은 김일성에 대한 향수를 갖고 있어 후계자인 김정일과 김정은이 체제를 유지하기 위해 김일성 수령의 우상화를 지속하고 있다.

그런데 주민들이 장마당을 통해 배급이 아닌 자력으로 식료품을 비롯한 생필품을 스스로 조달함으로써 시장경제가 활성화되었다. 인민들은 체제의 지시나 통제에 고분고분하게 따르지 않게 되었고 주민통제가 다소 느슨해지기 시작했다.

김정일은 활성화되는 장마당을 체제유지의 큰 위협으로 느꼈고 장마당을 통제하기 시작했다. 2009년 11월 김정일 체제는 화폐개혁을 통해 시장기능을 축소하고 계획경제를 복원하려고 했다. 신구교환비율은 1:100이었다. 그들은 화폐개혁과 함께 종합시장 폐쇄조치를 내렸다.

● **화폐개혁의 실패와 반작용**

그러나 화폐개혁은 엄청난 부작용을 초래했다. 환율이 급등하고 물가가 치솟았다. 2009년 11월 화폐개혁 직후 달러당 환율이 38원(평양기준; 구 화폐기준: 3,800원), kg당 쌀값이 22원(평양기준; 구 화폐기준: 2,200원)하다가 불과 3개월이 지난 2010년 2월에 달러당 395원, kg당 370원으로 뛰었다. 즉 3개월 사이 달러에 대한 원화는 약 10배 추락했고 쌀값은 16배 오른 것이다.[3]

화폐개혁의 실패로 주민생활의 평균수준은 화폐개혁 이전에 비해 1/4로 떨어졌다. 장마당을 통해 체감상 하루 세 끼(밥 두 끼, 국수 한 끼)를 때울 능력이 하루 죽 한 끼 수준으로 급격하게 떨어졌다.4

화폐개혁의 실패로 노동당 계획재정부장인 박남기와 부부장인 리태일은 평양체육촌 서산경기장에서 공개 처형되었다. 그리고 2010년 1월 말 당시 김영일 내각총리가 주민들에게 실패를 인정했고 5월에 종합시장을 전면 허용했다. 이후 북한의 시장은 양적으로뿐만 아니라 구조적으로 변모했다.

이제는 국영기업조차 시장을 이용하게 되었다. 국영기업이 부분적으로나마 원자재를 시장에서 확보하고 개인자산가인 돈주로부터 기업의 운영자금을 빌린다.

시장에서 팔릴 수 있는 물건을 생산하기도 하고 국영기업이 생산한 생산품이 시장에서 유통되기도 한다. 국영기업의 생산품 판매는 엄격히 제한되지만 다양한 경로를 통해 시장에 나온다.[5]

시장화의 진전으로 제한적이기는 하지만 소유권의 변화가 일어났다. 상점, 식당, 당구장, 가라오케 등 서비스업에 개인자본이 진출할 수 있고 공장, 무역회사, 상점, 식당 등 공식부문에 개인자본이 확대되었다.

● 김정은의 제한적 경제개혁

2011년 12월 김정일이 사망하고 김정은 체제가 들어선 이후 '북한의 새로운경제관리체계'를 내놓고 2012년 10월 1일부터 시행에 들어간 것으로 알려졌다. '우리식경제관리방법'이라고 알려진 이 조치는 한국에서는 '6.28방침'으로 통용된다.

이 조치의 주요 골자는 국가는 생산품목이나 계획을 하달하지 않고 공장과 기업소가 독자적으로 생산하고 가격과 판매방법 그리고 수익과 분배도 자체로 정한다. 또 공장과 기업소는 수익금의 30%를 국가에 납부한다.

농업 분야에서는 분조관리제를 통해 과거 농민 몫이 10%였던 1대9를 3대7로 바꿔 농민에게 30% 할당한다. 기본적으로 배급제가 폐지되고 공무원들도 월급을 받아 식량판매소에서 쌀을 산다.

이를 뒷받침하는 조치로 같은 해 11월 1일부터 군, 사법기관, 일반 행정기관 공무원들에게 배급이 중단된다고 했다. 공무원 월급이 대폭 인상되고 국가상점에서의 가격을 현실화하여 장마당과의 가격 차이를 줄였다. 12월 1일부터는 중국 인민화나 달러 등 외화 사용이 금지되고 외화를 은행에 모두 예치하기로 한 것으로 알려졌다.[6]

6.28방침은 말 그대로 획기적인 경제조치로서 자본주의적 요소를 가미한 것이다. 그러나 이 글을 쓰고 있는 지금까지 이 조치는 제대로 작용하지 못하는 것으로 알려졌다.

예를 들어 30% 농민 할당제의 경우 대부분 지역에서 실현되지 못하고 과거처럼 10%를 할당하고 있다. 군부 등에의 할당이 줄어들기 때문이다. 또 일부 시범지역에서는 농장원들에 대한 분배를 수확량을 기준으로 하지 않고 계획량으로 해 3인 가족이 1.2명분만 분배받기도 한다.[7]

공무원과 노동자의 대폭적인 임금인상으로 시장에서는 쌀값이 두 배 이상 급등하는 현상도 생겼다. 그러나 북한체제가 북한경제의 구조적인 문제를 해결하려고 자본주의적 요소를 도입하려는 노력은 평가할 만하다.

'6.28방침'은 아직 제대로 실행되지 못하고 있지만 시장경제는 더욱 활성화되고 주민들의 생활이 개선되고 있다. 제한적이나마 자금을 빌려주는 금융시장과 임금노동을 파는 노동시장도 형성됐다. 수공업자가 노동자를 고용해서 제품을 생산하고 임금을 주고 상점주가 점원을 고용한다. 시장경제 활성화로 북한의 휴대전화 가입자 수가 2015년 10월 기준 370만 명[8]을 넘어 계속 늘어나고 있다. 이는 전체인구의 15%를 넘는 주민들이 휴대전화를 사용하고 있다는 의미다. 2014년 8월 기준, 크고 작은 장마당은 380곳이며 그중에는 수천 명이 와서 장사하는 대규모 시장도 포함되어 있다.[9]

6-3 인민들의 뇌에서 사상은 세척되었다

북한체제는 활성화되는 시장경제로 딜레마에 처해있다. 시장을 통제하자니 주민들의 소위 '먹고 사는 문제'가 위협받게 된다. 반면에 그대로 두면 체제안정에 큰 위험요인이 된다. 김정일은 장마당이 '비사회주의의 온상이 되고 있다'고 우려를 나타낸 바 있다.

장마당은 물건을 사고파는 장소지만 이곳을 통해서 외부정보가 유입된다. 농민시장을 포함한 장마당의 역사는 약 20년이 되는데 여러 종류의 IT 기기들이 오래전부터 본격적으로 유입되면서 당국의 감시에도 불구하고 외부정보는 확산되고 있다.

북한 주민들이 가장 많이 사용하는 IT 기기는 소위 노트텔이다. 노트텔은 중국에서 생산되는데 CD와 USB를 동시에 쓰고 배터리가 장착돼 전기가 없어도 동영상을 볼 수 있다. 사람들은 CD-ROM엔 북한영화를 넣고 한국영화는 USB를 꽂아서 보다가 단속반이 들이닥치면 USB를 숨긴다.

국가안전보위부의 단속이 유명무실하게 되었다. 평양뿐 아니라 남포를 비롯한 서해안 지역에서는 한국 TV를 시청할 수 있다. 최근 탈북자들의 상당수가 북한에서 한국 TV를 시청했다고 말한다.[10]

동서독이 통일하게 된 요인 중, 동독 주민들이 서독 TV를 시청하면서 자유롭고 부유한 서독의 실상을 알 수 있었던 것을 가장 큰 요인으로 꼽는다. 동독 주민들은 합법적으로 서독 TV를 시청할 수 있었다. 그런데 정보의 파급력은 귀엣말이 훨씬 크다. 남한 TV를 직접 시청한 주민들로부터의 귀엣말이 시청하지 못한 사람들에게 퍼진다. 많은 북한 주민이 풍요롭고 자유로운 남한 실정을 접하고 있다.

휴대전화도 향후 정보전달 수단으로서 역할이 증대될 것이다. 앞에서 언급한 바와 같이 북한 인구의 15%가 넘는 사람들이 휴대전화를 가지고 있고 앞으로 더욱 늘어날 것이다.

휴대전화 서비스는 이집트 통신회사인 '오라스콤'과 북한의 합작회사인 '고려링크'가 2008년 12월부터 시작했는데 처음에는 당 간부의 전유물이던 것이 지금은 장마당의 일반 상인들도 사용하고 있다. 2015년 6월 휴대전화 서비스업체로 한 국영기업체가 선정되어 경쟁체제로 가게 되었다.

3대 세습의 김씨 왕조 체제가 지금까지 유지됐던 것은 사상무장과 주민에 대한 철저한 감시와 통제가 가능했기 때문이다. 북한체제는 수령절대주의이고 이를 3대에 걸쳐 유지하고 있다.

수령절대주의에서는 우상화의 극치인 '수령은 태양이다.' 태양은 절대적이고 하나밖에 없다. 태양인 수령은 헌법 위에 존재한다. 즉 수령의 권위와 권한은 헌법을 초월한다.[11]

조선민주주의인민공화국 사회주의헌법

- 서문 -

조선민주주의인민공화국은 위대한 수령 김일성동지의 사상과 령도를 구현한 주체의 사회주의조국이다. 위대한 수령 김일성동지는 조선민주주의인민공화국의 창건자이시며 사회주의 조선의 시조이시다.

(중략)

위대한 수령 김일성동지는 민족의 태양이시며 조국통일의 구성이시다.

(중략)

김일성동지는 사상리론과 령도예술의 천재이시고 백전백승의 강철의 령장이시였으며 위대한 혁명가, 정치가이시고 위대한 인간이시였다. 김일성동지의 위대한 사상과 령도업적은 조선혁명의 만년재보이며 조선민주주의 인민공화국의 륭성번영을 위한 기본담보이다.

(후략)

그러나 장마당을 통한 외부정보의 유입으로 '누덩질내무의'와 '우리식 사회주의'에 대한 신뢰가 떨어지고 김씨 왕조에 대한 충성심이 빠르게 무너지고 있다. 예전에는 여러 사람 모인 데서 '꼭대기'(김정은)에 대한 비판을 하면 누가 보위부에 밀고할 것을 두려워했으나 이제는 동조하는 사람이 많아졌다. 또한 주민들의 자력기반이 확대되면서 주민에 대한 통제가 점차 어려워지고 있다. 이제 장마당은 비사회주의의 온상이 아니라 이미 체제에 도전하는 큰 세력이 되었다.

● 대다수 북한주민들 통일을 원한다

한국의 통일문제 싱크탱크인 통일연구원은 2014년 1~5월 중국에 거주하는 북한 주민 100명을 대상으로 통일의식을 면접 조사했다. 이들은 식량구입 또는 장사목적으로 국경을 반복적으로 넘나드는 사람과 합법적으로 비자를 받고 친지를 방문하는 사람들로서 주로 서민층이다. 여러 가지 통일의식 면담조사에서 몇 가지만 여기서 언급하고자 한다.

우선 통일이 왜 필요한가에 대한 질문에 대하여 한 50대 여성은 "제가 생각하는 건 우선 자유가 있잖아요. 자기 마음대로 돈 벌 수도 있고, 마음대로 잘 살 수도 있고, 또 동포들도 있고, 헤어진 친척도 볼 수있고, 사실상 평화통일하면 다 살만하다 느끼죠"라고 대답했다.

또 통일을 왜, 얼마나 원하는가라는 질문에 100명 중 95명이 통일을 원한다고 했다. 한 50대 남성은 "통일이 돼야 나라가 크지. 북으로 볼 때는 아마 인권을 개선하지 않을까하는 겁니다. 인권은 초보적인 자유지요. 말하자면, 어디서 어딜 내가 간다 해도 기본적으로 마음대로 못갑니다. 이게 제일 가슴 아픈 말인데 뭐 세상에 제일 부럼 없는 나라라고 하는데 초보적인 권리도 안주면서…"라고 말을 멈췄다.

통일이 되면 북한 주민에게 어떤 이득이 있는가라는 질문에 한 40대 남성은 "북조선이 경제는 떨어졌잖아요. 남조선보다… 남조선으로부터 설비가 들어오면… 원래 우리가(북조선) 자원이 많지 않습니까. 그러기 때문에, 잘 살 수 있겠다. 이런 걸 가지고 사람들이 얘기한단 말입니다"라면서 남북통일의 시너지 효과를 말했다.[12]

세 사람의 답변을 보면 이들이 북한의 수령주의에 세뇌된 사람이라고 누가 믿겠는가? 이들은 중국을 왕래하기 때문에 대다수 북한 인민보다는 좀 깬 사람들이라 생각할 수도 있을 것이다. 그러나 이들이 북한에 들어가서는 장마당에서 그리고 가정에서 이야기한다는 점에서 상당수의 북한 인민들은 이들의 견해와 큰 차이가 없을 것으로 생각된다.

수령이 태양인 수령주의와 우리식 사상인 주체사상은 북한 주민들의 뇌에서 이미 세척되었다.

중국은 북한이 중국식 개혁개방을 하기를 적극 권유하였다. 개혁개방은 북한이 계획경제에서 시장경제로 전환하여 시장을 개방하고 무역을 확대하여 경제개발에 박차를 가하는 것이다. 그러나 김정일은 그렇게 할 경우 외부정보 유입과 주민들의 자력생활 능력이 확대되어 체제가 붕괴될 것이라고 판단했는데, 지금은 북한이 본격적인 개혁개방을 하지 않았음에도 외부정보가 밀려 들어온다. 김정일의 판단이 옳았다면 북한체제는 아주 위험한 상태에 있다고 할 수 있다.

6-4 만연된 부정부패가 체제를 위협한다

북한체제가 붕괴될 것이냐 아니냐를 두고 국내외 북한전문가들 사이에 유지론과 붕괴론이 생생히 맞서고 있다. 김일성이 사망하고 '고난의 행군'이 시작되면서 붕괴론이 상당한 설득력을 가졌었다. 그러나 김정일은 건재했고 핵과 미사일 개발을 강행했다.

2011년 12월 김정일이 사망하면서 또 한 차례 붕괴론이 대두되었다. 이 글을 쓰고 있는 지금 김정은 체제가 안정되는 모습이다. 유지론이 좀 더 힘을 받는 형국이다.

유지론자들의 견해는 몇 가지로 요약된다. 우선 주민통제와 감시기구인 당, 군대, 국가안전보위부, 인민보안성 등이 여전히 제대로 작동되고 있다는 것이다. 또한 북한 엘리트들이 기득권 유지를 위해 김정은을 중심으로 협력하고 있다. 주민 대부분이 청년동맹, 직업총연맹, 농업근로자동맹, 여성동맹의 어느 한 조직에 가입되어 정치학습을 받고, 조직화되어 있다.

독재체제와 관련 '승자연합' 이론이 있다. 이는 독재자는 단독으로 군림하지 않으며 권력유지를 위해 엘리트들의 협력이 필요해 이들과 연합해서 체제를 유지한다는 것이다. 독재자가 군림하고 지배하기 위해서는 국가기구를 운영할 인력이 필요하며 엘리트가 그 역할을 한다. 북한의 경우 엘리트는 당, 군, 국가보위부, 인민보안부 등에 소속된 관료들이다. 엘리트들은 독재자로부터 보상을 받고 엘리트는 독재자에게 충성을 한다.[13]

여기서 보상이라 함은 부정부패다. 독재자가 엘리트, 즉 충성집단에 주는 공식적 보상은 급여와 선물로 얼마 되지 않는다. 독재자는 충성집단이 자신에게 더욱 충성하도록 부정부패를 묵인한다. 부정부패는 충성심을 강화하는 당근인 셈이다.

북한체제는 극심한 부정부패로 주민들에 대한 감시와 통제가 제대로 이루어지지 않고 있다. 만연된 부정부패는 궁극적으로 체제 존속에 위협이 되며 커다란 댐의 작은 균열과 같다. 시간이 지나면 작은 균열이 점점 커져 댐을 붕괴시킨다. 이런 의미에서 북한의 만연된 부정부패는 한편에서는 김정은에 대한 충성심을 강화하는 당근이면서 다른 면에서는 독재자로부터 민심이 이반되는 촉매제로 작용하고 있다.

국제투명성 기구인 '트랜스페어런시 인터내셔널'(Transparency International)은 매년 전 세계 175개국을 대상으로 공공부문의 부패지수를 산출하여 공표한다. 가장 깨끗하면 100점이고 부패가 가장 심하면 0점이다.

2014년의 경우 174위 소말리아가 최하위이고 그 위 8점으로 같은 점수인 북한도 174위를 기록했다. 173위는 11점을 딴 수단이다. 북한은 2012년부터 3년째 최하위에 있다.[14]

한편 유지론자들은 엘리트들이 김정은에 충성하고 협력하고 있고 김정은 정권이 승계과정을 마무리했다고 한다. 김정은의 권력승계는 알려진 것과는 다르게 김정일 사망 이전인 2008년 11월 북한지도부에서 이미 후계자로 결정했다고 주장한다. 즉 김정은에로의 권력이양이 순조롭게 되었으며 이미 승계과정이 마무리되었다는 것이다.

그러나 2013년 12월 장성택과 2015년 4월 인민무력부장 현영철의 숙청에서 보듯이 엘리트 사이의 권력투쟁이 있었다. 배급제도가 유명무실해짐으로써 엘리트들이 받는 보상이 터무니없이 부족해 이들이 부정부패를 저지르지 않고는 자신의 이익을 확보할 방법이 없다. 그만큼 엘리트 사이에서의 결속이 약화되고 부정부패로 자산들의 파이를 늘리려 하면서 엘리트 사이의 투쟁이 일어난다.

특히 4차 핵실험 이후 중국이 김정은 체제에 손을 떼려는 조짐을 보일 때 북한 엘리트들이 동요할 수 있다. 왜냐하면 체제를 지탱하는 역할을 하는 엘리트들은 중국이 받쳐주지 않으면 북한체제가 붕괴된다는 사실을 일기 때문이나. 이 경우 자신들의 생존을 위해 파멸이 형성되고 파벌 간의 투쟁이 일어날 수 있다.

6-5 장마당은 체제 내부폭발의 기폭제

북한 체제와 마찬가지로 동독 공산정권도 주민에 대한 감시와 통제가 철저했는데 비밀경찰 슈타지(Stasi)가 그 역할을 했다. 북한체제는 크고 작든 공식조직을 통해 주민을 감시하고 통제하고 있는 반면 슈타지는 은밀하게 처리했다.

1989년 10월 기준 공식적인 슈타지 인원은 91,000명에 불과했으나 유급협조자(informal collaborators)가 173,000명이었다. 1천6백만 동독 인구를 고려하면 주민 60명당 한 명꼴로 감시자가 있다는 의미다. 특히 유급협조자는 신원을 들어내지 않고 활동했는데 10% 정도는 25세 이하였고 13살 먹은 협조자도 있어 통일 후 슈타지 문서가 공개되면서 이 사실을 접한 동서독 주민들은 혀를 내둘렀다.[15] 악명 높았던 나치 보안기관인 게슈타포가 8천만 명의 주민을 감시하기 위해 정규요원 3만2천 명을 거느리고 있었던 것을 생각하면 인구 1천6백만 명 수준을 대상으로 한 동독 슈타지는 엄청난 숫자다.[16]

북한에는 국가안전보위부와 인민보안성이 주민을 주로 감시한다. 1990년대 중반 이전에는 인민반이 주민감시 역할을 충실히 했다. 인민반은 한국의 경우와 마찬가지로 말단 행정체계인 반이다.

한 반이 수십 가구인데 반장은 주민의 일거수일투족을 인민보안성이나 국가안전보위부에 보고한다. 반장의 감시는 1990년 중반 고난의 행군 이후 이완되었는데 그전에는 각 주민 집에 숟가락이 몇 개인지 파악하고 있을 정도로 철저히 감시했다. 마찬가지로 동독에서도 아파트 한 동마다 반드시 슈타지의 끄나풀이 있었다.

동독체제가 슈타지를 통해 주민들을 그렇게 철저히 감시하고 통제해도 소련을 비롯한 동구권의 자유화 물결을 막지 못했다.

마찬가지로 북한의 장마당이 김정은 체제를 무너뜨리는 촉매가 될 것이다. 김정일이 화폐개혁을 하게 된 이유 중 하나는 돈주들이 인민무력부와 결탁해 세력이 너무 커지자 이 돈주들을 제거하려는 목적이었다. 하지만 김정은 시대에 돈주들의 규모와 세력은 더욱 커지고 있다.

시장은 개인의 인성을 바꾸고, 자율성을 길러준다. 왜냐하면 시장에서는 자신의 의사결정에 의해 행동하고 그 결과를 자신이 책임져야 하기 때문이다. 즉 옳은 결정으로 보상을 받고 잘못 판단하면 손해를 본다. 시장을 통해 자유를 체득한 사람은 정치에서의 자유도 요구한다. 시장과 정치는 서로 연결되어 있다. 자율적인 시장을 경험한 사람은 권위주의적 정부의 권력에 대하여 의문을 갖게 되고 이와 맞서게 된다.[17]

김정일이 '장마당이 비사회주의의 온상'이라고 우려했던 것은 장마당 확산으로 북한 주민들의 인성이 바뀌는 근본적인 변화도 염두에 두었을 것이다. 북한의 장마당, 즉 시장경제는 '아래로부터의 혁명'이다. 7.1 조치는 장마당을 국영유통망으로 끌어들이려고 했다가 실패하면서 종합시장을 허용했다. 이후 화폐개혁으로 종합시장을 폐쇄하려고 했다가 또다시 실패했다. 김정일은 주민에 대하여 철권통치를 해왔으나 시장에는 두 손을 든 것이다. 이제 김정은은 확대되는 장마당에 손을 쓸 수가 없게 되었다.

시장이 확산되면서 주민의 의식도 비판적으로 변해 많은 주민이 체제의 지시나 통제를 단순히 수동적으로 수용할 뿐이다. 또 시장을 통해 한국을 비롯한 해외정보는 물밀 듯이 들어오는데 보안기관에서 물리적으로 단속한다고 하더라도 IT 기술 발전 속도는 그들이 감당할 수 없다. 많은 주민이 민주주의가 무엇인지 그리고 남한사회가 풍요롭고 자유롭다는 사실을 알고 있다. 체제의 중하층은 말할 나위도 없고 상층부에서도 부정부패가 만연한 실정이다.

김정일은 정권을 인계받자마자 엄청난 수의 아사자를 낸 고난의 행군을 잘 넘겼다. 김정일은 50세가 넘어 정권을 승계받았는데 그 이전부터 상당 기간 실질적으로 북한을 통치했다. 즉 경험이 많았다.

김일성은 정권을 잡으면서 토지개혁으로 농민들에게 토지를 무상으로 제공했다. 이후 경제개발과 해외원조로 북한 주민들은 비교적 풍요로운 생활을 했다. 1960~70년대에는 남한보다 여유 있는 생활을 했다. 지금도 북한 주민들은 김일성 시대를 그리워한다. 김정일이 고난의 행군을 잘 넘긴 요인은 당시 북한 주민들이 김일성주의를 믿어 김일성의 후광이 있었기 때문이다.

김정은 체제에게 확대되는 장마당은 마치 김정일 시대의 고난의 행군과 같이 체제에 엄청난 도전이다. 아버지 김정일은 슬기롭게 대처했으나 김정은은 미숙하고 경험이 없어 제대로 대처하기가 어려울 것으로 보인다. 비유하자면 김정일은 교통사고로 심한 외상(고난의 행군)을 입은 후 성공적인 수술로 살아난 경우이고 김정은은 모르는 사이 몸속에서 암(장마당)이 자라나 사망하는 경우와 같다. 즉 북한체제 입장에서 장마당은 암 덩어리와 같다.

· 7장 ·

북한체제 붕괴

미국과 중국의 빅딜이 북한체제 붕괴의 외부요인이라면 점점 커지는 장마당은 내부요인이 된다. 하지만 김정은이 몰락한다고 해서 한반도가 바로 통일되지 않는다. 포스트 김정은 정권이 들어서 비핵화 협의에 응할 것이다. 그러나 북한 주민들의 고조되는 남북통일 열망으로 포스트 김정은 정권은 오래가지 못한다.

7-1 루마니아 차우셰스쿠 하루아침에 붕괴[1]

루마니아 공산당의 총서기인 니콜라에 차우셰스쿠(Nicolae Ceausescu)는 1965년에서 1989년까지 25년 동안 루마니아를 철권통치했다. 그와 김일성은 친분이 두터웠고, 평양과 루마니아 수도인 부쿠레슈티에서 수차례 만나기도 했다. 차우셰스쿠는 김일성의 통치방식 중 개인 우상화와 주체사상에 감명을 받아 그것을 루마니아에 도입했다.

자신과 부인인 엘레나(Elena)를 우상화했는데, 자신과 부인을 '태양'

(The Source of our light)과 '하늘'(The Celestial Body)이라고 국민에게 세 뇌시켰다. 또 차우셰스쿠가 주변국의 침략을 무찌른 장군의 자손이라 고 역사를 왜곡하여 그를 신성시하게 하였다. 자신의 생일인 1월 26일 에는 업적과 생애를 찬양하는 전국적인 행사를 열게 했다.

1977년, 수도인 부쿠레슈티에 진도 7.2의 대지진이 일어났는데 차우 셰스쿠는 이를 계기로 한때 '작은 파리'로 불렸던 수도를 동유럽판 평 양으로 만들었다. 수십만 명이 한 번에 모일 수 있는 거대한 광장을 만 들어 국민들을 동원해서 연설을 듣게 했고, 곳곳에 자신의 동상을 세 워 참배하게 했다.

그는 체제 유지를 위해 친인척을 요직에 앉혔다. 부인인 엘레나는 부 수상이었고 자신의 네 형제는 국방부 차관 등의 직책을 가지고 있었다. 그리고 해외 순방을 할 때는 엘레나가 국정을 맡도록 하였다. 그의 철 권통치는 비밀경찰이 뒷받침했다. 비밀경찰은 주민들에게 공포의 대상 이었다. 주민들 사이에 심어둔 제보자와 도청을 통해 체제에 반발하는 사람을 색출하여 처리했다. 당시 루마니아의 인구는 2,000만 명 수준 이었는데 각 도시와 마을에 300만여 개의 도청기가 설치됐고 1,000여 개의 도청센터가 있었다.

차우셰스쿠의 무자비한 통치는 그의 인구증가 정책에서도 나타난다. 여성은 피임을 할 수 없었으며, 45세 미만 여성의 낙태를 금지했다. 이 를 위해 석 달마다 여성들의 임신 또는 낙태 여부를 검사받도록 했고 예정된 시기에 출산하지 않으면 경찰이 나서 조사를 했다.

친인척을 요직에 앉혀 체제를 공고히 하고 비밀경찰이 주민을 철저히 통제하였으나 뜻하지 않은 곳에 틈이 있었다.

루마니아에 공산체제가 들어선 이후에도 루마니아 정교회는 간신히 명맥을 유지하고 있었다. 루마니아 남서부의 작은 도시인 티미쇼아라

(Timisoara)의 라슬로 퇴케시(Laszlo Tokes) 목사가 정부에 비판적인 발언을 해 체포되면서 루마니아 혁명의 발단이 되었다.

1989년 12월 16일 체제를 비판하는 학생과 주민 수천 명이 시위에 가담했는데 정부는 소요를 진압하려고 보안군을 동원해 시위대에게 발포하여 어린아이를 포함한 많은 사람이 사망했다.

언론은 이 소요사태를 일절 보도하지 않았다. 사람들은 '미국의 소리' 방송이나 '자유유럽방송'을 통해 사실을 알게 되었고 이 사실은 입소문을 통해 급속히 번졌다. 12월 21일 부쿠레슈티에서 관제집회가 열렸는데 이로 인해 시위가 더욱 격렬해졌다. 12월 22일 성난 시민들은 전국적으로 집회를 열었다.

이 와중에 국방장관이던 바실리 밀레아(Vasile Milea)가 국민에게 발포하라는 차우셰스쿠의 명령을 거부했다는 이유로 비밀경찰에게 사살되었다. 차우셰스쿠는 빅토르 스탄쿨레스쿠(Victor Stanculescu)를 즉시 국방장관에 임명하고 시위진압을 명령했다. 그러나 스탄쿨레스쿠는 시위진압 명령에 불복종하고 군대를 시위현장에서 철수시켰다.

차우셰스쿠와 엘레나는 헬기로 탈출했으나 곧 군에 체포되었다. 12월 25일 군사법원은 이들에게 사형을 선고했고 당일 집행됐다. 1989년 12월 16일 시작하여 12월 25일까지 불과 열흘 만에 일어난 일로 이를 역사학자들이 '1989년 루마니아 혁명'이라고 한다.

차우셰스쿠의 독재체제는 주민들의 불만이 한계점에 이르러 체제에 저항하면서 붕괴했다. 1981년 차우셰스쿠는 132억 달러에 달하는 국가빚을 청산하기 위해 내핍경제로 들어갔다. 엄청나게 불어난 외채 때문에 채무위기에 직면했기 때문이다.

차우셰스쿠는 농산물뿐 아니라 다른 생산품도 모두 수출하라고 명령했다. 생필품인 가스와 식품의 배급제를 시행하면서 식량생산의 1/4

민 배급하였다. 1979년 이란혁명으로 인한 제2차 석유파동으로 유가가 급등하자 석유소비를 통제했다. 난방용 전기를 하루에 두 시간만 사용하게 하면서 수많은 사람이 저체온증으로 사망했다. 섭씨 10도 이하는 공공기관이 난방을 하기로 되어 있어 일기예보의 기온도 허위로 발표하였다.

이로 인해 루마니아 국민들은 식량, 연료, 의약품 등 생필품 부족으로 허덕이면서 정부에 대한 불만이 고조되었다.

1989년 4월 차우셰스쿠는 국가부채 전액을 상환했다고 발표했는데 그는 이 발표 후 8개월 만에 처형되었다. 루마니아 사태는 김일성-김정일에게 커다란 충격을 주었다.

7-2 튀니지의 재스민 혁명

아프리카 북단 튀니지의 '재스민 혁명'도 사소한 곳에서 시작되었다. 튀니지는 북아프리카에 있는 이슬람국가다. 2010년 12월 18일 국민들의 저항으로 1987년 이래 23년간 철권통치를 했던 벤 알리(Zine El-Abidine Ben Ali) 대통령이 불과 28일 만에 권좌에서 물러나 사우디아라비아로 망명했다. 이후 잠시 정국불안이 있다가 민주정부가 들어섰다. 이를 튀니지의 나라꽃인 재스민을 인용하여 '재스민 혁명'이라고 부른다.

정권이 붕괴되기 전 튀니지 국민들은 높은 실업률과 식료품값 급등으로 극심한 생활고를 겪고 있었고 언론탄압, 독재, 부정부패로 불만이 최고조에 달해 있었다.

26세의 모하메드 부아지지(Mohamed Bouazizi)는 채소 노점을 하며 여덟 식구를 부양했다. 그런데 2010년 10월 17일, 경관이 채소 노점을 압수하게 된다. 과거에도 같은 일을 겪었던 부아지지는 10디나르(미화 7달러 수준으로 하루의 수입금 정도)를 벌금으로 내려고 하였다. 그런데 그 경관이 돌아가신 부아지지의 아버지를 모욕하고 뺨을 때렸다. 이에 분노한 부아지지는 분신자살했고, 이것이 이후 대규모 시위의 계기가 되었다.

튀니지에서 시작된 민중혁명은 이집트, 리비아, 알제리 등으로 확산되었고, 인터넷이 이 시위확산에 큰 역할을 했다.

튀니지는 1881년 프랑스 식민지가 된 후 1956년 3월 독립하였다. 이후 국민들은 독재정권에서 억압받다가 민중혁명으로 독재체제를 몰아냈다. 혁명은 한 청년의 자살이라는 우발적인 사건으로 시작되었지만, 사회 중심 계층인 변호사들이 들고일어남으로써 시위가 전 국민으로 확대되었다.

7-3 독재를 몰아낸 미디어의 힘

1989년 10월 9일 동독의 라이프치히에서 7만 명이 표현의 자유와 정치개혁을 요구하며 시위를 벌였다. 이때 동독체제에 불만을 품은 젊은 이들이 교회 종탑에서 시위현장을 사진으로 찍어 서독 함부르크에 있는 시사주간지 '슈피겔' 본사로 보냈다.

동독 TV는 술에 취한 폭도들이 시내에서 떼를 지어 다닌다고 보도했으나 다음 날 서독 TV는 동독의 선량한 주민들의 대규모 시위라고 방영했다. 이를 안방에서 시청한 동독 주민들이 거리로 나와 이후 시위는 더욱 확산되었고 동독 공산체제 몰락의 원인이 되었다.[2]

당시 동독 주민들은 합법적으로 서독 TV를 시청할 수 있었다. 동독 정부는 1971년까지 주민들의 서독 TV 수신을 적극적으로 방해했다. 공산청년당원들이 서쪽으로 향하고 있는 안테나를 강제로 철거했고 일부 주민들은 반국가적 선동혐의로 형사처벌을 받기도 하였다. 1980년까지 동독 정부는 이를 묵인하다가 이후 서독방송을 자유롭게 시청하도록 했다.

정부 입장에서 서독방송 수신을 막을 적절한 방법이 없었다. 동독은 세콤(SECOM) 방식이고 서독은 팔(PAL) 방식이었는데 수신 방식이 달라도 동독에서 서독 TV를 흑백으로 시청할 수 있었다. 또는 100달러짜리 겸용장치를 부착하면 컬러 수신도 가능했다.

동독 정부가 방해전파를 쏴서 수신을 불가능하게도 할 수 있었지만, 이 경우 동서독 국경 지역과 베를린 지역의 동독 주민들이 동독 TV마저 시청할 수 없게 되고, 동독이 최고의 사회주의 국가라는 자부심이 있었기 때문에 주민들의 서독 TV 시청에 대해 자신감이 있었다. 그러나 대다수 동독 주민들은 동독 TV보다 서독 TV 프로그램을 선호했다.[3]

'재스민 혁명'을 '인터넷 혁명'이라고도 한다. 튀니지는 1천2백만 명의 인구 중 85%가 휴대전화를 사용했고 이 중에서 5%는 스마트폰을 가지고 있었다. 200만 명 정도는 페이스북을 이용했다. 이런 점에서 튀니지는 IT 국가였다.

'재스민 혁명'은 3단계로 나뉘는데 단계마다 SNS의 역할이 결정적이었다. 1단계에서는 경찰이 시위대를 무자비하게 진압할 때 모든 장면이 트위터로 전달되어 시위가 격화되었다.

2단계에서는 시위가 중산층이 사는 지역으로 확대되고 조직화되었는데 트위터가 그 역할을 담당했다. 3단계에서는 벤 알리 대통령이 망명하는 장면이 퍼졌다. 국민들이 트위터를 통해 시위상황을 시시각각으

로 확인하면서 독재자를 몰아낼 수 있게 되었다.[4]

북한은 외부정보 유입을 원천적으로 차단하기 때문에 인터넷의 경우 월드 와이드 웹(World Wide Web: www)이 아니다. 기업체나 기관 등이 사용하는 닫힌 네트워크인 인트라넷이다. '광명'이라 부르는 북한 인트라넷의 OS는 '레드스타'이고 인터넷 브라우저는 '내나라'로 북한체제가 나라 전체의 트래픽을 제어하고 관리한다.[5] 그런데 교수, 학생, 고위층, 당국자 등 인터넷을 사용하는 숫자는 200만 명 정도로 김정은의 지시에 따라 일반주민들은 인터넷 사용이 불가능하다.[6]

결론적으로 북한 인터넷은 사용자가 제한되어 있고 사용하는 사람들도 외부와는 기본적으로 연결되지 않는다. 따라서 외부정보 유입과 관련 인터넷의 역할은 제한적이다. 그러나 이미 언급한 바와 같이 TV와 IT 기기는 인터넷과는 다르게 북한 주민들의 의식을 크게 변화시키고 있다. 특히 단파 라디오가 차우셰스쿠 붕괴의 결정적인 역할을 한 것처럼 북한에서 급변사태가 발생할 경우 큰 역할을 할 것이다.

글을 쓰고 있는 지금 영국 BBC가 대북방송을 검토 중이라고 한다. BBC는 북한 주민들이 인터넷이나 위성 TV 접속이 어려워 단파방송을 검토하고 있는 것으로 알려졌다. 현재 대북방송은 미국 주도로 '미국의 소리'와 '자유아시아 방송'을 송출하고 있고 한국은 'KBS 한민족 방송'과 4개의 민간 대북방송이 뉴스, 교양 프로 등을 보내고 있다.

많은 북한 주민이 중국에서 밀반입된 휴대용 라디오를 소지하고 있다. 추정에 의하면 100~300만 명의 북한 주민들이 대북방송을 청취하고, 이들 청취자의 68%가 친구나 가족에게 전달한다고 조사되었는데 이런 점에서 단파방송이 북한에 급변사태 발생 시 결정적인 역할을 할 것으로 보고 있다.[7]

7-4 주민생활이 나아지면서 독재체제가 붕괴한다

프랑스 혁명 당시 정치가이자 역사학자이었던 알렉시스 토크빌 (Alexis De Tocqueville)은 이렇게 말했다.

"일반적으로 혁명은 주민들이 받는 억압의 강도가 더욱 심해지는 시기에서는 일어나지 않는다. 주민들은 독재자의 혹독한 억압을 그냥 참고 견디다가 그 억압이 좀 완화될 때 억압의 굴레에서 벗어나고자 독재자에 맞서 들고 일어난다. 혁명으로 붕괴되는 체제를 보면 항시 바로 전 체제보다는 억압의 강도가 낮다. 독재체제가 가장 위험한 순간은 처음으로 개혁적인 조치를 취할 때이다. 백성을 장기간 혹독하게 억압했던 군주가 억압을 풀어주는 순간, 만일 군주가 천재적 재능을 가지지 못한 한 백성들에 의해 제거된다."[8]

● 토크빌의 통찰력을 북한체제에 비교해 보자.

북한지도체제의 무자비한 억압을 참고 지내던 북한 주민들의 생활이 장마당이 활성화되면서 나아지고 있다. 장마당 활성화는 독재자의 억압이 완화됨을 의미하며 장마당 활성화는 독재자가 의도하지는 않았지만 개혁적인 조치다. 이제 북한 주민들이 자유를 말하고 남한의 자본주의를 이야기하면서 독재자에게 맞서게 된다.

미국 오리건대학교 정치사회학 교수인 제임스 데이비스(James C. Davies)는 그의 저서 『혁명이론(Toward the Theory of Revolution)』에서 혁명은 극심한 빈곤 사회에서는 일어나지 않는다고 했다. 그런 사회에서는 사람들이 먹고사는 문제, 즉 생존에 전념하기 때문에 정치적인 단합된 행동 즉 저항이 표출되지 않는다고 한다. 그는 토크빌의 이론을 좀 더 구체화했다.

혁명의 근원은 사람들의 '마음상태'(State of Mind)이며 부자 또는 가난이 혁명의 단초가 되지 않는다고 했다. 따라서 만족감을 가진 가난한 사람은 혁명을 일으키지 않으며 반면, 불만족한 부자는 혁명을 일으킨다.[9]

경제사회적으로 일정한 기간 동안 좋아지다가 악화되면 혁명이 일어난다. 그의 J 커브 혁명이론에 의하면 경제사회적으로 호전되면서 사람들의 기대욕구만족도(Expected Need Satisfaction)도 올라간다. 계속 좋아질 것으로 기대하는 것이다.

● 욕구 만족과 혁명

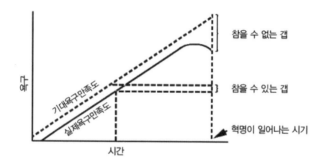

그러나 실제욕구만족도(Actual Need Satisfaction)는 처음에는 기대욕구만족도와 같이 우상향하다가 경제사회적으로 악화되면서 우하향한다. 즉 만족도가 떨어진다. 두 개의 만족도가 같이 우상향할 때는 그들의 차이가 작아 참을 수 있다. 그림에서 '참을 수 있는 갭'이다. 그러나 기대와 실제 사이의 만족도 괴리가 커지면 참을 수 없게 되고 이렇게 되면 혁명이 일어난다. '참을 수 없는 갭'이다.

북한 사회는 장마당이 활성화되면서 주민들의 생활이 나아지고 있디. 경제적 생활이 개선되면서 주민들의 기대욕구만족도도 계속 오른다. 그러나 장마당 활성화로 부정부패가 만연해지고 빈부의 격차가 더욱 심해진다.

돈주와 엘리트들은 부유해지나 다수의 주민은 상대적 빈곤감을 느끼게 된다. 즉 주민들의 실제욕구만족도가 우하향한다. 경제적 생활이 나아져 기대욕구만족도는 우상향하는 데 비해 주민들의 마음상태, 즉 불만족은 크게 증가하여 실제욕구만족도는 우하향한다.

이 '참을 수 없는 갭'이 커지면서 북한사회는 붕괴된다.

주민 생활이 나아지면서 민주화 체제로 전환되는 사례를 보자. 미국의 유명한 정치학자인 사무엘 헌팅톤(Samuel P. Huntington)은 한 나라의 경제발전과 정치적 민주화가 상관관계가 있는 것으로 연구했다. 그는 1974~1989년 사이에 민주화된 31개국을 대상으로 1인당 국민소득을 조사했다.[10]

민주화된 나라 31개국 중에서 1976년 기준 미국달러로 1인당 국민소득 250달러 미만은 2개국, 250~1,000달러는 11개국, 1,000~3,000달러는 16개국 그리고 3,000달러 이상 2개국이 그 기간 민주화되었다.

즉 아주 가난한 나라와 여유 있는 나라가 민주화된 경우는 31개국에서 4개국, 즉 13%에 불과했다. 반면 바닥에서 바로 탈출한 250~1,000달러는 11개국으로 35%이며 좀 더 나은 그룹인 1,000~3,000달러는 51%였다. 먹고살기가 너무 어려우면 정치에 대하여 이야기하지 않으며 경제적으로 조금 나아지면서 자유를 찾는다는 가설을 통계적으로 뒷받침하고 있다.

1976년 기준 250달러는 2015년 기준 1,048달러이다. 한국은행 통계에 의하면 2014년 말 기준 북한의 1인당 국민소득은 1,275달러이다. 향후 시장경제 활성화로 소득이 증가하면서(예: 연 3% 증가로 가정하면 2020

년에는 1,522달러) 북한 주민들이 정치와 자유를 말하기 시작할 것이
다.[11]

7-5 김정은 체제 붕괴

김정은은 장마당 활성화로 인한 내부 폭발과 미국과 중국의 빅딜에
의한 외부 충격으로 몰락한다. 김정은 체제 붕괴 시나리오는 첫째는
암살, 둘째는 엘리트 내부 분열로 쿠데타가 일어나는 경우, 마지막으로
민중봉기다.

김정은 암살을 다룬 「인터뷰」란 영화가 개봉되기도 했지만 김정은 암
살은 픽션이 아니다. 북한의 제2인자였던 장성택도 생전에 김정은의 동
선에 대해 알 수 없을 정도로 철통보안이 유지된다고 한다. 이는 그만
큼 암살 위험이 높다는 사실을 반증한다. 체제의 위험은 외부보다는
내부에 있다는 황장엽 전 노동당 비서의 말처럼 측근에 의한 암살 가
능성은 상존한다.

김정은이 엘리트 내부 분열로 인해 축출될 수도 있다. 엘리트 내부에
서 반김정은 세력(개혁파)과 친김정은 세력(보수파)으로 분열되면서 권력
투쟁을 벌이거나 군부 쿠데타로 김정은이 축출될 수 있다. 이에 대해
김정은 체제가 상당 기간 유지될 것으로 보는 유지론자들은 체제 내부
에서의 분열은 불가능하다고 보고 있다.

그러나 장성택 처형 죄목은 "현대판 종파의 두목으로서 장기간에 걸
쳐 불순세력을 규합하고 분파를 형성해 당과 국가의 최고 권력을 찬탈
할 야망에 갖은 모략과 수법으로 국가전복의 음모의 극악한 범죄를 감
행했다"였다. 장성택 처형 이후 수많은 장성택 인맥이 제거되었는데 이

는 엘리트 내부에서의 분열을 잘 보여주는 사례라 하겠다.

중국과 미국이 김정은 정권교체를 원한다는 사실이 북한지도부 안의 핵심세력에 알려지면서 권력투쟁의 동기가 될 수 있다. 또 중국이 탈북 난민을 방임하면서 탈북자가 늘어나고 이로 인해 내부투쟁의 빌미가 될 수 있다.

공안기관은 정권과 마찬가지로 한번 무너지기 시작하면 바로 무력화된다. 루마니아의 차우세스쿠가 체제가 바로 그 경우다.

특히 중국의 역할이 중요하다. 북한의 4차 핵실험으로 미국과 유엔이 가하는 제재에 중국이 실질적으로 협력하고 북한에 대한 중국 자체의 제재를 가하면 가능성이 커진다. 중국의 직접제재는 김정은 정권 존립에 위협적이고 붕괴의 요인이 된다. 특히 김정은 통치자금에 대한 미국의 '돈줄 죄기'에 중국이 실질적으로 가담하면 김정은 체제에 큰 충격이 된다.

민중봉기에 의한 김정은 체제 붕괴는 암살이나 쿠데타의 경우보다 가능성은 낮으나 전혀 불가능한 일은 아니다. 핵심은 남쪽에 자유롭고 풍요로운 동포가 있다는 사실이다.

통일이 되면 북한 주민들의 경제적 삶이 획기적으로 개선되고 자식들에게 장래희망을 줄 수 있다. 북한의 젊은 층, 특히 장마당 세대는 사상보다는 물질적인 풍요를 동경한다. 그들은 배급제를 경험하지 못한 세대다. 따라서 북한 주민들은 국가의 통제가 조금이라도 이완되면 남쪽과 합치자고 거리에 나서게 된다.

필자는 김정은이 권력투쟁으로 인해 암살 또는 제거될 가능성이 가장 높다고 생각한다. 이 경우 측근이 저지르거나 또는 권력투쟁(군부 쿠데타 포함)으로 승리한 집단에 의해 처형될 수 있다.

7-6 포스트 김정은 체제 오래 못간다

김정은에 이어 등장하는 세력은 백두혈통을 전면에 내세울 것이다. 아직도 대다수 북한 주민들이 김일성에 대해 긍정적인 생각을 하는 점으로 미루어 볼 때 포스트 김정은 신정권은 백두혈통을 얼굴마담으로 내세우고 자신들이 실권을 행사하려 할 것이다. 가장 가능성이 큰 인물이 김정남이다. 김정남은 김정일의 맏아들인 데다 중국이 선호하는 인물이다.

신정권도 김정은 체제와 마찬가지로 정치적 탄압과 독재를 계속할 것이다. 다만 경제적으로는 김정은 시대와 완연히 다르다. 우선 이들은 김정은 시대에 하지 못한 '이밥에 고깃국'을 위해 최대한 노력해 북한 주민들의 반발을 무마하려고 할 것이다. 또한 중국과 긴밀한 관계를 유지함으로써 잠재적인 반대세력을 잠재우려 할 것이다. 그리고 김정은 체제가 핵무기를 안고 무너짐에 따라 신정권은 비핵화 협상에 나설 것이다. 결국 신정권은 남아공처럼 그간 어렵사리 만든 핵탄두를 폐기 시시킬 것이다. 이에 대한 보상으로 한국과 미국으로부터 상당 규모의 원조를 받게 된다. 또 미국의 온갖 제재가 풀려 북한은 말 그대로 국제사회의 일원이 될 것이다. 일본과도 관계 정상화를 이루어 상당액의 경협 자금을 받을 것이다.

그렇다면 북한의 신정권도 동독 정권처럼 평화적인 정권이양을 해서 남쪽과 통일할 수 있을까?

동독 주민들은 처음에는 자유를, 나중에는 통일을 요구하면서 거리에 나섰으나 동독 집권층과 물리적 충돌 없이 평화적으로 서독과 통일을 이루었다. 동독이 평화적인 방법으로 통일을 이룩한 배경은 소련의 '페레스트로이카'(개혁)와 '글라스노스트'(자유) 조치다. 소련의 자유화 조치는 즉각 폴란드와 헝가리에 전파되었다. 헝가리가 오스트리아와의 국경 철책, 즉 '철의 장막'을 제거하면서 1만5천 명의 동독인들이 서독으로 넘어간 것이 동서독 통합의 시발점이었다.

당시 동독에 소련병력 40만 명이 주둔하고 있었는데 이들은 동독인들의 거리 시위와 서독행을 막지 않았다. 즉 동독의 평화적 정권이양은 소련에서 시작한 동구권의 자유화 물결이라는 조류에 합류하면서 이루어진 사례다.

그러나 북한의 신정권 독재체제는 독재자의 속성처럼 자발적으로 정권을 내놓지 않는다. 주민이나 반대세력에 의해 축출될 뿐이다. 북한 주민들의 자율의식이 크게 고취되어 억압에 저항하기 때문이다. 같은 민족인 남쪽과 합치면 생활이 크게 향상된다는 사실을 알기 때문에 그들의 열망이 체제를 무너뜨린다. 김정남 독재정권은 북한 주민들이 남쪽과의 통합을 요구할 때 북한 주민들을 물리적으로 억압할 것이다. 이때는 중국이 개입하지 못한다. 왜냐하면 중국이 개입할 경우 통일 후 남북한 주민들의 반중국 정서로 미국과 밀착하게 될 것이기 때문이다. 또한 중국 입장에서는 통일한반도와 관계가 호전될 가능성이 큰데 분쟁에 개입해서 이를 깰 이유가 없다.

김정남 체제가 무너진 후 북한 주민이 선출한 대표자가 동독의 메지에르 정권처럼 한국과 통합작업을 수행하게 될 것이다.

독일의 통일 과정을 보면, 1989년 10월 호네커 공산정권이 사임한 이후 비교적 온건주의자인 에곤 크렌츠(Egon Krenz)가 수상으로 취임했다. 그러나 그도 몇 개월 못 가서 사임하고 1990년 3월 동독 최초로 자유선거를 실시했다.

이 선거에서 서독 집권당이었던 기민당(Christian Democratic Union)의 동독 지부 역할을 했던 동독기민당을 중심으로 한 연합정당이 압도적으로 승리했다. 연합정당의 총리로 로타르 드 메지에르(Lothar De

Maiziere)가 선출되어 메지에르 정권이 서독과 통합협상을 벌였다.

필자는 김정은이 4차 핵실험을 한 후 5년이면 북한체제가 붕괴되고 한반도가 통일되리라고 생각한다. 4차 핵실험 후 단기에 체제가 붕괴될 것으로 판단하는 이유는 미국과 중국이 타협한 후 한반도 비핵화를 서두를 것이고 북한 내부에서의 민심이반이 급속하게 진행될 것이기 때문이다. 3장에서 북한의 4차 핵실험을 2015~2017년으로 추정했다. 따라서 2020~2022년이 되면 한반도가 통일될 것으로 생각한다.

· 8장 ·
점진적 통일과 급진적 통일

이번 장에서 통일 관련 몇 가지 이슈를 점검하고자 한다.

먼저 남북 간의 점진적 통일이 가능하겠는가 하는 문제다. 1년 정도밖에 걸리지 않았던 독일통일을 급진적 통일이라고 하는데 점진적 통일이란 이와 반대의 개념이다.

한국의 통일원칙은 평화통일이며 대화를 통해 점진적으로 통일을 이루고자 한다. 점진적 통일 프로세스는 통일 전 남북의 합의로 일정 기간 통일 준비를 하는 것이다. 이 경우 통일계획을 세워 실천하기 때문에 갑작스러운 통일로 인한 충격과 부담을 줄일 수 있다. 이런 방식의 통일은 급진적 통일에 비해 바람직한 통일방안이라고 할 수 있다. 굳이 기간으로 따지자면 점진적 통일은 10~20년 정도의 기간을 정해 준비하는 경우다.

그런데 7장에서 북한체제가 하루아침에 몰락해 통일이 급진적으로 진행되는 시나리오를 제시한 이유는 필자는 점진적인 통일이 불가능하다고 보았기 때문이다. 이는 상당히 중요한 이슈로 여기서 그 이유를 소상히 밝히려 한다.

8-1 점진적 통일 현실성 없다

이런 시나리오를 생각해 보자. 김정은 체제가 남한과 신뢰를 구축한 후 협의를 통해 통일하는 점진적인 통일방안이다.

필자가 글을 쓰고 있는 이 순간 한국 국민을 대상으로 여론조사를 하면 한국 정부가 북한과 꾸준히 대화해서 결국 통일로 가게 되는 점진적 통일을 예상하는 사람이 급진적 통일을 예상하는 사람보다 많다. 그런데 점진적 통일의 경우 대부분 먼 미래에 통일이 실현될 것으로 답한다.

남북 대화에서 제일 먼저 걸리는 장애물은 북한 핵무기다. 북한이 핵무기를 포기하면 한국은 대대적인 경제지원을 한다. 미국 또한 글로벌 시장에서의 북한의 경제활동을 적극 지원하고, 국제무대에서 북한의 활동 영역이 확대된다. 그런데 문제는 김정은은 핵무기를 절대 포기하지 않는다는 사실이다.

그렇다면 미국이 북한 핵무기 확산방지에 주력하면서 보유를 인정한다고 가정하자. 한국 또한 북한의 핵무기를 암묵적으로 인정하고(이 경우 북한 핵에 대한 억지력을 확보한 이후가 될 것이다) 대화와 경제협력을 통해 통일로 가고자 한다고 가정하자.

문제는 김정은 체제가 핵무기를 단순히 전력증강 차원에서 보유하지 않고 미국과 한국을 대상으로 커다란 보상을 얻으려고 위협을 계속할 것이라는 점이다. 미국을 대상으로는 핵무기 확산을 하지 않는 대신 주한미군 철수와 정치·경제적 이득을 취하려 한다. 한국을 대상으로 경제적 이득은 물론이고 북한이 통일의 주체가 되려고 한다. 이런 북한의 시도는 과거에도 그랬던 것처럼 남한 및 미국과의 관계를 지속적으로 악화시킨다. 신뢰구축과 협력을 통한 한반도 통일이라는 명제는 말 그대로 구호에 그치게 된다. 따라서 북한세력은 이제까지 했던 방식대로 한국에 군사적 위협을 가하면서 한국 국내의 여론 분열을 도모하는 그들의 통일전략 정책을 고수한다.

이런 점에서 김정은 체제에서 남북이 합의해서 통일 협정을 체결하고 이에 따라 한반도가 통일된다는 점진적 통일 시나리오는 이상일 뿐 현실성이 없다.

이제 7장에서 언급한 김정은 이후의 김정남 정권과의 점진적 통일에 대하여 생각해 보자. 김정남 정권은 핵 폐기 협상에 응하기 때문에 남북관계가 크게 개선되면서 자연스럽게 통일에 대한 협의도 할 수 있다. 그러나 김정남 체제는 김정은 시절 엘리트 간의 투쟁에서 승리한 집단이다. 그들 스스로가 자신들의 기득권을 내려놓고 자유민주주의 체제로 통합하자고 하지 못한다. 또한 남한 주민들이 자유민주주의 체제를 포기하고 통일을 하겠는가? 그러지 못할 것이다.

한편 김정남 정권과의 통일 논의를 하는 데 있어 남북한 간의 현저한 경제규모 차이가 걸림돌이 된다. 김정남 체제는 남쪽에서의 대규모 투자로 자신들이 남쪽 경제에 예속되는 것을 경계한다. 이는 자신들의 몰락을 가져올 수 있기 때문이다. 특히 남북 사이의 경협 활성화는 북한 주민들에게 자유롭고 풍요로운 남한사회의 실상을 알 기회를 제공하고 북한 주민들의 통일열망을 증대시킨다.

김정남 체제는 남북의 현저한 경제력 차이가 지속되는 한 남북통일 협상은 남한주도가 될 것이며 그들은 흡수될 것으로 판단한다. 따라서 그들과 협상에 의한 점진적 통일은 불가능하다.

통합 전 동서독 관계는 비교적 우호적인 편이었다. 서독은 동독에 차관을 공여했고 동독 주민들은 서독 TV를 시청할 수 있었다. 동서독 주민들 사이에 서신 연락도 이루어졌다. 그러나 통일은 동독이 붕괴되면서 급진적으로 이루어졌다는 사실을 상기할 필요가 있다.

끝으로 앞에서 언급한 발상을 뒤엎고 한국과 북한의 김정남 체제가 통일하기로 합의한다고 가정하자. 더욱더 획기적으로 발상을 전환하여 김정은이 몰락하기 전에 남북 합의로 통일하기로 한다고 하자. 점진적 통일이 이루어지려면 10~20년의 준비 기간이 필요하다고 이미 언급했다. 길면 길수록 정치·경제적 충격이 작을 수 있다. 그런데 통일 조짐이 보이면 수많은 북한 주민들이 남쪽으로 내려온다. 그들에게 지금 통일협상 중이며 10년 후 원한다면 남한에서 정착할 수 있다고 말한다면 이를 따를 북한 주민이 몇 명이나 되겠는가? 즉 한반도 통일은 어떤 시나리오에 의하든 급진적 통일, 즉 하루아침에 통일이 된다. 미리 준비하는 식의 통일이 불가능하다. 북한 주민들의 남쪽으로의 대량 이주에 대하여 계속해서 생각해 보자.

8-2 남과 북의 격차를 줄인 후 통일하자?

남과 북의 경제적 격차를 줄인 후 통일하자는 아이디어가 전문가들 사이에서 공감대를 형성하고 있다. 급격한 통일로 인한 경제 사회적 충격을 크게 완화한다는 점에서 바람직하다. 그런데 이 방안은 점진적 통일을 전제로 하고 있다. 필자는 점진적 통일이 불가능하다고 하였으나 격차를 줄인 후 통일하자는 방안이 논리상 설득력이 있는 아이디어임에 따라 한번 짚고 넘어가고자 한다.

먼저 이런 아이디어가 나오게 된 배경을 알아보자.

북한에서 급변사태, 즉 김정은이 무너지면서 북한체제가 붕괴되는 그림을 상상해 보자. 또는 김정남 체제가 주민들에 의해 붕괴되는 경우를 생각해 보자. 제일 먼저 떠오르는 상황은 북한 주민들의 대량탈북이다. 북한 당국의 주민들에 대한 통제력이 급격히 이완되면서 수많은 북한 주민이 남쪽으로 넘어온다.

그렇다면 얼마나 많은 사람이 남쪽으로 내려올까? 남쪽으로의 이주 주민 추정과 관련 동독의 사례를 단순 참고해 보자.

1989년 11월 베를린장벽이 무너진 후 1990년 10월 통일이 선언된 근 1년 동안 약 60만 동독인(당시 동독 인구의 3.7%)이 서독으로 이주했다.[1]

만일 북한의 급변사태 발생 이후 1년 동안 독일의 경우를 그대로 적용한다면 90만 명(북한 인구 2,450만 명 × 0.037) 수준이다. 그런데 당시 동독의 1인당 국민소득은 서독의 절반 수준인 데 비해 2014년 기준 북한은 남한의 1/20 수준에 불과하다.

탈북자 대다수의 탈북이유가 경제적 문제라는 점에서 볼 때 급변사태 후 2~3년 안에 200~300만 명(북한 인구의 10%) 수준의 북한 주민이 남쪽으로 이주한다고 추정하더라도 큰 무리가 없을 것이다.[2]

북한 주민의 대규모 탈북으로 북한은 지역에 따라서는 공동화 현상이 발생할 것이며 남쪽에서는 심각한 사회 경제적 혼란이 일어날 것이다. 여기에 갑작스럽게 통일이 되면 남한은 천문학적인 통일비용을 부담해야 한다. 이들을 고려하면 혼란을 줄이고 부담을 경감시킬 대안, 즉 '남북의 격차를 줄인 후 통일하자'는 아이디어는 타당하다. 구체적으로 남과 북이 책상에 마주앉아 정치적 통합을 먼저하고 경제적 통합을 나중에 하기로 합의하는 것이다. 여기서 경제적 통합이라 함은 남쪽과 북쪽이 동일 화폐를 사용하고 노동력의 자유로운 이동이 전제된다.

따라서 경제적 통합을 미룬다는 것은 남한은 한국 원화를 사용하고 북한은 북한 원화가 통용되며 북한 주민들이 남한에서 일자리를 얻는 것이 철저하게 통제된다는 것이다.

유사한 사례로 1국 2체제인 중국과 홍콩 관계를 참고할 수 있다. 중국본토에서는 위안화, 홍콩에서는 홍콩달러가 통용되고 중국본토 사람들이 홍콩에 여행하려면 통행증을 발급받아야 한다. 본토 사람들이 홍콩에서 취업하려면 엄격한 제한이 따른다.

남북이 정치적으로 통합된 상태(외교, 군사 등에서 한 나라)에서 경제통합을 일정 기간 미룬다면 그동안 북한경제는 빠르게 성장한다. 남한의 기술과 자본 그리고 북한의 양질의 노동력이 결합하면 국제경쟁력이 있는 상품을 만들어낼 수 있다.

2014년 기준 개성공단의 북한근로자 임금(월급, 수당, 사회보험료)은 월 140~150달러이고 임금 외 비용까지 포함하면 월 230~240달러 수준이다.[3]

북한 근로자의 인건비를 좀 더 상향 조정한다고 하더라도 남쪽의 기술과 자본이 저임금, 양질의 노동력이 결합하면 북한 내수시장도 급격하게 신장되고 수출 또한 괄목할만한 성장을 가져온다. 정부에서 세제 등의 혜택을 준다면 남한기업이 싼 인건비를 찾아 베트남, 인도네시아, 캄보디아, 방글라데시로 나갈 필요가 없다.

중국과 홍콩은 경제적 통합을 위해 50년의 유예기간을 두었다. 한반도의 경우도 10년 또는 20년 정도 경제통합을 미루고, 그동안 북한경제가 고속성장을 해서 남북의 격차가 크게 줄면 통일할 때의 사회적 혼란과 경제적 부담을 크게 줄일 수 있다. 대다수의 한국 국민은 통일에 따른 국민 개개인의 경제적 부담을 크게 우려한다는 점에서 이런 방식으로 통일된다면 모두 안도할 것이다.

일부 통일문제 전문가들이 경제적 통합을 일정 기간 미루는 한반도 통일방안을 역설하고 이를 전제로 한반도 미래에 대해 고무적인 청사진을 제시한다.[4] 또한 통일에 관심이 있는 많은 사람이 이런 통일 방안에 대해 긍정적으로 생각한다. 그런데 정치적 통합 후 경제적 통합이 나중에 이루어지는 통일방안은 현실성이 없다는 사실을 알아야 한다. 이를 근거로 한 한반도 미래의 청사진은 단순히 청사진일 뿐이다. 왜 그런지 생각해 보자.

먼저 북한 주민들의 입장에서 생각해 보자. 남한에 정착한 탈북자의 상당수가 북한에 돈을 보내고 있다. 이로 인해 북한의 탈북자 가족들이 다른 주민들에 비해 비교적 여유 있는 생활을 한다.

2015년 4월 기준 북한 쌀값은 남한의 1/3 수준이다.[5] 어떤 탈북자가 남한으로 탈북할 경우 어떻게 살지 궁리하다가 남한에서 한 달 일 하고 받는 월급으로 쌀을 얼마나 살 수 있는지 계산해보았다는 이야기가 있다. 생활물가에서 대표적인 것이 쌀값이다. 쌀 말고 다른 물가는 더 저렴하여 남북 물가 격차는 쌀보다 더 크다. 북한에서 아파트 매매는 공식적으로 허용되지 않으나 요즈음에는 비공식적으로 거래된다. 평양에서 제일 비싼 아파트(50평대)가 16만 달러(1억6천8백만 원 수준) 정도로 몇 년 동안 2~3배 올랐지만 아직도 남한의 아파트 시세와 비교하면 쌀값보다 차이가 더 난다.[6] 남한의 교육비는 북한과는 비교가 되지 않는다. 따라서 북한의 4인 가족이 남한 돈, 예를 들어 150만 원(1,430달러: 달러당 1,050원 전제)으로 한 달 생활한다면 북한에서 호화생활을 할 수 있다.

● 북한 주민들의 남하를 막을 방법이 없다

이제 북한 주민의 입장으로 다시 돌아가자.

경제통합 유예로 북한 주민의 남쪽 이주가 통제된 상황에서 만일 북한 주민이 남쪽으로 내려오는 방법(물론 법규위반이지만)이 있다면 그들은 수단과 방법을 가리지 않고 내려올 것이다. 왜냐하면 남쪽에서 2~3년 정도 돈을 벌어 북한으로 다시 갈 경우 북한에서 여유 있는 생활을 할 수 있기 때문이다. 10여 년 전 연변조선족 자치구 연길시의 조선족들이 한국에 나와 3~4년 돈을 벌고 들어가 대다수가 집을 장만했다. 마찬가지로 북한 주민이 남쪽으로 내려와 몇 년만 벌면 북한에 번듯한 집을 장만할 수 있게 된다.

지금 탈북자들은 두만강을 건너다 적발되면 정치범 수용소로 끌려갈 수도 있는 위험을 안고 북·중 국경을 넘는다. 운이 좋아 두만강을 무사히 건너도 중국 땅에서 공안에게 발각되면 다시 북송된다. 그 넓은 중국 땅에서 남쪽 국경까지 며칠 동안 몰래 내려가 라오스, 태국, 캄보디아, 미얀마 등의 국경을 넘는다. 이들 나라의 경찰에 적발되면 이제까지 온 길로 되돌아 북한으로 다시 갈 수도 있다. 이들 나라에 있는 한국영사관에 도착해야 이제 살았다고 안도한다. 말 그대로 목숨을 건 탈출이다.

이제 남북이 정치적으로는 통합하고 경제적으로 통합을 유예하면서 북한 주민의 남쪽 이주를 제한한다고 하자. 수백 명의 북한 주민들이 원산에서 큰 배를 타고 속초로 왔는데 남쪽에서 그들을 돌려보낼 수 있을까? 남쪽과 같은 민족인 북한 주민이 한반도 영해에서 보트피플이 된다는 것은 국제 언론의 토픽감이 될 것이다.

탈북 주민이 수십 명에 불과하다면 이들을 임시수용소로 보내 일정 기간이 지난 후 북한으로 돌려보낼 수 있을 것이다. 그런데 수천 명 또는 수만 명이 판문점에 집결하여 남쪽행을 감행한다면 이들에게 총을 쏠 것인가? 이들을 체포해서 과거의 정치범 수용소로 보내겠는가?

헌법상 북한 주민은 대한민국 국민이며 거주이전의 자유를 가진다. 물론 특수상황에서 헌법상 국민의 권리를 일정 기간 제한할 수도 있을

깃이나. 그러면 남쪽과 통합 협상하는 북한 내표는 낭연히 북안 주민을 대표할 것이다. 절대다수의 북한 주민이 즉각적인 경제통합을 원하는데 북한 대표가 주민의 의사에 반해 10년 또는 20년 경제통합을 유예할 수 있겠는가?

동독의 경우를 보자. 베를린 장벽이 무너진 이후 1990년 3월 18일 새로운 동독의회를 구성하기 위한 선거가 있었다. 사회민주당은 점진적인 통합을 주장하였고 3개 정당이 연합된 독일연합은 '바로 서독에 통합되자'는 정책을 내걸었다. 선거 결과 독일연합이 압승했다.

남북통합 과정에서 가장 큰 영향력을 행사할 사람들은 바로 북한 주민들이다. 마치 동독 주민들처럼 북한 주민은 통일의 주역이 된다. 따라서 그들의 의사에 반하여 경제통합을 미룰 수가 없게 된다.

8-3 통일 유예기간 실익이 없다

중국과 홍콩의 경제통합 유예와 남북한 경제통합 유예와는 성격이 다르다. 영국은 1842년부터 홍콩을 통치하기 시작하여 150년 더 지난 1997년 7월 1일, 홍콩 주권을 중국에 이양했다. 이를 위해 영국과 중국은 여러 번 협상을 벌였고 1984년 12월 19일 주권이양을 합의했다.

중국은 50년간 기존의 홍콩체제, 즉 자본주의 체제를 유지하기로 하였는데 주권이양 합의 후 많은 홍콩 주민들은 장래의 불안 때문에 이민을 준비했다. 특히 1989년 천안문 사태가 일어나자 홍콩 주민들의 본격적인 이민이 시작되었다. 자유민주주의 체제에서 살아온 주민들이 중국에 반환된 후 일어날 일에 대해 두려움을 가졌기 때문이다.

당시 캐나다, 호주, 미국 등으로 이민을 갔는데 특히 캐나다 밴쿠버

인기가 가장 높았다. 밴쿠버에 홍콩 주민들이 몰리면서 부동산값이 치솟았고 홍쿠버라는 별명까지 붙었다. 1988년부터 1994년까지 연 5만5천 명 정도가 이민을 갔는데 천안문 사태가 일어난 직후인 1990년에는 6만2천 명(홍콩 전체 인구의 1%)으로 연간 기준으로 최대 수치를 기록했다.[7] 홍콩 주민들은 정치·경제적으로 중국 본토 사람들보다 자유롭고 풍요로운 생활을 했기 때문에 중국과의 통합을 원하지 않았다. 반면 북한 주민들은 남쪽과 바로 통합을 원한다는 점이 그들과 근본적으로 다르다.

독일이 신속하게 통일을 하게 된 배경에는 두 가지 잠재적인 문제가 있었다. 첫째는 통일이 지연될 경우 동서독을 둘러싼 주변국들의 반대를 우려했다. 영국, 프랑스 그리고 일부 유럽 국가들이 애당초 통합에 반대했다. 특히 소련의 고르바초프가 실각될 가능성이 있어 소련의 개혁정책이 후퇴할지도 모른다는 우려가 있었다. 실제 독일 통일 후인 1991년 12월 고르바초프는 실각되고 소련연방이 해체되었다.

두 번째는 1989년부터 탈동독 주민의 수가 급증하면서 동독에서는 경제파탄, 서독에서는 이들을 정착지원 하는 데 따른 사회경제적 부담에 대한 우려가 심각했다.

남북이 통일기회가 왔을 때 바로 잡아야 할 이유가 여기에 있다. 독일의 경우처럼 한반도의 통일도 강대국인 미국, 중국 등 주변국의 영향이 절대적이다. 이들의 세력판도가 어떻게 변할지 모르는 상황에서 정치적으로만 통합하고 경제적 통합을 10~20년 기다린다는 것은 천재일우의 기회를 놓칠 수도 있다.

경우에 따라 반쪽 통합이 영구적인 분단을 초래할 수도 있다. 또한 독일의 경우와 마찬가지로 통합이 늦어질수록 북한 주민의 탈북이 늘어나 애당초 경제통합 유예의 목적에 부합되지 않게 된다.

가장 중요한 것은 실익이 없다는 점이다. 예를 들어 10년 유예기간을 둔다고 하자. 북한경제가 연평균 10%로 고속성장하고 북한의 1인당 국민소득이 1,500달러라고 가정하자. 그러면 10년 후 북한의 1인당 국민소득은 3,890달러가 된다. 남한의 1인당 국민소득은 3만 달러, 연평균 경제성장률은 2%로 가정하자. 그러면 남한의 10년 후 1인당 국민소득은 36,570달러가 된다.

처음 남북의 1인당 국민소득 격차는 28,500 달러(30,000 - 1,500)였는데 10년 후 32,680달러(36,570 - 3,890)다. 즉 한국의 성장률은 북한의 성장률에 비해 훨씬 낮으나 규모가 워낙 커서 10년 후 격차는 더 벌어진다.

이미 언급한 바와 같이 통일은 성장 동력을 잃은 한국경제를 살릴 수 있는 획기적인 기회가 된다. 이 기회를 살릴 수 있는 방법은 경제적 통합을 유예한 후 북한경제를 살려 통합비용을 줄이는 데 초점을 맞출 것이 아니라 즉각 통합하여 단기간 엄청난 규모의 재정투입으로 한반도 경제성장에 동력을 불어넣는 것이다.

이런 기회를 버리고 수동적으로 통일에 따른 부담만을 강조하고 이를 해소하는 방향으로만 생각하면 통일 한반도의 미래를 망치는 결과를 가져온다. 따라서 남북의 경제적 격차를 줄인 후 통일한다는 논리는 말 그대로 피상적인 가정일 뿐이라는 사실을 거듭 강조하고자 한다.

· 9장 ·

독일의 통일과정

한반도 통일도 독일의 경우처럼 통합을 준비할 시간 여유 없이 바로 이루어진다. 즉 흔히 하는 말처럼 어느 날 갑자기 통일이 온다. 이런 점에서 독일 통일의 사례는 한반도 통일에 중요한 이정표가 된다. 이 장에서는 독일의 통일 과정을 살펴본다.

9-1 통일 조짐과 통일 과정

1970년대 중반부터 소련의 경제력은 급격히 약화되었다. 미국 CIA의 자료에 의하면 소련의 연간 GNP 성장률은 1961~1973년 5.0%, 1974~1978년 3.4% 그리고 1979~1985년 2.1%를 기록했다.[1]

경제가 급격하게 위축된 이유는 사회주의 경제체제의 비효율성에서 찾을 수 있다. 경제위축은 대외적으로 정치적 입지의 약화를 초래했다. 즉 동구권에 대한 개입 강도가 약화되었다.

한편 1987년 미국의 레이건 대통령은 브란덴부르크 게이트 연설에서 베를린을 양분하고 있었던 베를린장벽을 없애자고 고르바초프 소련 공산당 서기장에게 제안했다. 베를린장벽은 정치적으로 또한 경제적으로 동과 서를 나누는 아이콘이었고 처칠은 '철의 장막'이라고 하였다.

1989년 초반 고르바초프 서기장이 글라스노스트(Glasnost: 개방)와 페레스트로이카(Perestroika: 개혁)를 슬로건으로 소련의 침체된 경제와 사회에 활력을 불어넣으려고 했다. 개혁과 자유화 물결로 인해 폴란드에서는 자유노조(Solidarity)가 활동하기 시작했다.

● 동독 주민들의 탈동독 러시

1989년 9월 4일 옛 동독지역 작센 주의 최대 도시인 라이프치히에 있는 성 니콜라스 교회에서 평소처럼 월요예배를 보고 있었다. 그런데 이날 참석자들이 예배 후 가두시위에 나서 여행의 자유와 정치개혁을 요구했다. 그해 헝가리 등 다른 동구 공산국가에서는 이미 자유화 물결이 한창 불고 있었다.

1989년 9월 헝가리가 150마일이나 되는 오스트리아와의 철조망을 헐어 1만5천 명의 동독 주민들이 서독으로 탈출했다. 때를 맞춰 헝가리 국경을 넘어 서독으로 탈출하는 동독 주민들의 수가 늘어났다. 이에 동독 정부는 동독과 헝가리 국경을 봉쇄했다. 이 조치로 서독으로 갈 수 있는 유일한 통로는 체코슬로바키아였다. 월요집회 이후 한 달이 채 지나지 않은 9월 말 6,000명 정도의 동독 주민들이 체코 주재 서독 대사관으로 몰려가서 서독행을 요구했다.

서독과 동독의 힘든 협상을 통해 드디어 이들의 서독행이 결정되었다. 10월 1일 첫 번째 열차가 체코의 수도 프라하에서 수백 명을 싣고 서독으로 향했다. 이후 닷새 동안 이들 모두 서독으로 가는 열차를 탔다. 이를 '자유를 향한 기차'(Freedom Train)라고 했는데 이 사건이 동독 주민들의 평화적 혁명의 발단이 되었고 베를린 장벽이 무너지는 기폭제가 되었다.

● 베를린 장벽 무너지다

'자유를 향한 기차' 사건 후, 10월 9일 라이프치히에서 7만 명(라이프치히 인구: 50만 명) 이상의 주민이 시위에 참가했는데 "우리는 인민이다"(비어 진트 다스 폴크: Wir sind das Volk)라는 구호를 외치며 평화적인 촛불 시위를 벌였다.

친정권 언론들이 집회 참가자들은 난동자라고 비하하자 이들은 "우리는 (선량한)인민이다"라는 슬로건을 들고 나왔다. 당시 동독수상이었던 호네커가 후일 총칼보다 더 무서운 무기가 이 슬로건이었다고 회상했다.

동서독 국민들은 동독 주민들의 대규모 탈출과 시위가 있을 때까지도 그렇게 빨리 통일이 오리라고 예견하지 못했다. 1988~1989년에 폴란드, 헝가리, 체코 국민들은 공산주의에 등을 돌리기 시작했다. 그러나 동독의 지도자들은 다른 나라에서는 급변 사태가 올 수 있어도 동독에서는 그런 일이 발생하리라 전혀 예상하지 못했다. 왜냐하면 동독은 소련을 포함한 동구권을 통틀어 경제적으로 가장 모범국가였기 때문이다.

그러나 1989년 11월 9일 베를린장벽이 무너졌다. 성 니콜라스 교회에서 예배를 본 후 자유와 정치개혁을 위한 작은 시위가 있은 지 두 달 만에 그리고 '자유를 향한 기차' 이후 한 달여 만에 동서독의 장벽이 무너졌다. 베를린장벽이 무너진 후 동독 정부는 서독으로 가려는 동독 주민들은 누구나 서독으로 갈 수 있다고 선언했다. 동독사람들은 이런 갑작스러운 조치에 충격을 받았다. 정말 국경이 열렸는지 반신반의했다.

일부 주민들은 일부러 국경지대까지 와서 정말 넘어갈 수 있는지 확인하려 했다. 그런데 정말 동독 경비병들이 서독으로 가려는 주민들을 국경에서 보내주는 장면을 목격했다. 이후 수많은 주민들이 베를린장벽에 나와 껴안고 키스하고 노래하고 울었다.[2]

● 동독 주민들 신속한 통일 요구

베를린장벽이 무너진 후 동독 주민들의 시위 구호는 "우리는 한 민족이다"(Wir sind ein Volk: 비어 진트 아인 폴크)로 바뀌었다. 동독 주민들은 하루빨리 서독과의 통합을 원했고 시위를 통해 그들의 의사를 표현했다. 베를린장벽이 유명무실하게 된 지 2주 지난 1989년 11월 28일 당시 서독 수상이던 헬무트 콜은 서독과 동독이 협력하여 통일을 이루자고 역설했다. 이후 1990년 3월 동독에서 치러진 최초의 자유선거에서 동독을 통치했던 독일사회통합당(SED: 후에 민주사회주의당으로 변경)은 참패했다.

동독 주민들의 서독으로의 대량탈출로 경제-사회체제가 마비되었다. 시간이 가면 갈수록 더욱 악화될 조짐을 보였다. 경제가 급속히 붕괴되어 새로운 경제, 화폐, 사회통합이 절실했다. 동독의 민주선거에서 선출된 수상인 메지에르(Lothar de Maiziere) 정부는 통합을 가속화하고자 했다. 그와 서독의 콜 수상의 기민당이 연합하여 신속한 통합을 정강정책으로 채택했다.

● 경제 및 정치 통합 급물살

한편 동독경제는 통일 논의가 진행되면서 순식간에 붕괴되었다. 소련을 비롯한 동구권에서 가장 튼튼한 경제라고 알려진 동독경제가 공산체제가 무너지면서 근본이 흔들렸다. 이로 인해 동독 마르크화는 동독

이외 지역에서 돈의 가치를 잃어버렸다. 이에 따라 동독과 서독의 경제 통합에 대한 논의가 급물살을 타게 되었다.

1990년 5월 18일 동독과 서독은 '통화와 경제 및 사회 통합'에 대한 협약에 서명하여 1990년 7월 1일부터 발효되었다. 이 협약에서 서독 마르크가 동독의 공식 화폐로 인정되었다.

동독의 통화가 서독 마르크화로 변경되고 동독의 재정주권이 서독으로 넘어가면서 서독 정부는 동독의 예산집행과 사회보장제도 지출을 위해 보조금을 지급하기 시작했다. 이와 동시에 대부분의 서독 법률이 동독에도 적용되기 시작했다. 이로 인해 두 나라 사이에 상존했던 정치적, 사회적, 경제적 시스템의 차이를 없앨 수 있었다.

1990년 7월 2일부터 서독과 동독은 통합협정에 대하여 협의하기 시작하여 9월 20일 양측이 승인하였다. 그 협정은 같은 해 9월 29일에 국제적인 효력을 갖게 되었다. 마지막 단계로 통합협정 제1조에 의거 1990년 10월 3일 0시를 기해 독일은 통일되었다.

통일 이후 동독의 경제 재건을 위한 대형 프로젝트에 엄청난 액수의 공적자금이 투자되었다. 이에 따라 동독 일부 지역의 경기가 활성화되었다. 그러나 문제는 동독의 높은 실업률이었다. 1990년 이후 동독 대부분 지역에서 산업공동화 현상이 생기기 시작했다.

동독체제의 관료주의와 비효율성 때문에 실업률이 급증했다. 그런데 당시 동독 사람들은 동독기업들이 새로운 환경에 적응할 시간을 주지 않고 급격하게 민영화를 추진하면서 많은 동독기업이 문을 닫아 실업률이 올라갔다고 비난했다.

독일통일 불과 1년 2개월밖에 걸리지 않았다[3]

독일이 통일로 가는 데 결정적 역할을 한 사건이 두 가지 있었다. 하나는 고르바초프가 동독에 민주화 바람을 넣어준 것이다. 사실 고르바초프는 동구권에 페레스트로이카를 수출했다. 이로써 폴란드, 체코 등의 국가에서 민주화가 진행되기 시작했고 동독도 조금 늦게 이에 합류하게 되었다. 다른 하나는 자유를 얻기 위해 시위를 벌였던 수천 명 동독 주민들의 용기다.

- 1989년 8월 9일: 130명의 동독 주민들이 동베를린에 있는 서독 대표부로 진입하여 서독행을 요구했다. 그들은 헝가리, 체코 그리고 폴란드를 통해 동독을 탈출한 수천 명의 동독 주민들과 마찬가지로 자유를 갈망한 사람들이었다.

- 1989년 9월 4일: 월요시위가 처음 일어난 날이다. 1,000명 정도의 주민들이 라이프치히에서 시위를 벌이면서 더 광범위한 자유와 권리를 요구했다. 이어 월요일마다 시위가 열렸는데 비밀경찰의 무자비한 행동을 성토했다.

- 1989년 9월 11일: 헝가리가 오스트리아와의 국경 철조망을 허물었다. 이후 3일 안에 15,000명의 동독인이 동독을 탈출했다. 9월 말에는 소련과 동독 정부가 체코 프라하에 있는 서독대사관에 진입한 6,000명의 동독인에게 동독을 떠날 수 있도록 허용했다.

- 1989년 10월 7일: 동독 정부는 정부수립 40주년 행사를 성대하게 치렀다. 그러나 정권을 담당하고 있었던 독일사회통합당에 반대하는 시위가 여러 도시에서 있었다.

- 1989년 10월 9일: 70,000명 이상의 주민들이 라이프치히 중심가에서 시위를 벌였으며 그들은 표현의 자유와 정치개혁을 요구했다. 이후 일주일 뒤 동독 전역에서 120,000명 정도의 주민들이 시위에 참가했다.

- 1989년 10월 18일: 당시 동독 수상이던 에리히 호네커(Erich Honecker)가 독일사회통합당의 당수직을 사임했다.

- 1989년 11월 3일: 동독 정부는 동독 주민들이 체코국경을 통해 바로 서독으로 갈 수 있도록 허용했다. 이 조치가 취해진 지 이틀 후 15,000명의 동독 주민들이 이 통로를 통해 서독으로 갔다.

- 1989년 11월 8일: 독일사회통합당의 정치국원이 모두 사임했다.

- 1989년 11월 9일: 독일 분단의 상징이었던 베를린 장벽이 많은 사람의 환호 속에서 무너졌다.

- 1990년 3월 18일: 사상 최초로 동독에서 자유선거가 실시되었다. 의회 의원이 선출되어 통일에 대비했다.

- 1990년 5월 5일: 2+4회담이 시작되었다. 이는 미국, 소련, 영국, 프랑스 등 승전국가 외무장관과 서독과 동독 외무장관이었다. 회담에서 연합국의 독일에 대한 권리 취하에 대해 협의했다.

- 1990년 5월 18일: 서독과 동독은 경제, 화폐, 사회통합에 대한 협정을 체결했다.

- 1990년 7월 1일: 동독은 서독의 경제체제와 법체계를 대부분 받아들였다. 서독 마르크화가 두 나라의 유일한 통화가 되었다.

- 1990년 8월 23일: 서독과 동독의 통합협정과 관련한 마지막 협의 종료 전인 8월 23일 동독의회 의원들은 1990년 10월 3일을 기해 동독이 서독에 병합되기로 결정했다.

- 1990년 9월 12일: 미국, 소련, 영국 그리고 프랑스의 외무장관들은 2+4 협정에 서명하고 통합된 독일에 자주권을 인정했다.

- 1990년 10월 3일: 2일 밤 그리고 3일 새벽 공식적인 통일의 날 행사가 열렸다. 불꽃놀이 행사가 있었으며 모든 사람이 환호했다.

- 1990년 12월 2일: 동서독 사람들은 통일의회 선거를 통해 의원을 선출했는데 이는 1933년 이래 처음 치러진 온 민족의 선거였다.

독일의 통일은 1989년 8월 동독 주민들의 동독 탈출로 시작해서 1990년 10월 공식통합이 발표되기까지 불과 1년 2개월밖에 걸리지 않았다.

9-2 독일통일에 대한 관련국들의 입장

독일이 분단된 이후 수십 년 동안 서독의 우방들은 독일의 통일을 지지했었다. 다만 이스라엘만이 수백만 명의 유대인을 학살한 나라는 이런 끔찍한 일을 다시 저지를 수 있다고 하면서 공식적으로 반대했다. 그런데 독일통일에 대한 논의를 본격화하자 우방국들의 태도가 달라졌다.

1990년 1월 서독의 우방국들인 미국, 프랑스, 영국 그리고 폴란드 국민을 상대로 여론조사를 했다. 미국인들과 프랑스인들 대다수는 독일통일을 지지한 반면, 69%의 폴란드인 그리고 50%의 영국인들은 통일을 반대했다. 그들은 통일된 독일이 유럽에서 가장 강력한 국가가 될 것이라는 점에 우려를 표했다. 또한 통일된 독일이 다시 영토 확장의 야욕을 드러낼 수 있고 나치가 부활할 수도 있다고 생각해 독일통일을 반대했다.

베를린장벽이 유명무실하기 직전 영국 수상이었던 마가렛 대처는 영국과 서부 유럽은 독일통일을 원치 않는다고 당시 고르바초프 서기장에게 말했다. 이에 덧붙여 대처는 소련의 지도자가 독일통일을 저지해야 한다고 주장했다. 나중에 대처는 5년 정도의 통합기간을 예상했고 그 기간에는 서독과 동독이 각각의 국가체제를 유지하기를 원했다. 통일독일이 영국에 위협이라고 판단했기 때문이다. 대처는 당시 런던 주재 프랑스대사에게 프랑스와 영국이 다시 힘을 합쳐야 한다고 역설한 것으로 알려졌다.

마찬가지로 프랑스 대통령이었던 프랑수아 미테랑의 수석대표는 고르바초프 서기장의 보좌관에게 "독일이 궁극적으로는 통일이 되겠지만 지금은 통일을 결코 원치 않는다"고 말했다. 그러나 대세는 통일 방향으로 가고 있었다. 미테랑은 독일통일은 불가피해 이제 프랑스의 대독일통일 문제에 대해 의견을 바꾼다고 대처에게 귀띔해주었다.

다른 유럽 국가들은 독일통일에 대하여 냉랭했다. 줄리오 안드레오티(Giulio Andreotti) 이탈리아 대통령은 범독일주의(Pan-Germanism)의 부활을 우려했고 뤼트 뤼버스(Ruud Lubbers) 네덜란드 수상도 독일이 통일을 스스로 결정할 수 있는 권리가 있는지 의문을 가졌다. 그들은 영국과 프랑스의 견해, 즉 독일이 막강한 경제력을 바탕으로 군사대국화될 수 있다는 우려에 동조했다. 반면 미국의 조지 부시(George H.W. Bush) 대통령은 서독이 민주적 국가로 탄생한 지 오래되었고 미국의 우방이며 나토 회원국이라는 점을 강조하면서 통일을 지지했다.

한편 소련은 독일이 통일되면 독일이 나토 회원국(서독은 나토회원국이었음)이 될 수 없다고 주장하였으나 미국은 이를 반대했다. 미국은 통일독일이 나토에 잔류하는 조건으로 통일을 지지한다는 입장을 밝혔다. 서독의 콜 수상은 서독 국민의 대다수가 나토 잔류를 반대했지만 나토 잔류를 밀어붙였다. 이로 인해 미국은 콜 수상을 적극 지원했다. 헬무트 콜은 통일독일의 첫 번째 수상이 되었다.

9-3 동서독 마르크 1 : 1 통합

앞에서 언급한 바와 같이 동독의 마르크화(D)와 서독의 D-마르크화(DM)는 1990년 7월 1일부터 DM으로 통합되었다. 즉 통일 이전에 화폐통합이 먼저 이루어졌다.

동독 주민들은 1989년 시위 때에는 "우리는 같은 민족이다"를 외쳤는데 1990년 봄 시위 때에는 "우리가 DM을 가지지 못하게 된다면 우리는 그것을 가질 수 있는 곳으로 가겠다"고 언성을 높였다.

이는 동독 주민들의 단순한 위협이 아니었다. 베를린장벽이 무너진 후 바로 수십만 명이 서독으로 이주했다. 이런 이유로 동서독 지도자들은 어떻게 하든 화폐와 경제통합을 신속하게 해야 한다는 압력을 받았다. 당시 재무부 장관이던 테오 바이겔(Theo Waigel)은 "지금 가장 중요한 일은 동독인들이 동독에 있게 하는 것이다. 1949년 이래 약 400만 명의 동독인들이 서독으로 이주했는데 1989년 이후에는 얼마가 될지 모르겠다. 그리고 한 사람의 동독인도 돌아가지 않았다."라고 말했다.

화폐통합일인 1990년 7월 1일 자정이 지나자마자 동독사람들은 동독 마르크를 고대하던 서독 마르크로 교환하기 위해 은행에 줄을 섰다. 성인들은 4,000 동독마르크까지 1:1의 교환 비율로 서독마르크를 바꿀 수 있었다. 한편 연금과 임금 등에 대하여는 6,000마르크까지 1:1로 교환했다. 동독 주민들은 1:1에 교환비율에 대하여 환호했다.

대부분의 동독 주민들은 처음부터 1:1이 되리라고 생각하지 않았다. 동독경제의 생산성이 향상되면서 교환비율이 점진적으로 올라갈 것으로 예상했다. 그러나 1:1로 정해지면서 동독 주민들은 하루아침에 부자가 된 기분이었다. 돈을 마구 쓰기 시작했다. 동독제품은 거들떠보지도 않고 서독제품을 사들였으며 서독으로 여행도 갔다.

그 결과 동독경제에 큰 문제가 생겼다. 동독제조업은 갑자기 고객을 잃게 되었다. 우선 서독 경쟁회사들과 경쟁에서 뒤져 고객을 빼앗겼다. 또한 임금을 서독마르크로 받다 보니 동독기업의 제조비용이 올라 제품가격도 올릴 수밖에 없었다. 수많은 동독기업이 파산했다.[4]

화폐는 경제시스템의 혈액과도 같다. 따라서 경제통합에서 가장 중요한 것이 화폐교환 비율이었다. 이와 관련한 논란이 많았는데 왜냐하면 동독마르크와 서독마르크와의 환율을 결정할 어떠한 과거 사례도 없었기 때문이었다.

독일의 자를란트(Saarland) 주는 세계 2차 대전 후 독립했다가 1959년 다시 통합되었는데 자를란트는 독립국가로서 프랑화를 사용하고 있었다. 따라서 통합 시 프랑화와 서독마르크화의 환율을 기준으로 정해졌다.

동독마르크와 서독마르크의 교환비율과 관련해서도 정확하게 반영하지는 못하지만 기준으로 삼을 만한 것이 있었다. 이는 당시 동독이 서독으로 수출한 동독마르크 기준 수출액과 서독마르크 기준 수입액을 비교해 보는 것이다. 이 경우 4.4:1이 되었다. 즉 4.4 동독마르크와 1.0 서독마르크가 교환비율이 된다. 그러나 이 경우에도 문제가 있었다. 당시 동독은 사회주의 국가였기 때문에 수출품에 높은 세금이 부과됐다. 따라서 상품가치를 정확하게 반영하지 못했다. 또한 암시장에서는 5:1에서 20:1까지 교환되었는데 이는 서독마르크 수요에 의해 결정되었다.[5]

서독 정부의 핵심과제는 재무부 장관이 언급했던 것처럼 동독 주민들이 동독 땅에 잔류하는 것이었다. 따라서 환율결정에서도 이것이 우선적인 고려사항이었다. 동독 주민들이 경제적인 여유가 생기면 그들은 그곳에 잔류할 것으로 판단하여 경제적으로는 4.4:1 정도로 교환비율을 정해야 하나 정치적 결단으로 1:1 교환비율을 정하게 되었다. 교환비율은 세부적으로 차등을 주었다. 앞에서 언급한 바와 같이 임금, 집세 그리고 연금 등은 교환비율이 1:1이었다. 그러나 금융자산에 대하여는 2:1, 비거주자 자산의 경우 3:1로 했다. 이들을 평균하면 1.7:1이 된다.

환율이 동독 주민들에게 유리하게 결정되면서 동독 주민들의 서독행을 어느 정도 막기는 했으나 많은 동독기업이 파산하면서 실업률이 큰 폭으로 올랐다.

9-4 동서독 경제통합의 후유증

동서독의 경제와 화폐통합으로 자본주의 국가와 사회주의 국가가 갑자기 하나의 나라가 되었는데 이는 역사상 전례가 없던 사건이었다. 따라서 여러 가지 문제가 야기되었는데 그중 가장 큰 이슈는 동독경제의 낮은 생산성과 당시 붕괴하고 있던 소련과 동구권 국가의 경제와 동독경제가 연관되어 있었다는 점이다.

서독 정부가 통일 이전에 우선적으로 할 일은 동독경제를 민영화하는 것이었다. 이런 이유로 서독 정부는 동독 정부가 이미 세웠던 신탁청(Trust Agent: Treuhand)을 인수했다. 신탁청은 동독기업의 자산과 부채를 인수해서 이를 서독기업이나 다른 외국기업들에게 매각하는 일을 했다. 신탁청은 1994년 말 해체될 때까지 14,000여 개의 동독기업을 민영화했다. 이로 인해 많은 동독 주민들이 반발했는데 1991년 신탁청의 CEO가 뒤셀도르프에서 암살당하는 일까지 일어났다.

신탁청의 직원은 대부분 서독에서 온 사람들이었다. 동독기업의 민영화 과정에서 신탁청이 어떤 기업은 살리고 어떤 기업은 파산시키기로 결정하면서 동독의 어떤 지역은 번영하고 다른 지역은 침체했다. 또한, 번영하는 지역에서는 주민 생활이 개선되었고 그렇지 않은 지역에서의 주민 생활은 어려워졌다.

경제통합 후 여러 문제가 표면으로 드러나기 시작했다. 첫째, 재산권에 대한 혼란이었다. 1933년에서 1989년 사이 독일에서는 나치, 소련군정 그리고 동독사회주의가 사유재산을 몰수했다. 따라서 1990년 이후 재산이 누구 소유인지 명확하지 않았다. 이런 이유로 1992년 12월 31일까지 전 동독지역에서 2백만 건 이상 소유권 소송이 제기되었다. 이후에도 재산권 확인 소송이 늘어나 동독기업을 인수하려는 기업(투자자)들이 인수를 기피하는 현상이 비일비재하였다.

둘째, 화폐통합으로 높아진 인건비는 동독기업의 생산원가를 올렸다. 그래서 서독기업들은 동독에 공장을 짓지 않고 서독에 짓게 되었다.

셋째, 동독지역의 열악한 인프라로 동독기업을 인수하려는 투자자들이 인수를 꺼렸다. 전화도 제대로 작동되지 않는 경우가 비일비재했으며 에너지 또한 부족했다. 통일 후 동독의 여러 곳의 발전소가 안전상의 이유로 가동이 중지되었기 때문이다. 또한 도로와 철도가 노후화되어 있었다.

통일과정이 서독에 의해 좌지우지되면서 동독에 설립되는 기업 대부분은 서독기업의 자회사였다. 자회사들은 서독회사의 소유구조와 경영방식을 따랐다. 특히 은행들의 동독기업에의 참여가 늘어났다. 프랑크푸르트의 대형은행들은 동독은행의 자산과 부채를 인수했고 대부분 동독기업은 이들 은행으로부터 자금을 차입했다. 이에 따라 서독의 대형은행들은 동독기업 이사회에 대리인을 파견하여 기업경영을 감독했다.

동독에 대한 민간투자가 부진한 반면, 정부투자 및 정부지출은 엄청난 규모였다. 정부는 도로, 교량, 철도 등 대규모 인프라투자를 단행했고 동독 주민들의 실업수당과 사회보장을 위한 지출을 크게 늘렸다. 인프라투자는 동독 주민들의 고용을 촉진했으며 사회보장 지출은 동독 주민들의 소득을 보전하는 효과가 있었다.

통일독일 정부는 막대한 자금을 동독지역에 지원함으로써 통일 다음 해인 1991년 서독의 1인당 GDP 대비 동독의 1인당 GDP가 42%에서 20년 후인 2009년에는 70% 수준으로 상승했다.

향후 10년 정도 더 지원하면 80%로 오를 것이라고 예측하고 있다. 그렇게 되면 경제적 통합이 실질적으로 완성되었다고 전문가들은 말한다.

9-5 사회통합은 아직도 진행형[6]

동서독의 통합은 정치통합과 화폐통합을 포함한 경제통합 그리고 사회통합으로 나누어 볼 수 있다. 통일된 지 20년이 지나면서 정치통합과 경제통합은 외견상으로 나마 통합의 모습을 갖추어 가는 반면 사회통합은 그렇지 않았다.

2010년 10월 3일은 동서독이 통일된 지 20년이 되는 날이었다. 이를 기념하기 위한 행사가 거행되었고 동서독 통일과 관련된 학술회의도 여러 번 열렸다. 통일 후 20년이 지났는데 과연 통일 이후 동서독의 사회통합은 어느 정도 이루어졌는지에 대하여 대부분 부정적이었다.

사회통합이 독립적으로 작용할 수는 없다. 사회통합은 정치통합과 경제통합의 토대 위에서 이루어진다. 통일 후 20년이 지났지만 옛 동서독 사회는 평행선을 달리고 있다. 이는 과거 근 50년간 이질적인 환경에서 살아왔기 때문이다. 한쪽은 민주주의, 시장경제 그리고 자본주의 체제에 적응해서 살아온 반면, 다른 한쪽은 전체주의, 계획경제 그리고 공산주의에 익숙했기 때문이다. 또한 통일 후 통일독일의 정치 지도자들이 정치적-경제적 통합에 노력을 집중했고 비정치적-비경제적 측면인 사회통합은 등한시했기 때문이기도 하다.

1992년 통일 후 2년이 지난 시기에 사회통합에 대한 여론조사를 했다. 70%의 동독 주민들이 서독 주민들과 자신들은 여러 면에서 이질적이라고 생각했다. 20%는 공통점이 많다고 긍정적인 답변을 했다. 그런데 2009년 여론조사에서는 63%의 동독 주민들이 이질적이라고 답변함으로써 1992년과 큰 차이가 없었다. 공통점이 있다고 대답한 사람은 25%로 1992년보다 조금 늘었을 뿐이었다.

한편 1992년에 서독 주민들의 52%가 동독 주민들에 대해 이질감을 느낀다고 대답했고 25%는 공통점이 크다고 대답했다. 그런데 2009년에 이질감은 42%로 떨어졌으나 공통점도 20%로 낮아졌다. 즉 이질감을 느낀다는 서독 사람들은 적어졌지만 큰 폭이 아니었다. 공통점을 느낀다는 서독 사람들은 오히려 하락했다. 통합된 독일에서 흔히 말하는 '정신적 장벽'(Mental Wall)이 통일 후에도 여전히 존재함을 나타내준다.

통일된 하나의 국가에 두 사회가 존재한다는 사실을 좀 더 구체적인 사례로 확인해 보자. 2009년 기준 옛 서독 주민들의 73%는 가톨릭신자거나 기독교신자다. 옛 동독 주민들의 경우 26%에 불과하다. 사회학자들은 통일 후 시간이 갈수록 비슷한 수준으로 갈 것으로 예상했었다. 그러나 1990년 통일 당시 동독 주민의 28%가 신자였다. 이는 통일 후 근 20년의 세월 동안 종교적인 측면에서의 문화통합이 전혀 이루어지지 않았음을 말해준다.

종교적 배경으로 의견이 크게 나누어지는 낙태문제의 경우 옛 동독 주민의 50%가 부모가 가난하면 낙태할 수도 있다고 생각하는 반면 옛 서독 주민은 30%만 동의한다.

통일 전 동독에서는 서독보다 일찍 결혼해서 일찍 아이를 가졌다. 주부의 역할과 자녀 양육과 관련하여 서독보다 진보적이었다. 2009년 기준 옛 서독 주민들의 56%가 아이를 가진 가정에서의 주부는 집에서 가사만 담당해야 한다고 생각했다. 그러나 옛 동독 주민들의 경우는 25%에 불과하다. 서독 주민들의 40%가 여성은 직업을 가지지 말고 육아와 가사에 전념해야 한다고 하는 반면, 동독 주민들의 경우 17.8%에 불과했다. 83%의 동독 주민들은 여성도 돈을 벌어야 한다고 생각하는데 서독 주민들은 53%만 그렇게 생각했다. 여기에도 '정신적 장벽'이 있었다.

악수하는 형태에서도 그렇다. 옛 동독 사람들은 매일 만나는 사람의 경우에도 새로 만나면 악수를 한다. 그러나 서독 사람들은 공식적인 만남에서 악수를 한다. 또한 서독 사람들은 대화할 때 유머를 많이 사용하고 날씨나 교통상황 등 가벼운 주제를 이야기한다. 그러나 동독 사람들은 비판적인 언사를 많이 쓴다. 특히 서독 사람들은 개인적인 문제는 이야기하지 않는다. 회사에서도 서독 사람들은 일의 결과와 성과를 중시하고 승진도 이에 따라 결정된다. 그러나 동독 사람들은 사람과의 관계 그리고 공손한 태도를 중요시하며 승진의 경우 조직에서 화합을 잘하는 사람이 우선이다.

통일된 지 20년이 된 통일독일에서 '정신적 장벽'이란 말을 흔히 한다. 또한 "한 나라에 두 사회가 존재한다"고도 한다. 이는 사회적 통합은 통일된 지 20년이 지나도 제대로 이루어지지 않았다는 의미다.

● 통합사회의 어두운 면

대다수 동독 사람들은 어느 날 누군가 찾아와 "이 집은 내 집이니 집을 비워달라"고 해서 집을 내주었던 사례를 이야기한다. 그들은 언론의 자유 그리고 여행의 자유는 좋은데 그 대가가 너무 크다고 생각한다. 즉 통일 후 수백만 명이 일자리를 잃어 실업률이 급증했고 동독 인구도 2백만 명이나 감소했다. 그리고 젊은 동독 청년들은 일자리를 찾아 서독으로 갔다. 인구감소와 서독으로 이주하는 사람들 때문에 동독의 어떤 지역은 유령도시가 되었고 수천 호의 아파트는 허물어졌다.

수많은 동독 사람이 통일된 나라에 적응하려고 노력하지만 쉽지 않았다. 그들은 동독 시절의 삶에 대해 향수를 갖게 되었고 서독 사람들에게 분노를 표출하는 사람들도 생겼다.[7]

베를린장벽이 무너졌을 때 수천 명의 동독 주민들은 눈물을 흘리며 철의 장막에서 누리지 못했던 자유를 갈망했다. 그러나 통합은 정치적, 경제적, 사회적으로 생각보다 훨씬 더 복잡했다.

동독 주민들은 일자리를 주고 아이를 탁아소에 맡기고, 낮은 집세와 낮은 생활비를 제공하는 사회주의 체제에 익숙했다. 그런데 하루아침에 자본주의의 깊숙한 곳으로 들어온 것이다. 통일정부의 엄청난 규모의 인프라투자에도 불구하고 옛 동독의 실업률이 20% 수준까지 올랐다. 그들은 2등 시민처럼 생각되었고 통일 후 자유와 높은 삶의 질을 기대했지만 그 꿈은 실현되지 못했다.

동독 주민들은 서독의 모든 규범을 따라야 했다. 예를 들면 동독 시대에 '칼막스로'(주: 칼막스 거리)가 '쉴러로'(주: 쉴러 거리; Friedrich Schiller, 독일의 시인이자 극작가)로 개명되었다. 수십 년 동안 분단된 동독에서 살면서 사람들은 자신들의 규범에 익숙했었다. 그런데 동독이 무너지면서 이 규범도 없어지고 서독의 민주주의와 경쟁시장 원리가 도입되었다. 이에 대해 동독 주민들은 자신들의 전통과 규범이 평가절하되고 있다고 생각하게 되었다. 헬무트 콜 수상은 같은 언어와 역사 그리고 문화유산을 가진 민족이 40여 년 분단되었다고 해서 이렇게 큰 차이가 생길 줄을 몰랐다고 고백했다.

점증하는 동독 사람들은 옛 동독 시절을 그리워한다. 2009년에 연방선거에서 동독의 공산당(SED)을 승계한 새로운 정당인 좌익당(The Left Party: Die Linke)이 12% 득표했는데 이는 1990년의 2.6%에 비하면 괄목할 만한 승리다. 좌익당이 크게 선전한 배경에는 통일독일 정부의 사회복지시스템과 최소생계비 지원정책에 실망했기 때문이었다.[8]

참고문헌 및 자료

〈2부〉

1장

1. 한국은행 경제통계시스템

2. 한국거래소

3. GDP는 IMF. 시가총액의 경우 미국(NYSE+NASDAQ)은 World Federation of Exchange, 일본(동경거래소+오사카거래소)은 각각 거래소 그리고 한국(코스피+코스닥)은 한국거래소

4. 자료: http://www.tradingeconomics.com/germany/stock-market

5. 업종별 등락: The Wall's fall proved a boom for German equities [Market watch] 2009.11.9
   http://www.marketwatch.com/story/the-walls-fall-proved-a-boom-for-german-equities-2009-11-09

6. 자료: http://www.tradingeconomics.com/germany/stock-market

7. 주식보유비율과 규제개혁: Axel Borsch-Supan. Lothar Essig [pdf] Stockholding in Germany-MEA 2002.2. p.3~7 http://www.mea.mpisoc.mpg.de/uploads/user_mea_discussionpapers/dz10tu6qye809uqj_dp19.pdf

2장

1. 조경엽 외 2인 "김정일 사망 후 시나리오별 경제적 영향" 연구보고서 [한국경제연구원] 2012.1.27

2. Andrei Lankov, "Costs stir Korean unification dreamers" [Asia Times] 2012.8.9
   http://www.atimes.com/atimes/Korea/NH09Dg01.html

3. 홍순직 "남북통일, 편익이 비용보다 크다" [현대경제연구원] 2010.11.1

4. 통일부 간행물자료. 2011.11
   http://www.unikorea.go.kr/content.do?cmsid=1592&mode=view&page=5&cid=19721

5. 한국은행 경제통계시스템

6. GDP 수치: IMF

7. Directorate General for Economic and Financial Affairs. "Germany's Growth

performance in the
1990's" [European Commission] 2002. p.48
http://ec.europa.eu/economy_finance/publications/publication1878_en.pdf

8. 북한의 광물자원: 이해정 "한국의 미래상" [현대경제연구소] 2012. p.73

9. 기획재정부 국채시장. ktb.mosf.go.kr

10. Germany's Growth Performance in 1990's [European Commission] p.44
http://ec.europa.eu/economy_finance/publications/publication1878_en.pdf

11. Michael C. Burda. Jennifer Hunt "From Reunification to Economic Integration:
Productivity and Labor Market in Eastern Germany" p.6
http://www.brookings.edu/~/media/projects/bpea/fall-2001/2001b_bpea_burda.
pdf

12. Jorg Bibow "The Economic Consequences of German Unification: The Impact of
Misguided Macroeconomic Policies" [Levy Institute Public Policy Brief No.67] 2001
http://www.levyinstitute.org/pubs/hili67a.pdf

13. 크루그먼 『경제학입문』 p.545

14. 크루그먼 『경제학입문』 p.551

15. 이향철 『일본경제 잃어버린 10년의 사투 그리고 회생』 제이앤시. 2005. p.23

16. 자료: IMF

17. p.33

18. 일본 GDP 데이터와 부채비율 자료: IMF

19. 내수 및 수출비중: World Bank

20. 남북한 인구(2014년 기준): 통계청 국가통계포털

21. 인구추이: 최병호 외 4명 "통일한국의 적정인구" 연구보고서 2013-31-13. [한국보건사
회연구원] 2013.12. p.43

22. 독일, 영국 등 GDP 증가율 및 실업급여 자료:
Lena Jacob. Jochen Kluve "Before and After the Hartz Reform: the Performance
of Active Labour Market Policy in Germany" 2006.4
http://ftp.iza.org/dp2100.pdf

3장 ───

1. 김동수, 안진수, 이동훈, 전은주 "2013년 북한핵 프로그램 및 능력평가" [통일연구원
KINU정책연구시리즈 13-11] 2013. p.85
http://www.kinu.or.kr/report/report_01_01.jsp?page=1&num=1654&mode=view&fie
ld=&text=&order=&dir=&bid=DATA02&ses=&category=3672

2. 국방부 『2014년 국방백서』 p.239

3. Andrew T.H.Tan. "International Relations and Security Pespectives" East and South-East Asia. [LSE Research Online] 2013. p.102~103
   http://eprints.lse.ac.uk/53803/

4. "Japan's Nuclear plan unsettles U.S." [Wall Street Journal] 2013.5.1
   http://www.wsj.com/articles/SB10001424127887324582004578456943867189804

5. "Japan and China's dispute goes Nuclear" [The Diplomat] 2014.3.18
   http://thediplomat.com/2014/03/japan-and-chinas-dispute-goes-nuclear/

6. "미, 일본 자위대 핵무장 희망" [조선일보 교도 통신 인용보도] 2015.1.18

7. 핵무기 공유: Michaela Dodge. "U.S. Nuclear Weapons in Europe: Critical for Transatlantic Security" [The Heritage Foundation Research] 2014.2.18
   http://www.heritage.org/research/reports/2014/02/us-nuclear-weapons-in-europe-critical-for-transatlantic-security

8. The US is finally making a friend of Vietnam. [TIME] 2014.5.22
   http://time.com/108567/us-vietnam-friendship-alliance-relationship/

9. [pdf] Recent Development in China's Relations with Taiwan and North Korea [Hearing before the US-China Economic and Security Review Commission] 2014.6.5. p.120
   http://origin.www.uscc.gov/sites/default/files/transcripts/Hearing%20Transcript_June%205,2014.pdf

4장

1. 출처(미국의회 연구 자료를 저자가 한글로 수정)
   Mark E. Manyin 외 7명. [pdf] "The Obama Administration's Rebalancing Toward Asia" [Congressnal Research Service] 2012 http://www.fas.org/sgp/crs/natsec/R42448.pdf

2. 오바마 행정부의 리밸런싱: Mark E. Manyin 외 7명. [pdf] "The Obama Administration's Rebalancing Toward Asia" [Congressnal Research Service] 2012http://www.fas.org/sgp/crs/natsec/R42448.pdf

3. 신형대국관계: Ely Ratner. [pdf] "Rebalancing to Asia with an Insecure China" [The Washington Quarterly] Spring 2013. p.28 http://csis.org/files/publication/TWQ_13Spring_Ratner.pdf

4. Susan V. Lawrence [pdf] "US-China Relations: An Overview of Policy Issues" [Congressional Research Service] 2013.8.1. p.8 http://www.fas.org/sgp/crs/row/R41108.pdf

5. 출처: Mark E. Manyin. [pdf] "Senkaku(Diaoyu) Islands Dispute: U.S.Treaty Obligations" [Congressional Research Service] 2013.1.22. p.2
   https://www.fas.org/sgp/crs/row/R42761.pdf

6. Mark E. Manyin. [pdf] "Senkaku(Diaoyu) Islands Dispute: U.S.Treaty Obligations" [Congressional Research Service] 2013.1.22. p.2 https://www.fas.org/sgp/crs/row/R42761.pdf

7. 난사군도 분쟁: "bbc news-Q&A: South China Sea Dispute" 2014.5.8 http://www.bbc.com/news/world-asia-pacific-13748349

8. 출처: 저자가 일부 한글로 수정
"bbc news-Q&A: South China Sea Dispute" 2014.5.8 http://www.bbc.com/news/world-asia-pacific-13748349

9. 스카보로 산호도 지역의 긴장관계: Ely Ratner. "Rebalancing to Asia with an Insecure China" p.24 http://csis.org/files/publication/TWQ_13Spring_Ratner.pdf

10. Yun Sun. [pdf] "Great Powers and the Changing Myanmar" Issue Brief No.3 [Stimson Center] June 2014 http://www.stimson.org/images/uploads/myanmar_issue_brief_3.pdf

11. 미국과 대만관계: Shirley A. Kan, Wayne M. Morrison "US-Taiwan Relationship: Overview of Policy Issues" p.1, p.3, p.6, p.9 [Congressional Research Service] July 2, 2013 http://www.fas.org/sgp/crs/row/R41952.pdf

12. "Taiwanese Prefer Independence Over Unification; Survey" [Taipei Times] 2013.10.31 http://www.taipeitimes.com/News/front/archives/2013/10/31/2003575806

13. 중국과 티베트: Ellon Bork "Tibet Transition: Will Washington Take a Stand?" [World Affairs] Sep/Oct 2012 http://www.worldaffairsjournal.org/article/tibet%E2%80%99s-transition-will-washington-take-stand

14. 중국의 영국투자: Philippe Le Corre. "Dividing the West: China's new investment bank and America's diplomatic failure" [Brookings] 2015.3.17 http://www.brookings.edu/blogs/order-from-chaos/posts/2015/03/17-dividing-west-chinas-new-investment-bank-lecorre

15. "Major Foreign Holders of Treasury Securities" [Department of Treasury]

16. James M. Boughton. "Was Suez in 1956 the First Financial Crisis of the Twenty First Century" IMF. Sep.2001 http://www.imf.org/external/pubs/ft/fandd/2001/09/boughton.htm

17. GDP 수치: IMF

18. 구매력평가 GDP: IMF

19. The Global Debt Clock [the Economist] http://www.economist.com/content/global_debt_clock

5장

1. 통일부 통일교육원 『북한이해 2014』 p.211

2. 홍우택 "사드(THAAD)를 둘러싼 논란에 대한 제언" 통일연구원 [통일연구원 온라인시리즈 2014.12.8/CO 14-16]

3. 사드에 대한 중국입장: "Why is China Unhappy with the Development of THAAD in the ROK?" [China Institute of International Studies] 2015.4.1
   http://www.ciis.org.cn/english/2015-04/01/content_7793314.htm

4. 전술핵무기: Duyeon Kim "Tactical Nuclear Weapons and Korea" [The Center for Arms Control and Non-Proliferation 2014]
   http://armscontrolcenter.org/issues/northkorea/articles/tactical_nuclear_weapons_and_korea/

5. BDA 사건: "How U.S. Used a Bank to Punish North Korea" [Wall Street Journal] 2007.4.12
http://www.wsj.com/articles/SB117627790709466173

6. 북한에 대한 금융제재 실효성 없다: Leon V. Sigal. "How North Korea Evades Financial Sanctions" [38 North] 2013.5.3
   http://38north.org/2013/05/lsigal050313/

7. 인도 핵실험: Kate Sullivan. "How the World Warmed to a Nuclear India" [Inside Story] 2012.5.3
   http://insidestory.org.au/how-the-world-warmed-to-a-nuclear-india/

8. Mary Elise Sarotte "A Broken Promise?" [Foreign Affairs]
   http://www.foreignaffairs.com/articles/141845/mary-elise-sarotte/a-broken-promise

9. Christopher Hill "How the U.S. can Influence China to Abandon North Korea" [Huffington Post] 2015.1.5
   http://www.huffingtonpost.com/christopher-r-hill/china-us-north-korea-abandon_b_6414122.html

10. Dr. Sue Mi Terry. [pdf] "Recent Developments in China's Relations with Taiwan and North Korea" [Hearing before the U.S.-China Economic and Security Review Commission] 2014.6.5. p.131
    http://origin.www.uscc.gov/sites/default/files/transcripts/Hearing%20Transcript_June%205,2014.pdf

11. Deng Yuwen "China Should Abandon North Korea" [FT] 2013.2.27
    http://www.ft.com/intl/cms/s/0/9e2f68b2-7c5c-11e2-99f0-00144feabdc0.html#axzz3W2Afsxxc

12. MBN2014.10.23http://www.mbn.co.kr/pages/vod/programView.mbn?bcastSeqNo=1082425

13. 라오스 중립국화: Laos-John F. Kennedy Presidential Library and Museum
    http://www.jfklibrary.org/JFK/JFK-in-History/Laos.aspx

14. Dr. Sui Mi Terry. [pdf] "Recent Development in China's Relations with Taiwan and North Korea" [United States-China Economic and Security Review Commission] Washington 2014.6.5. p.129-130
http://origin.www.uscc.gov/sites/default/files/transcripts/Hearing%20Transcript_June%205,2014.pdf

15. 주성하 "중국, 대북에너지 밸브를 잠그지 않았다(0)" [서울에서 쓰는 평양이야기] 2014.8.23

16. "중국, 북한 항공유 지원 재개...비행 군사훈련 급증" [중앙일보] 2015.1.31

17. "중국군, 북한붕괴 대응책 내부문서 마련"〈교토〉연합뉴스TV 2014.5.4
http://news.naver.com/main/read.nhn?mode=LSD&mid=sec&sid1=104&oid=422&aid=0000061051

18. 동북 3성 효과: 진징이 외 2인 "한반도 통일이 중국에 미칠 편익비용 분석" 중장기 통상전략시리즈 14-02. [대외경제정책연구원]

6장

1. 농민시장 확대: 임수호 "계획과 시장의 공존" [삼성경제연구소] 2008. p.81

2. 쌀값: 임수호 "계획과 시장의 공존" [삼성경제연구소] 2008. p.157~161

3. 환율과 쌀값 자료: [KDI 북한경제리뷰] 2013.7. p.62

4. 장마당 생활수준: 이대우 "탈북자와 함께 본 북한사회" [세종연구소 세종정책총서] 2012.6. p.159

5. 국영기업의 시장활동: 임강택 "북한경제의 비공식(시장)부문 실태분석" [통일연구원 연구총서 13-11] 2013.12

6. 6.28방침: 박형중 "북한의 새로운 경제관리체계(6.28방침)의 내용과 실행실태" [KDI 북한경제리뷰. 2013년 10호]

7. "분조관리제 시행지역 농장원들, 분배 못받아" [Daily NK] 2015.1.21

8. 2015.10.20 국정원 국회정보위 국정감사에서 언급

9. 장마당 수: 2014.8.30 조선일보 보도: 정종욱 통일준비위 부위원장이 콘퍼런스 기조연설에서 언급

10. 북한주민의 IT 기기 사용: 「주성하 기자의 서울과 평양이야기」 동아일보. 2014.11.18

11. 수령절대주의: 김광진 "북한청치 체제의 모순과 한계" [탈북자와 함께 본 북한사회] 2012. 이대우편. p.169-179

12. 통일의식조사: 강동완, 박정란 "북한주민의 통일의식조사연구: 북한주민 100명 면접조사를 중심으로" [통일정책연구] 통일연구원. 2014.12.31

13. 승자연합: 강명세 "북한독재체제는 왜 붕괴하지 않는가?" [세종정책연구 2013-12] p.9~13

14. "Curruption Perceptions Index-2014 http://www.transparency.org/cpi2014/results

15. 슈타지 자료: Stefan Niederhafner. [pdf] "The Challenges of Reunification: Why South Korea Cannot Follow Germany's Strategy" [Korea Observer Vol.44 No.2] Summer 2013. p.257

16. 게슈타포: 염동재 "독일 통일의 과정과 교훈" [평화문제연구소] 2010. p.158

17. John Marangos. "Economic freedom and polical freedom are internally linked" [The Market and Political Freedom] June 1999 http://fee.org/the_freeman/detail/the-market-and-political-freedom

7장

1. 루마니아 혁명: – political pathologies–Ceausescu's Romania
   http://politicalpathologies.wikispaces.com/Ceausescu's+Romania
   – Greg Scarlatoiu. [pdf] "the role of military in the fall of the Ceausescu regime and the possible relevance for a post-Kim Jong-il transition in Korea" [The Korea Exchange] http://keia.org/sites/default/files/publications/02Exchange09.pdf
   – Romanian Revolution http://en.wikipedia.org/wiki/Romanian_Revolution

2. "West German TV: the Class Enemy in the front room" [DW] 2009.7.1
   http://www.dw.de/west-german-tv-the-class-enemy-in-the-front-room/a-3804892

3. 염돈재 "독일통일의 과정과 교훈" [평화문제연구소] p.97~100

4. "How Social Media Accelerated Tunisia's Revolution: An Inside View" [ePolitics.com] 2011.2.10
   http://www.huffingtonpost.com/colin-delany/how-social-media-accelera_b_821497.html

5. "북한, 거대한 단일 인트라넷" [보안신문] 2015.1.12
   http://www.boannews.com/media/view.asp?idx=45030&kind=4

6. "인트라넷마저 2013년 폐쇄, 주민 인터넷 정보 확산도 쉽지 않다" [파이낸셜 뉴스] 2015.1.25

7. "영국 BBC도 검토 중인 대북방송, 몇 명이나 들을까" [KBS 뉴스] 2015.3.12
   http://news.kbs.co.kr/news/NewsView.do?SEARCH_NEWS_CODE=3035483&ref=A

8. 토크빌 『The Old Regime and the Revolution』 p.214
   Revolutions are not always brought about by a gradual decline from bad to worse. Nations that have endured patiently and almost unconsciously the most overwhelming oppression; often burst into rebellion against the yoke the moment

it begins to grow lighter. The regime which is destoryed by a revolution is almost always an improvement on its immediate predecessor, and experience teaches that the most critical moment for bad government is the one which witnessess their steps toward reform. A sovereign who seeks to relieve his subjects after a long period of oppression is lost, unless he be a man of great genius.

9. "Toward the theory of revolution" [American Sociological Review] 1962.2
http://www.vanderbilt.edu/econ/faculty/Vrooman/j-curve-theory.pdf

10. 헌팅톤 『The Third Wave: Democratization in the late Twenty Century』 [Noma; University of Oklahoma Press; 1991] p.63

11. 달러 인플레이션: http://www.dollartimes.com/calculators/inflation.htm

8장

1. "New Realities: East-West migration in Germany-Allianz Knowledge" 2012.3.20
http://knowledge.allianz.com/demography/migration/?209/new-realities-east-west-migration-in-germany

2. 휴전선 철책이 걷히면 약 160~200만 명의 북한 주민들이 탈북할 것으로 추정. 박관용 『통일은 산사태처럼 온다』 경덕출판사. 2006.10. p.246
김보민(대외경제정책연구원 부연구위원): 통일 초기 176~178만 명이 탈북할 것으로 추정 [조선일보] 2014.12.5

3. 정기섭(개성공단기업협회 회장) 이코노믹리뷰 인터뷰. 2014.3.25

4. 신창민(중앙대학교 명예교수)은 2025년 통일을 가정하고 통일 이후 10년 동안 남북소득 조정기간(정치통합 후 경제적 통합을 미루는 기간)을 설정하면 10년 동안 남한은 연평균 11%의 경제성장을 할 것이며 통일 후 10년인 2035년에는 남한의 1인당 국민소득이 7만7천 달러, 남북한을 합친 한반도 1인당 국민소득이 6만5천 달러가 될 것으로 예상했다. ["통일은 경제문제다" 2014.4.24. 자유경제원(www.cfe.org) 정책세미나; 저서 『통일은 대박이다』 매일경제신문사. 2012.7]
   - 권구훈(골드만삭스 애널리스트)은 중국/홍콩처럼 정치적 통합 후 경제적 통합을 미룰 경우 2013년 통일을 가정하면 통합 후 30~40년 후에는 통일한국 경제규모는 프랑스와 독일을 능가하고 일본마저 추월이 가능하다고 분석했다. [A United Korea? Reassessing North Korea Risks" 2009. 9]
   - 안드레이 란코프(국민대교수)는 10~20년 동안 임시연방제를 실시하여 남북이 다른 통화를 사용하고 다른 법률체계를 가지며 남북 주민의 이동을 통제해야 한다고 주장한다. ["흡수통일 공포는 이유 있다" 동아일보 동아광장 칼럼 2014.10.31]

5. '데일리 NK' 자료 참조

6. 주성하 "욕망의 수도 평양에서 제일 비싼 아파트 값은?" [서울에서 쓰는 평양이야기] 2013.10.23

7. 홍콩이민인구: "Waves of mass migrations from Hong Kong" [wikipedia]
http://en.wikipedia.org/wiki/Waves_of_mass_migrations_from_Hong_Kong

9장

1. Numa Mazat. Franklin Serrano. [pdf] "An Analysis of the Soviet Economic Growth from 1950s to Collapse of USSR" p.16 http://www.centrosraffa.org/public/bb6ba675-6bef-4182-bb89-339ae1f7e792.pdf

2. 동독정부의 국경개방: "The Rise and Fall of the Berlin Wall(Part2)", About.com. 20th Century History, 2009 http://history1900s.about.com/od/coldwa1/a/berlinwall_2.htm

3. 자료: "The Chronology of German Reunification 1989–1990", Goethe Institut http://www.goethe.de/ges/pok/ddg/en27485.htm

4. 화폐통합: "German–German monetary union caused economic shockwaves", DW 2010

   http://www.dw.de/german-german-monetary-union-caused-economic-shockwaves/a-5769854
5. 교환비율 결정: Peter Bofinger, "The German Monetary Unification: Converting Marks to D–Marks", 1990 http://research.stlouisfed.org/publications/review/90/07/German_Jul_Aug1990.pdf

6. 사회통합: "Marta Zawilska – Florczuk, Artur Ciechanowicz" "One Country, Two Societies? Germany Twenty Years After Reunification". OSW Centre For Eastern Studies
   http://www.osw.waw.pl/sites/default/files/PRACE_35_en.pdf

7. 통합의 어두운 면: "The dark side of German reunification" Global News Journal–Reuters. Sep.29, 2010
   http://blogs.reuters.com/global/2010/09/29/the-dark-side-of-german-reunification/

8. 통합 후 동독인들의 갈등: Laura Heuvinck. "Twenty Years of German reunification & Ostalgie" ReviewGerman. Nov.5, 2009 http://www.spr.tcdlife.ie/seperatearticles/xxarticles/reviewgerman.pdf